SPRECHEN SIE
RUSSISCH

С. А. ХАВРОНИНА

ГОВОРИТЕ ПО-РУССКИ

Издание 9-е, исправленное

«Русский язык»
Москва

«Брюкен-Ферлаг»
Дюссельдорф
1989

S. A. CHAWRONINA

SPRECHEN SIE RUSSISCH

9. verbesserte Auflage

Verlag Russkij Jazyk
Moskau

Brücken-Verlag
Düsseldorf
1989

ББК 81. 2Р-96
    X 12

Chawronina Serafima

Sprechen Sie Russisch

Говорите по-русски

Aus dem Russischen übersetzt
von N. Letnewa

ISBN 5—200—00805—0

© Isdatel'stvo Russkij Jazyk, Moskau, 1975, dopolnenija, 1989

ISBN 3—87106—330—4

Lizenzausgabe Brücken-Verlag, Düsseldorf

VORWORT

Der Lehrbehelf „Sprechen Sie russisch" ist für Deutschsprechende bestimmt, die in ihrem Land die russische Sprache selbständig erlernen, und zielt darauf ab, ihre sprachlichen, vor allem umgangssprachlichen Fertigkeiten zu entwickeln. Der Charakter des Lehrbehelfs setzt voraus, daß die Lernenden mit den Grundlagen der russischen Grammatik bereits bekannt sind und über einen bestimmten Wortschatz verfügen.

Das Buch enthält 19 Lektionen. Jede Lektion umfaßt einen Lesetext und Dialoge über Alltagsthemen, Erläuterungen dazu und Übungen. Fast jede Lektion vermittelt stehende Redewendungen und Ausdrücke, die beim Sprechen aktiv angewandt und darum auswendig gelernt werden sollten.

Die Texte sind gemäß den ansteigenden thematischen und lexikalischen Schwierigkeiten geordnet, was jedoch nicht heißt, daß sie nur in dieser Reihenfolge durchzuarbeiten sind. Falls nötig, kann man von ihr auch abweichen, um so mehr, als der Unterschied zwischen den einzelnen Lektionen, was die sprachlichen Schwierigkeiten anbelangt, nicht wesentlich ist.

Die Erläuterungen zu den Texten und Dialogen setzen sich mit lexikalischen und grammatikalischen Erscheinungen auseinander, die sich für den Ausländer als schwierig erweisen könnten.

Die Übungen tragen dazu bei, daß die in den Texten und Dialogen enthaltenen Wörter, Ausdrücke und Konstruktionen gefestigt werden. Mit einer Reihe von Aufgaben am Ende der Lektion wird jedes Thema abgeschlossen. Diese Aufgaben sind: Wiedergabe des Textes in russischer Sprache und selbständige Mitteilungen zum behandelten Thema.

Im Anhang werden die meistgebrauchten Redewendungen der russischen Umgangssprache gegeben.

Dem Buch liegt ein Schlüssel bei, mit dessen Hilfe die Lernenden ihre Arbeit überprüfen können, sowie ein russisch-deutsches Wörterverzeichnis.

Die Autorin hat sich den Lehrvorgang etwa folgendermaßen vorgestellt: In jeder Lektion wird der Text zuerst mehrmals gelesen und unter Zuhilfenahme des Wörterverzeichnisses und der Erläuterungen übersetzt. Dann wird er möglichst genau nacherzählt. Erst danach werden die Dialoge durchgearbeitet. Es ist nützlich, diese teilweise auswendig zu lernen. Es empfiehlt sich ferner, alle Übungen zu machen, denn sie dienen der besseren Aneignung gewisser schwieriger grammatikalischer wie lexikalischer Erscheinungen. Den Abschluß jeder Lektion bilden eine Übersetzung ins Russische und kleine schöpferische Aufgaben, mit denen der Lernende nur dann erfolgreich fertig werden kann, wenn er den ganzen Lehrstoff der Lektion aufmerksam durchstudiert hat.

Der Lehrbehelf ist vor allem für selbständig Lernende gedacht, kann aber auch im Unterricht unter Anleitung eines Russischlehrers benutzt werden.

Die Autorin dankt im voraus für alle Kritiken und Hinweise zur weiteren Gestaltung des Buches und bittet, diese an den Verlag „Russkij jazyk" zu richten: *103012, Москва, Старопанский переулок, 1/5. Издательство «Русский язык».*

1

НЕМНОГО О СЕБЕ

Меня́ зову́т Па́вел Андре́евич, моя́ фами́лия Бело́в. (1) Мне три́дцать лет. Я роди́лся в Москве́ и всю жизнь живу́ здесь. Когда́ мне бы́ло семь лет, я пошёл в шко́лу. С де́тства я интересова́лся хи́мией, поэ́тому по́сле оконча́ния шко́лы я поступи́л в университе́т на хими́ческий факульте́т. Пять лет наза́д я око́нчил университе́т и поступи́л рабо́тать на заво́д. Я хи́мик, рабо́таю в лаборато́рии.

В про́шлом году́ я жени́лся. Мою́ жену́ зову́т Мари́на. Она́ моло́же меня́ на четы́ре го́да. (2) Мари́на — врач. В про́шлом году́ она́ око́нчила медици́нский институ́т. Тепе́рь она́ рабо́тает в де́тской поликли́нике. Мари́на лю́бит своё де́ло и рабо́тает с интере́сом. Мари́на хорошо́ поёт, у неё краси́вый го́лос. Раз в неде́лю Мари́на хо́дит в Дом культу́ры, где она́ поёт в хо́ре.

Я о́чень люблю́ спорт. Мой люби́мый вид спо́рта — пла́вание. Два ра́за в неде́лю по́сле рабо́ты я хожу́ в бассе́йн, кото́рый нахо́дится недалеко́ от на́шего до́ма.

По суббо́там мы обы́чно навеща́ем мои́х роди́телей (роди́тели Мари́ны живу́т в Оде́ссе). Иногда́ мы хо́дим в го́сти к друзья́м и́ли приглаша́ем их к себе́. Мы лю́бим му́зыку и теа́тр и ча́сто хо́дим в теа́тр и на конце́рты.

ERLÄUTERUNGEN

(1) Меня́ зову́т Па́вел Андре́евич, моя́ фами́лия Бело́в.

Ich heiße (mein Vor- und Vatersname ist) *Pawel Andrejewitsch,* mein Familienname ist Below.

Im Unterschied zu **называ́ться** wird **звать (меня́, вас его́... зову́т)** nur in bezug auf Lebewesen gebraucht.

7

— Как называется эта станция метро?
— Эта станция называется «Арбатская».

— Как его зовут?
— Его зовут Сергей.

Die Russen werden im Unterschied zu den Deutschen mit Vor- und Vatersnamen (**Павел Андреевич**) angesprochen.

Der Vatersname wird vom Vornamen des Vaters abgeleitet:

Здравствуйте, Алексей **Васильевич**.

Guten Tag, Alexei *Wassiljewitsch*.

Мария **Павловна**, вы придёте к нам сегодня вечером?

Marija *Pawlowna*, kommen Sie heute abend zu uns?

Die übliche offizielle Anredeform ist **товарищ** + Familienname. Mit dem Wort **товарищ** redet man auch Unbekannte an:

Товарищ, скажите, пожалуйста, где метро?

Sagen Sie bitte, wo ist die U-Bahn?

Товарищ *продавец*, покажите, пожалуйста, эту книгу.

Zeigen Sie (mir) bitte dieses Buch.

(2) Она моложе меня на четыре года.

Sie ist (um) vier Jahre jünger als ich.

Ein Vergleich kann ausgedrückt werden:
a) durch den G e n i t i v :

Он старше *вас*.

Er ist älter als Sie.

b) durch die Konjunktion **чем** + N o m i n a t i v :

Она выглядит здоровее, **чем** её *сестра*.

Sie sieht gesünder aus als ihre Schwester.

Der Unterschied zwischen den Vergleichsobjekten wird durch die Präposition **на** + A k k u s a t i v wiedergegeben:

8

| Он ста́рше вас **на** *пять лет*. | Er ist (um) fünf Jahre älter als Sie. |
| Она́ моло́же меня́ **на** *три го́да*. | Sie ist (um) drei Jahre jünger als ich. |

DIALOGE

I

— Серге́й, э́то ты! Здра́вствуй!

— Кака́я встре́ча! Здра́вствуй, Па́вел! Ско́лько лет не ви́делись! Как живёшь?

— Хорошо́, спаси́бо. А ты?

— Я то́же хорошо́. (1) Где ты рабо́таешь?

— На заво́де, в лаборато́рии. А ты?

— Я рабо́таю на фа́брике. Я тепе́рь гла́вный инжене́р фа́брики.

— Ну, а как семья́?

— Отли́чно. Де́ти расту́т. Ста́рший сын, И́горь, хо́дит в шко́лу. Мла́дший, Ви́ктор,— в де́тский сад. Зо́я, моя́ жена́,— ты по́мнишь её? — рабо́тает в шко́ле. Она́ учи́тельница. А ты жени́лся и́ли всё ещё холосто́й?

— Жени́лся. Ещё в про́шлом году́. (2)

— А кто твоя́ жена́?

— Моя́ жена́ врач. Она́ рабо́тает в де́тской поликли́нике. Приезжа́йте к нам в го́сти. Я познако́млю вас со свое́й жено́й.

— Спаси́бо. Мы с Зо́ей обяза́тельно прие́дем.

— Всего́ хоро́шего. (3)

II

— Скажи́те, кто э́тот челове́к?

— Э́то мой знако́мый. Неда́вно он поступи́л рабо́тать к нам на заво́д (4).

— Как его́ зову́т?

— Его́ зову́т Никола́й Андре́евич.

— А как его́ фами́лия?

— Его́ фами́лия Соколо́в.

— Он ещё совсе́м молодо́й.

— Ему́ то́лько два́дцать четы́ре го́да. Ещё год наза́д он был студе́нтом, а тепе́рь он рабо́тает инжене́ром у нас на заво́де (5).

---

¹ Зна́ком 🚗 отме́чены те́ксты, запи́санные на компа́кт-кассе́ту.

ERLÄUTERUNGEN

(1) Я тóже хорошó.   Mir geht's auch gut.

In Dialogen werden bestimmte Wörter in Fragen und Antworten weggelassen:

— Где ты рабóтаешь?
— На завóде, в лаборатóрии (*anstatt*: Я рабóтаю на завóде, в лаборатóрии).
— Ну, а как семья́? (*anstatt*: Ну, а как живёт семья́?)

— Wo arbeitest du?
— In einem Betrieb, im Laboratorium (*anstatt*: Ich arbeite in einem Betrieb, im Laboratorium).
— Na, und die Familie? (Und wie geht's der Familie?)

(2) Ещё в прóшлом годý я жени́лся.   Ich habe noch voriges Jahr geheiratet.

Das Wort **ещё** hat mehrere Bedeutungen:

a)

Дáйте, пожáлуйста, **ещё** чáшку кóфе.   Geben Sie (mir) bitte *noch* eine Tasse Kaffee.

Есть **ещё** вопрóсы?   Haben Sie *sonst* (andere) Fragen?

Повтори́те, пожáлуйста, **ещё** раз.   Wiederholen Sie (es) bitte *noch* einmal.

Кто **ещё** придёт?   Wer wird (sonst) *noch* kommen?

b)

Ещё вчерá я слы́шал об э́том.   Ich habe das *schon* gestern gehört.

Ещё в шкóле я люби́л хи́мию.   *Bereits* in der Schule lernte ich gern Chemie.

c) **всё ещё**

Он **всё ещё** рабóтает на э́том завóде.   Er arbeitet *immer noch* in diesem Betrieb.

d) **ещё не, ещё нет**

Он **ещё не** пришёл.   Er ist *noch nicht* gekommen.

Вы **ещё не** знáете об э́том?   Wissen Sie das *noch nicht*?

Я **ещё не** кóнчил рабóту.   Ich habe die Arbeit *noch nicht beendet*.

(3) Всегó хорóшего.   Alles Gute!

(4, 5) к нам на завóд = на наш завóд
у нас на завóде = на нáшем завóде

Merken Sie sich!

— Как вас зову́т? — Wie heißen Sie?
— Меня́ зову́т Никола́й. — Ich heiße Nikolai.
Его́, её, тебя́, вас зову́т... Er, sie heißt, du heißt, Sie heißen...

— Ско́лько вам лет? — Wie alt sind Sie?
— Мне два́дцать четы́ре го́да. — Ich bin vierundzwanzig Jahre alt.
Ходи́ть в го́сти к друзья́м. Freunde besuchen.
Быть в гостя́х у друзе́й. Bei Freunden zu Besuch sein.

Приглаша́ть друзе́й к себе́ в го́сти (приглаша́ть госте́й). Freunde einladen (Gäste einladen).

Приходи́те к нам в го́сти! Besuchen Sie uns doch!
Переда́йте приве́т жене́ (семье́, роди́телям, бра́ту, сестре́...). Grüßen Sie Ihre Frau (Ihre Familie, Ihre Eltern, Ihren Bruder, Ihre Schwester *usw.*)

по суббо́там = ка́ждую суббо́ту sonnabends

по воскресе́ньям = ка́ждое воскресе́нье sonntags

по утра́м, по вечера́м, по ноча́м morgens, abends, nachts

aber: ка́ждый день jeden Tag (täglich)
Как ва́ши дела́? Wie geht es (Ihnen)?
Как здоро́вье? Wie geht es (Ihnen) gesundheitlich?

Как семья́? Wie geht es der Familie?

ÜBUNGEN

I. Beantworten Sie die folgenden Fragen.

A.
1. Как зову́т Бело́ва?
2. Ско́лько ему́ лет?
3. Где он роди́лся?
4. Где он учи́лся?
5. Кто он по специа́льности?
6. Где он рабо́тает?
7. Жена́т ли Бело́в?
8. Кто его́ жена́?
9. Как её зову́т?
10. Ско́лько ей лет?

11. Где она́ учи́лась?
12. Како́й институ́т она́ око́нчила?
13. Где она́ рабо́тает?
14. У Бело́вых есть де́ти?
15. Что де́лают Бело́вы по суббо́там?

B. 1. Как вас зову́т?
2. Где вы живёте?
3. Где вы родили́сь?
4. Ско́лько вам лет?
5. Вы жена́ты? (Вы за́мужем?)
6. У вас есть де́ти?
7. Как зову́т ва́шего сы́на (ва́шу дочь)?
8. Кто вы по специа́льности?
9. Где вы учи́лись?
10. Вы лю́бите свою́ рабо́ту?
11. Что вы де́лаете по́сле рабо́ты?
12. Что вы де́лаете по воскресе́ньям?
13. Вы лю́бите му́зыку?
14. Вы ча́сто хо́дите в теа́тр?

C. 1. Ско́лько лет ва́шему бра́ту?
2. Ско́лько лет ва́шей сестре́?
3. Ско́лько лет ва́шему отцу́?
4. Ско́лько вам лет?
5. Ско́лько лет ва́шей до́чери?
6. Как вы ду́маете, ско́лько лет э́тому челове́ку?
7. Вы не зна́ете, ско́лько лет э́той де́вушке?

II. Setzen Sie die in Klammern stehenden Wörter in der erforderlichen Form ein.

Muster: (Я) два́дцать лет.— Мне два́дцать лет.

1. Ско́лько (вы) лет? — (Я) три́дцать лет. 2. Ско́лько (он) лет? — (Он) два́дцать семь лет. 3. Ско́лько (она́) лет? — (Она́) семна́дцать лет. 4. Ско́лько лет (ва́ша сестра́)? — (Моя́ сестра́) два́дцать оди́н год. 5. Сколько лет (ваш брат)? — (Мой брат) со́рок лет. 6. Ско́лько лет (ва́ша дочь)? — (Моя́ дочь) ско́ро бу́дет пять лет.

III. Setzen Sie anstelle der Punkte die Wörter год, го́да, лет ein.

1. Я учи́лся в институ́те пять ... . 2. Око́нчил институ́т два ... наза́д. 3. Эта семья́ живёт в Москве́ де́сять ... . 4. Мой друг рабо́тал в Ле́йпциге три ... . 5. Его́ оте́ц рабо́тал в шко́ле два́дцать оди́н ... . 6. На́шему сы́ну ско́ро бу́дет четы́ре ... . 7. Ско́лько вам ...? 8. Мне три́дцать три ... .

IV. Beantworten Sie die nachstehenden Fragen, setzen Sie dabei die eingeklammerten Wörter mit den erforderlichen Präpositionen in die richtige Form.

Muster: Где он у́чится? (шко́ла) — Он у́чится в шко́ле.
Куда́ он идёт? (шко́ла) — Он идёт в шко́лу.

1. Где рабо́тает Па́вел? (заво́д) 2. Куда́ он поступи́л рабо́тать по́сле институ́та? (заво́д) 3. Где живу́т Бело́вы? (Москва́) 4. Куда́ вы хоти́те пое́хать ле́том? (Москва́) 5. Где учи́лась Мари́на? (институ́т) 6. Где рабо́тает Мари́на? (де́тская поликли́ника) 7. Куда́ хо́дит Па́вел по́сле рабо́ты? (бассе́йн) 8. Куда́ ча́сто хо́дят Бело́вы? (теа́тр, кино́, конце́рты) 9. Где живу́т роди́тели Мари́ны? (Оде́сса) 10. Куда́ пое́дут ле́том Бело́вы? (Оде́сса) 11. Где вы живёте? (Ки́ев) 12. Где у́чится ваш сын? (шко́ла) 13. Куда́ он хо́дит ка́ждый день? (шко́ла)

V. Formen Sie die kursivgedruckten Wortverbindungen um, ohne den Sinn zu verändern.

Muster: Он ста́рше, *чем я.*— Он ста́рше *меня́.*

1. Мой брат вы́ше, *чем я.* 2. Ва́ша сестра́ моло́же, *чем вы?* 3. Сестра́ краси́вее, *чем брат.* 4. Ваш дом бо́льше, *чем наш дом.* 5. Мой сын моло́же, *чем ваш.* 6. Я всегда́ ду́мал, что я ста́рше, *чем вы.* 7. Говоря́т, что Ленингра́д краси́вее, *чем Москва́.* 8. Москва́ древне́е, *чем Ленингра́д.*

VI. Ersetzen Sie das Wort г д е durch das Wort к о т о́ р ы й in der erforderlichen Form mit der entsprechenden Präposition.

Muster: Это дом, *где* мы жи́ли ра́ньше.—
Это дом, *в кото́ром* мы жи́ли ра́ньше.

1. Это заво́д, *где* рабо́тает Па́вел. 2. Бассе́йн, *где* пла́вает Па́вел, нахо́дится ря́дом. 3. Я зна́ю институ́т, *где* учи́лась Мари́на. 4. Го́род, *где* мы жи́ли ра́ньше, называ́ется Влади́мир. 5. Вы бы́ли в шко́ле, *где* у́чится ваш сын? 6. Ле́том мы пое́дем в дере́вню, *где* живу́т мои́ роди́тели. 7. Вчера́ был конце́рт хо́ра, *где* поёт Мари́на.

VII. Verbinden Sie je zwei einfache Sätze durch die Konjunktionen и, п о т о м у́ ч т о, п о э́ т о м у, г д е, к о т о́ р ы й.

1. Па́вел око́нчил институ́т. Тепе́рь он рабо́тает на заво́де. 2. Мари́на — де́тский врач. Она́ рабо́тает в де́тской поликли́нике. 3. Они́ ча́сто хо́дят на конце́рты. Они́ лю́бят му́зыку. 4. Я был на заво́де. Там рабо́тает Па́вел. 5. Мы хо́дим в бассе́йн. Он нахо́дится недалеко́ от на́шего до́ма.

VIII. Ersetzen Sie die kursivgedruckten Wortverbindungen durch gleichbedeutende.

Muster: Ка́ждый вто́рник я хожу́ в институ́т.
По вто́рникам я хожу́ в институ́т.

1. *Ка́ждую суббо́ту* мы хо́дим к роди́телям. 2. *Ка́ждую сре́ду* Мари́на поёт в хо́ре. 3. *Ка́ждый ве́чер* мы смо́трим телеви́зор. 4. *Ка́ждое воскресе́нье* они́ хо́дят в клуб. 5. *Ка́ждое у́тро* де́ти гуля́ют в па́рке. 6. *Ка́ждый четве́рг* я занима́юсь ру́сским языко́м по ра́дио.

IX. (a) Konjugieren Sie folgende Verben:

поступи́ть, люби́ть, ходи́ть, жить, петь

b) Bilden Sie Sätze mit diesen Verben.

X. Sagen Sie, wie die Fragen zu folgenden Antworten lauten:

Muster: ...? — Как зову́т ва́шего бра́та?
— Моего́ бра́та зову́т Влади́мир.

1. — ...?
— Мою́ жену́ зову́т Анна.
2. — ...?
— Она́ рабо́тает в шко́ле.
3. — ...?
— Она́ око́нчила институ́т два го́да наза́д.
4. — ...?
— Э́того челове́ка зову́т Серге́й Ива́нович.
5. — ...?
— Он рабо́тает на на́шем заво́де.
6. — ...?
— Он инжене́р.

7. — ...?
— Он рабо́тает на на́шем заво́де три го́да.
8. — ...?
— По суббо́там мы хо́дим в го́сти.
9. — ...?
— Мы хо́дим в теа́тр почти́ ка́ждую неде́лю.

XI. Übersetzen Sie ins Russische:

1. Ich heiße Irina. Und wie heißen Sie? 2. Karl hat eine Hochschule absolviert und arbeitet jetzt in einem Betrieb. Und wo arbeiten Sie? 3. Meine Schwester ist um drei Jahre älter als ich. Meine Mutter ist um fünf Jahre jünger als mein Vater. 4.— Wie alt ist dieser Mann?— Ich denke, er ist vierzig (Jahre alt). 5. Sie gehen oft zu ihren Freunden zu Besuch. Gestern waren sie bei ihren Eltern zu Besuch. 6. Sonnabends gehen wir ins Theater, ins Kino oder in ein Konzert. 7. Kommen Sie doch uns besuchen! 8. Grüßen Sie Ihre Eltern.

XII. Stellen Sie eine kleine Erzählung über sich selbst und Ihre Familie zusammen. Gebrauchen Sie dabei folgende Wörter und Ausdrücke:

роди́ться, жить, рабо́тать, поступи́ть, око́нчить, учи́ться, люби́ть, интересова́ться, жени́ться (вы́йти за́муж), мне (ему́, ей...)... лет, меня́ (его́, её) зову́т...

XIII. Stellen Sie einen Dialog zum Thema «В с т р е́ ч а с д р у́ г о м ч е́ р е з п я т ь л е т» zusammen. Gebrauchen Sie dabei die Vokabeln der ganzen Lektion.

XIV. Lesen Sie und erzählen Sie nach.

— Ско́лько тебе́ лет, де́вочка?
— Когда́ я гуля́ю с па́пой, мне оди́ннадцать лет, а когда́ с ма́мой — то́лько де́вять.

* * *

— Ма́ма, где вы с па́пой роди-
ли́сь?
— Я родила́сь в Москве́, а па́-
па — в Ки́еве.
— А где я родила́сь?
— А ты в Ленингра́де.
— А как же мы все тро́е позна-
ко́мились?

2

НАША СЕМЬЯ

Я хочу́ познако́мить вас с на́шей семьёй. Это мой оте́ц. Его́ зову́т Андре́й Петро́вич. Ему́ шестьдеся́т два го́да. Мою́ мать зову́т Анна Никола́евна. Ей пятьдеся́т семь лет. В мо́лодости мои́ роди́тели жи́ли в небольшо́м городке́ недалеко́ от Москвы́. Там они́ познако́мились и пожени́лись. Пото́м они́ перее́хали в Москву́. Мой оте́ц рабо́тал учи́телем в шко́ле. Он преподава́л исто́рию. Ма́ма рабо́тала в шко́льной библиоте́ке. Сейча́с они́ не рабо́тают. И оте́ц, и мать получа́ют пе́нсию.

У мои́х роди́телей тро́е дете́й (1) — моя́ сестра́, я и мой брат. Мою́ сестру́ зову́т Татья́на. Она́ ста́рше меня́ на три го́да. Та́ня око́нчила институ́т иностра́нных языко́в и тепе́рь преподаёт англи́йский язы́к в шко́ле. Не́сколько лет наза́д Та́ня вы́шла за́муж (2). У неё дво́е дете́й — сын и дочь. На́ша Та́ня о́чень краси́вая, высо́кая и стро́йная же́нщина. У неё се́рые глаза́ и све́тлые во́лосы. Та́ня похо́жа на ма́му (3).

Моего́ бра́та зову́т Никола́й. Он моло́же меня́ на пять лет. Он у́чится в университе́те на физи́ческом факульте́те. Он мечта́ет стать радиофи́зиком. Наш Ко́ля о́чень живо́й, весёлый, энерги́чный. Он прекра́сно у́чится, хорошо́ зна́ет литерату́ру, лю́бит му́зыку, занима́ется спо́ртом. С ним всегда́ интере́сно поговори́ть. У Ко́ли мно́го друзе́й.

На́ша семья́ о́чень дру́жная. Мы ча́сто звони́м друг дру́гу, а по суббо́там собира́емся у роди́телей и прово́дим там весь день.

ERLÄUTERUNGEN

(1) У мои́х роди́телей   Meine Eltern haben drei
    тро́е дете́й.   Kinder.

Dem Verb „haben" entspricht im Russischen die Konstruktion **у меня́ (у тебя́, у него́, у бра́та** usw.) **есть** +
N o m i n a t i v :

У меня́ есть э́та кни́га.   *Ich habe* dieses Buch.
У него́ есть сестра́.   *Er hat* eine Schwester.

Das Verb **есть** (Infinitiv: **быть**) wird in der Gegenwart
nur dann gebraucht, wenn das Vorhandensein betont werden soll. Sonst wird **есть** weggelassen:

У меня́ **есть** уче́бник.

У меня́ **нет** уче́бника.

У меня́ но́вый уче́бник.

У меня́ ста́рый уче́бник.

У Мари́ны краси́вый го́лос.	Marina hat eine schöne Stimme.
У неё се́рые глаза́ и све́тлые во́лосы.	Sie hat graue Augen und helles Haar.
У Ко́ли мно́го друзе́й.	Kolja hat viele Freunde.

In den verneinten Sätzen werden die Verneinungen **нет** und **не** gebraucht. Die Verneinung **нет** gebrauchen wir da, wo wir im bejahenden Satz, um das Vorhandensein eines Gegenstandes zu betonen, das Verb **есть** gebrauchen würden. Das Substantiv steht nach der Verneinung **нет** im G e n i t i v:

| У меня́ есть э́та кни́га. | Ich habe dieses Buch. |
| У меня́ нет э́той кни́ги. | Ich habe dieses Buch nicht. |

Die Verneinung **не** gebrauchen wir da, wo wir im bejahenden Satz das Verb **есть** n i c h t gebrauchen würden:

| У неё **не** се́рые, а голубы́е глаза́. | Sie hat nicht graue, sondern blaue Augen. |
| У Мари́ны **не**краси́вый го́лос. | Marina hat keine schöne Stimme. |

In der Vergangenheit und Zukunft werden die Formen des Verbs **быть — был, была́, бы́ло, бу́дет —** nicht weggelassen:

Вчера́ у нас **была́** ле́кция.	Gestern hatten wir eine Vorlesung.
За́втра у нас **бу́дет** ле́кция.	Morgen haben wir eine Vorlesung.
У ма́льчика краси́вый го́лос.	Der Junge hat eine schöne Stimme.
У ма́льчика **был** краси́вый го́лос.	Der Junge hatte eine schöne Stimme.
У ма́льчика **бу́дет** краси́вый го́лос.	Der Junge wird eine schöne Stimme haben.

In verneinten Sätzen gebrauchen wir in solchen Fällen stets **не**.

Nach den Verneinungen **нет, не́ было, не бу́дет** steht immer der G e n i t i v:

У него́ **нет** *телефо́на.*	Er hat kein Telefon.
У него́ **не́ было** *телефо́на.*	Er hatte kein Telefon.
У нас **нет** *э́той кни́ги.*	Wir haben dieses Buch nicht.
У нас **не бу́дет** *э́той кни́ги.*	Wir werden dieses Buch nicht haben.

17

(2) Та́ня вы́шла за́муж.   Tanja hat geheiratet.

Dem deutschen „heiraten" entsprechen im Russischen zwei Verben:
1. **Жени́ться на** (*на ком?*) + P r ä p o s i t i v, wenn die Rede von einem Mann ist:

Па́вел **жени́лся** на Мари́не.	Pawel hat Marina geheiratet.
Мой брат **же́нится**.	Mein Bruder heiratet.

In diesem Fall kann **жени́ться** als vollendetes sowie als unvollendetes Verb auftreten.

пожени́ться *v* **жени́ться** *uv, v*	ohne Objekt,

wenn die Rede von einem Paar ist:

Па́вел и Мари́на пожени́лись, когда́ Мари́на око́нчила институ́т.	Marina und Pawel heirateten, als Marina die Hochschule absolviert hatte.

2. **выходи́ть** } **за́муж** (*за кого?*) + A k k u s a t i v,
   вы́йти

wenn die Rede von einer Frau ist:

Мари́на вы́шла за́муж за Па́вла.	Marina hat Pawel geheiratet.

Dem deutschen „verheiratet" entsprechen im Russischen **быть жена́тым** und **быть за́мужем**.

Па́вел жена́т.	Pawel ist verheiratet.
Его́ брат Никола́й ещё не жена́т.	Sein Bruder Nikolai ist noch nicht verheiratet.
Мари́на за́мужем неда́вно.	Marina ist erst kurze Zeit verheiratet.
Та́ня давно́ за́мужем.	Tanja ist schon lange verheiratet.
(3) (Она́) похо́жа на ма́му.	Sie sieht ihrer (unserer) Mutter ähnlich.

Похо́ж, похо́жа, похо́жи на (*кого?*) + A k k u s a t i v:

Ма́льчик похо́ж **на отца́**.	Der Junge sieht dem Vater ähnlich.
Ваш брат совсе́м не похо́ж **на вас**.	Ihr Bruder ist Ihnen gar nicht ähnlich.
На кого́ похо́жа ва́ша дочь — **на вас** и́ли **на ва́шу жену́**?	Wem ähnelt Ihre Tochter, Ihnen oder Ihrer Frau?

DIALOGE

I

— Хоти́те, я покажу́ вам наш семе́йный альбо́м? Э́то на́ша семья́. Э́то оте́ц. Э́то на́ша ма́ма. Э́то брат. Э́то сестра́. А э́то я.

— Ва́ши роди́тели совсе́м молоды́е. Давно́ вы фотографи́ровались?

— В про́шлом году́.

— Вы здесь о́чень похо́жи на отца́.

— Да, все так говоря́т.

— А ваш мла́дший брат и ва́ша сестра́ похо́жи на мать. Ско́лько лет ва́шей сестре́?

— Три́дцать три.

— Здесь ей мо́жно дать два́дцать три (1).

— Я переда́м ей ваш комплиме́нт.

— А э́то кто?

— А э́то моя́ сестра́ с му́жем и детьми́.

— У неё уже́ дво́е дете́й?

— Да, как ви́дите, сын и дочь. Моему́ племя́ннику во́семь лет, а племя́ннице три го́да. Воло́дя уже́ хо́дит в шко́лу, а Ле́ночка — в де́тский сад.

II

— А у вас больша́я семья́?

— Нет, нас тро́е — жена́, я и дочь.

— Ско́лько лет ва́шей до́чери?

— Семна́дцать.

— О! Я не ду́мал, что у вас така́я больша́я дочь. Ско́ро у вас бу́дут вну́ки.

— Не дай бог! (2) Пока́ Ни́на не ду́мает выходи́ть за́муж; не зна́ю, что бу́дет да́льше.

— Она́ у́чится?

— Да, в э́том году́ Ни́на конча́ет шко́лу и хо́чет поступи́ть в институ́т иностра́нных языко́в. Она́ мечта́ет стать перево́дчицей.

— Непло́хо. А како́й язы́к она́ изуча́ет?

— Неме́цкий.

ERLÄUTERUNGEN

(1) Ей мо́жно дать два́дцать три.	Man könnte sie auf dreiundzwanzig schätzen.
(2) Не дай бог!	Gott bewahre!

19

Merken Sie sich!

— Где вы рабо́таете?	— Wo arbeiten Sie?
— Я рабо́таю в шко́ле.	— Ich arbeite in einer Schule.
— Я не рабо́таю, я на пе́нсии.	— Ich arbeite nicht, ich bin Rentner(in).
— Кем вы рабо́таете?	— Als was arbeiten Sie?
— Я рабо́таю учи́телем фи́зики (хи́мии, литерату́ры).	— Ich bin Physik- (Chemie-, Literatur-)lehrer.
— Что вы преподаёте?	— Was unterrichten Sie?
— Я преподаю́ фи́зику (литерату́ру, ру́сский язы́к).	— Ich unterrichte Physik (Literatur, Russisch).

ÜBUNGEN

I. Beantworten Sie die folgenden Fragen.

A. 1. О чём рассказа́л нам Па́вел?
2. Как зову́т отца́ Па́вла?
3. Ско́лько ему́ лет?
4. Ско́лько лет ма́тери Па́вла?
5. Как её зову́т?
6. Кем рабо́тали роди́тели Па́вла?
7. Где они́ живу́т сейча́с?
8. У Па́вла есть бра́тья и сёстры?
9. Ско́лько у него́ бра́тьев и сестёр?
10. Как зову́т его́ сестру́?
11. На кого́ она́ похо́жа?
12. Как зову́т его́ бра́та?
13. Никола́й рабо́тает и́ли у́чится?
14. Что де́лает сестра́ Па́вла — Татья́на?
15. У неё есть де́ти?
16. Ско́лько у неё дете́й?

B. 1. Где живёт ва́ша семья́?
2. Ско́лько челове́к в ва́шей семье́?
3. У вас есть роди́тели?
4. Где они́ живу́т?
5. Вы жена́ты? (Вы за́мужем?)
6. Когда́ вы жени́лись (вы́шли за́муж)?
7. У вас есть де́ти?
8. Ско́лько у вас дете́й?
9. Как их зову́т?
10. Ско́лько им лет?
11. На кого́ похо́ж ваш сын?
12. На кого́ похо́жа ва́ша дочь?
13. Ва́ши де́ти уже́ у́чатся?

II. Geben Sie auf die folgenden Fragen bejahende Antworten. Beachten Sie den Gebrauch von есть.

1. У вас *есть* роди́тели? У вас *ста́рые* роди́тели? 2. У вас *есть* де́ти? У вас *ма́ленькие* де́ти? 3. У вас *есть* друзья́? У вас *мно́го* друзе́й? 4. У ва́ших роди́телей *есть* да́ча? Кака́я у них да́ча? 5. У ва́шего дру́га *есть* маши́на? У него́ *но́вая* маши́на? 6. У вас *есть* кни́ги на ру́сском языке́? У вас *мно́го* книг на ру́сском языке́?

III. Setzen Sie anstelle der Punkte, wenn nötig, das Wort есть ein.

1. У ва́шей сестры́ ... де́ти? — Да, у неё ... де́ти. У неё уже́ ... взро́слые де́ти. 2. У вас ... маши́на? — Да, у меня́ ... маши́на. — Кака́я у вас ... краси́вая маши́на? 3. У ва́шего дру́га ... роди́тели? У него́ ... совсе́м молоды́е роди́тели. 4. У моего́ сы́на ... библиоте́ка. У него́ ... мно́го книг. 5. У на́шей до́чери ... тёмные глаза́ и све́тлые во́лосы. 6. У Па́вла ... о́чень краси́вая жена́.

IV. Beantworten Sie die Fragen, gebrauchen Sie dabei die rechts angegebenen Wörter in der erforderlichen Form.

Muster: У кого́ есть уче́бник? | Я, он
— У меня́ есть уче́бник.
— У него́ есть уче́бник.

1. У кого́ есть уче́бник?	я, он, она́, мы, мой друг, моя́ сестра́, наш преподава́тель
2. У кого́ есть неме́цко-ру́сский слова́рь?	э́тот студе́нт, мой сосе́д, э́та де́вушка
3. У кого́ мно́го друзе́й в Москве́?	мой мла́дший брат, одна́ на́ша студе́нтка, наш профе́ссор

V. Beantworten Sie die folgenden Fragen.

а) 1. Ваш брат жена́т? Он давно́ жена́т? Когда́ он жени́лся? На ком он жени́лся? 2. Ва́ша сестра́ за́мужем? Она́ давно́ за́мужем? Когда́ она́ вы́шла за́муж? За кого́ она́ вы́шла за́муж? 3. Вы жена́ты? (Вы за́мужем?) Ско́лько лет вы жена́ты (за́мужем)? Когда́ вы жени́лись (вы́шли за́муж)?

b) А э́то Рудо́льф Ре́длинг и его́ жена́ Ольга. Кто из них жени́лся? Кто из них вы́шел за́муж? На ком жени́лся Рудо́льф? За кого́ вы́шла за́муж Ольга? Рудо́льф жена́т и́ли хо́лост? Ольга за́мужем и́ли нет?

VI. Setzen Sie die in Klammern stehenden Wörter in der erforderlichen Form ein.

1. Говоря́т, что я похо́ж на (ста́рший брат). 2. Моя́ мла́дшая сестра́ похо́жа на (я). 3. Вы о́чень похо́жи на (мой друг). 4. Ва́ша сестра́ совсе́м не похо́жа на (вы). 5. Мой ста́рший брат похо́ж на (оте́ц).

VII. Beatworten Sie die Fragen mit verneinten Sätzen.

а) 1. У вас есть семья́? 2. У него́ есть роди́тели? 3. У них есть де́ти? 4. У них есть маши́на? 5. У неё есть уче́бник? 6. У ва́шего сосе́да есть сын? 7. В э́том го́роде есть теа́тр? 8. На э́той у́лице есть магази́ны? 9. В э́той библиоте́ке есть кни́ги на ру́сском языке́? 10. В кио́ске есть газе́ты?

b) 11. Вчера́ был уро́к? 12. За́втра бу́дет ле́кция? 13. В суббо́ту был экза́мен? 14. В воскресе́нье бу́дет экску́рсия? 15. Сего́дня у́тром был дождь?

VIII. Beantworten Sie die Fragen, gebrauchen Sie die rechts angegebenen Wörter.

Muster: — Почему́ вы не пи́шете? | ру́чка
— Я не пишу́, потому́ что
у меня́ нет ру́чки.

1. Почему́ вы не чита́ли э́ту статью́?	журна́л
2. Почему́ вы не посмотре́ли слова́ в словаре́?	слова́рь
3. Почему́ ва́ши друзья́ не́ были вчера́ в теа́тре?	биле́ты
4. Почему́ студе́нты в коридо́ре, а не в аудито́рии?	ле́кция
5. Почему́ э́тот молодо́й челове́к всегда́ оди́н?	друзья́
6. Почему́ вы не купи́ли э́ту вещь?	де́ньги
7. Почему́ вы не хоти́те идти́ в кино́?	вре́мя

IX. Sagen Sie, wie die Fragen zu folgenden Antworten lauten.

1. — ...?
— У меня́ есть сестра́ и два бра́та.
2. — ...?
— Они́ живу́т в Москве́.
3. — ...?
— Бра́тья у́чатся, а сестра́ рабо́тает.
4. — ...?
— Её зову́т Ле́на.
5. — ...?
— Она́ рабо́тает дире́ктором шко́лы.
6. — ...?
— Да, она́ за́мужем.
7. — ...?
— Да, у неё дво́е дете́й.
8. — ...?
— Ле́на вы́шла за́муж семь лет наза́д.

X. Stellen Sie kurze Dialoge über Ihre Eltern und Geschwister zusammen.

XI. Übersetzen Sie ins Russische.

1. Meine Eltern leben in einem kleinen Städtchen in der Nähe von Berlin. Mein Vater arbeitete als Schuldirektor. Jetzt arbeitet er nicht. Er bezieht eine Rente.
2. Ich habe eine Schwester. Sie heißt Anna. Anna ist vier Jahre jünger als ich. Sie arbeitet in einer Bibliothek. Anna lernt Russisch. Sie möchte in der Schule Russisch unterrichten.
3. Und das ist mein Freund Otto. Vor kurzem hat er geheiratet. Otto hat eine sehr hübsche Frau. Sie heißt Maria. Sie hat dunkles Haar und graue Augen.
4. — Haben Sie Kinder?
— Ja.
— Haben Sie kleine Kinder? (Sind Ihre Kinder klein?)
— Nein. Der Sohn ist zehn, die Tochter sieben Jahre alt.

22

— Wem sieht Ihr Sohn ähnlich?
— Man sagt, er sieht mir ähnlich.
— Und wem sieht Ihre Tochter ähnlich?
— Und die Tochter ähnelt meiner Frau.

XII. Berichten Sie kurz über Ihre Familie, über Ihre Kinder. Gebrauchen Sie dabei die Wörter und Redewendungen dieser Lektion.

XIII. Lesen Sie und erzählen Sie nach.

— Ива́н Ива́ныч! Кака́я встре́ча! Я не ви́дел тебя́ сто лет. Ты си́льно измени́лся: и во́лосы у тебя́ седы́е, и глаза́ совсе́м други́е...
— Прости́те, но меня́ зову́т Никола́й Никола́евич.
— Как? Ты и и́мя измени́л?

3

ДОМ И КВАРТИРА

Как я уже́ сказа́л, мои́ роди́тели живу́т (1) в Москве́, и ка́ждую суббо́ту мы е́здим к ним в го́сти. Ра́ньше они́ жи́ли (1) в небольшо́м двухэта́жном до́ме (1а) в це́нтре Москвы́. Не́сколько лет наза́д у́лицу, где стоя́л их дом, расши́рили и все ста́рые дома́ слома́ли (2). Роди́тели получи́ли кварти́ру в но́вом до́ме в ю́го-за́падном райо́не Москвы́. Дом, в кото́ром они́ тепе́рь живу́т, нахо́дится недалеко́ от ста́нции метро́. В их до́ме де́сять этаже́й. Кварти́ра роди́телей на тре́тьем этаже́ (1а). Она́ состои́т из трёх ко́мнат: столо́вой, спа́льни роди́телей и ко́мнаты моего́ бра́та Никола́я.

Две́ри всех трёх ко́мнат выхо́дят в пере́днюю (3); небольшо́й коридо́р ведёт из пере́дней в ку́хню (4), ва́нную и туале́т. Кварти́ра о́чень ую́тная, тёплая, све́тлая, со все́ми удо́бствами. О́кна двух ко́мнат выхо́дят на юг (5), тре́тьей ко́мнаты—на за́пад.

Са́мая больша́я ко́мната в кварти́ре — столо́вая. Здесь посреди́не ко́мнаты стои́т стол и не́сколько сту́льев. Сле́ва от две́ри у стены́ стои́т серва́нт, спра́ва — дива́н, телеви́зор и два кре́сла. На полу́ лежи́т большо́й то́лстый ковёр. Напро́тив две́ри — большо́е окно́ и дверь на балко́н. Всё ле́то у них на балко́не цвету́т цветы́.

ERLÄUTERUNGEN

(1) ...живу́т в Москве́... Ра́ньше они́ жи́ли в небольшо́м ... до́ме.

(sie) leben in Moskau... Früher wohnten sie in einem kleinen ... Haus.

Die beiden deutschen Verben „leben" und „wohnen" werden ins Russische mit **жить** übersetzt.

Мы живём на тре́тьем этаже́.

(1a) Они́ жи́ли в двухэта́жном до́ме.

Sie wohnten in einem einstöckigen Haus.

Кварти́ра... (нахо́дится) на тре́тьем этаже́.

Das Zimmer liegt im zweiten Stock.

In der Etagenangabe unterscheidet sich das Russische

vom Deutschen. Das deutsche Erdgeschoß (Parterre) heißt im Russischen **пе́рвый эта́ж**.

(2) Ули́цу расши́рили и дома́ слома́ли.	Die Straße wurde breiter gemacht, und die Häuser wurden abgerissen.
(3) Две́ри выхо́дят в пере́днюю.	Die Türen führen zum Vorzimmer.
(4) Коридо́р ведёт в ку́хню.	Der Korridor führt in die Küche.
(5) Окна выхо́дят на юг.	Die Fenster gehen nach Süden.

 ## DIALOGE

I

— Здра́вствуй, Андре́й! Говоря́т, ты получи́л но́вую кварти́ру?

— Да, мы уже́ перее́хали в но́вый дом. Приезжа́йте к нам в суббо́ту на новосе́лье.

— Спаси́бо. С удово́льствием. Кварти́ра больша́я?

— Нет, не о́чень: три ко́мнаты, ну, и, коне́чно, ку́хня, ва́нная, туале́т и пере́дняя.

— А каки́е удо́бства?

— Все: электри́чество, газ, водопрово́д, горя́чая вода́, телефо́н.

— А како́й эта́ж?

— Четвёртый.

— Лифт есть?

— Есть. Обяза́тельно приезжа́йте с Мари́ной в суббо́ту.

— Спаси́бо, прие́дем.

II

— Па́вел, сего́дня звони́ла Ле́на, жена́ Андре́я, приглаша́ла нас на новосе́лье. Они́ получи́ли но́вую кварти́ру.

— Я зна́ю. Сего́дня Андре́й говори́л мне об э́том.

— Зна́ешь, каку́ю ме́бель они́ купи́ли для но́вой кварти́ры? В ко́мнате Андре́я они́ поста́вили большо́й кни́жный шкаф, пи́сьменный стол, дива́н и кре́сло. Пиани́но и телеви́зор стоя́т в большо́й ко́мнате. А в ку́хню они́ купи́ли ку́хонный гарниту́р.

— Андре́й сказа́л, что ку́хня у них больша́я.

— Да, на ку́хне они́ обы́чно за́втракают, а иногда́ и обе́дают.

Merken Sie sich!

Каки́е удо́бства есть в ва́шем до́ме?	Welche Bequemlichkeiten hat Ihr Haus?
кварти́ра со все́ми удо́бствами	eine Wohnung mit allen Bequemlichkeiten
устра́ивать ⎫ устро́ить ⎬ новосе́лье	den Einzug feiern
пригла- ⎫ ша́ть ⎬ на ново- пригласи́ть ⎭ се́лье	zur Einzugsfeier einladen

---

ÜBUNGEN

I. Beantworten Sie die folgenden Fragen.

A.
1. Где живу́т роди́тели Па́вла?
2. В како́м до́ме они́ жи́ли ра́ньше?
3. В како́м до́ме они́ живу́т тепе́рь?
4. На како́м этаже́ их кварти́ра?
5. Ско́лько этаже́й в их до́ме?
6. Ско́лько ко́мнат в их кварти́ре?
7. Куда́ выхо́дят о́кна их ко́мнат?
8. Каки́е удо́бства есть в их до́ме?
9. Кака́я ко́мната в их кварти́ре са́мая больша́я?
10. Кака́я ме́бель стои́т у них в столо́вой?

B.
1. Где вы живёте?
2. Ско́лько этаже́й в ва́шем до́ме?
3. Ско́лько ко́мнат в ва́шей кварти́ре?
4. Кака́я ме́бель стои́т у вас в столо́вой?
5. Кака́я ме́бель стои́т в ва́шей ко́мнате?
6. Куда́ выхо́дят о́кна ва́шей кварти́ры?
7. Каки́е удо́бства есть в ва́шей кварти́ре?
8. Где стои́т ваш пи́сьменный стол?
9. Где стои́т кни́жный шкаф?
10. Куда́ вы кладёте кни́ги и журна́лы?
11. Куда́ вы ста́вите кни́ги?

II. Ergänzen Sie die Sätze durch die rechts angegebenen Wörter in der erforderlichen Form.

1. В суббо́ту мы бы́ли (где?)	теа́тр, парк, клуб, музе́й, универ-
2. В суббо́ту мы ходи́ли (куда́?)	ситет, шко́ла, библиоте́ка, ресто́ран; конце́рт, ле́кция, уро́к
3. Ра́ньше я жил (где?)	дере́вня, друго́й го́род, Берли́н,

4. Неда́вно я е́здил (куда́?)	Дре́зден, Минск, Ки́ев, Ленин-гра́д, Сове́тский Сою́з, По́ль-ша, Фра́нция; ро́дина, юг
5. Мои́ друзья́ рабо́тают (где?)	заво́д, фа́брика, вокза́л, ста́нция; банк, институ́т, университе́т, лаборато́рия, шко́ла
6. Мои́ друзья́ поступи́ли рабо́-тать (куда́?)	

III. Beantworten Sie die folgenden Fragen. Gebrauchen Sie dabei die rechts angegebenen Wortverbindungen in der erforderlichen Form.

1. Где вы живёте?	большо́й ста́рый дом, тре́тий эта́ж, са́мый центр го́рода, у́лица Дру́жбы
2. Где живёт ваш друг?	друго́й райо́н, Пу́шкинская пло́-щадь, ма́ленький дом, второ́й эта́ж
3. Где вы рабо́таете?	большо́й автомоби́льный заво́д, лаборато́рия
4. Где у́чится ваш мла́дший брат?	университе́т, истори́ческий фа-культе́т, второ́й курс
5. Где вы обы́чно отдыха́ете?	большо́й ста́рый парк, одна́ ма́-ленькая дере́вня, бе́рег реки́
6. Где вы бы́ли вчера́?	о́перный теа́тр, симфони́ческий конце́рт

IV. Setzen Sie anstelle der Punkte die Verben **стоя́ть, лежа́ть, висе́ть** in der erforderlichen Form ein.

a) 1. В мое́й ко́мнате ... шкаф, стол и два сту́ла. 2. На столе́ ... насто́льная ла́мпа. 3. У окна́ ... сто́лик для газе́т. 4. Телеви́зор ... в бо́льшой ко́мнате. 5. В кла́ссе ... столы́ и сту́лья. 6. Кре́сло ... в углу́.

b) 7. На пи́сьменном столе́ ... кни́ги, журна́лы, тетра́ди. 8. На полу́ ... ковёр. 9. Мои́ тетра́ди ... в портфе́ле. 10. Письмо́ ... в кни́ге. 11. Де́ньги ... в карма́не.

c) 12. На стене́ ... карти́на. 13. Где ... ва́ши костю́мы? — Костю́мы ... в шкафу́. 14. В мое́й ко́мнате ... фотогра́фии отца́ и ма́-тери. 15. Над столо́м ... календа́рь. 16. Ва́ше пальто́ ... в пере́дней.

На столе́ сто́ит ла́мпа.

В ко́мнате виси́т ла́мпа.

28

V. Setzen Sie anstelle der Punkte die Verben стоя́ть, лежа́ть, висе́ть ein.

Это моя́ ко́мната. У окна́ ... пи́сьменный стол. На нём ... мои́ кни́ги, журна́лы, бума́ги. На столе́ ... насто́льная ла́мпа. Спра́ва от стола́ ... дива́н. Над дива́ном ... карти́на. Ря́дом с дива́ном ... два кре́сла и ма́ленький сто́лик для газе́т. На нём ... газе́ты и журна́лы. Сле́ва от стола́ ... кни́жный шкаф.

На столе́ лежа́т кни́ги. На по́лке стоя́т кни́ги.
 Три кни́ги лежа́т на по́лке.

VI. Fügen Sie die Verben жить, выходи́ть, получи́ть, купи́ть, перее́хать, состоя́ть, пригласи́ть ein.

Ра́ньше на́ши друзья́ ... в са́мом це́нтре Москвы́, а тепе́рь они́ ... в друго́м райо́не. Неда́вно они́ ... кварти́ру в но́вом до́ме. Ме́сяц наза́д они́ ... туда́. Их кварти́ра ... из четырёх ко́мнат. Окна́ де́тской ... в парк. Для столо́вой они́ ... но́вую ме́бель. Друзья́ ... нас на новосе́лье.

VII. Setzen Sie anstelle der Punkte die rechts angegebenen Adjektive ein. Gebrauchen Sie die erforderlichen Präpositionen.

1. Они́ живу́т ... до́ме.	большо́й но́вый шестнадцатиэта́жный
2. Кни́ги стоя́т ... шкафу́.	большо́й ста́рый кни́жный
3. Обы́чно мы за́втракаем ... ку́хне.	на́ша ма́ленькая, тёплая и ую́тная
4. Ве́чером оте́ц лю́бит сиде́ть ... кре́сле.	его́ (своё) ста́рое люби́мое удо́бное
5. Телеви́зор стои́т ... ко́мнате.	на́ша са́мая больша́я

VIII. Konjugieren Sie die folgenden Verben: 1. класть, положи́ть; 2. ста́вить, поста́вить; 3. ве́шать, пове́сить.

IX. Vergleichen Sie den Gebrauch der Verben: стоя́ть—ста́вить, поста́вить; лежа́ть—класть, положи́ть; висе́ть—ве́шать, пове́сить.

1. — Где *стои́т* ла́мпа?
 — Ла́мпа *стои́т* **на окне́**.

1. — Куда́ вы обы́чно *ста́вите* ла́мпу?
 — Обы́чно я *ста́влю* ла́мпу **на окно́**.

29

2. — Где *лежа́т* кни́ги?
— Кни́ги *лежа́т* **на столе́**.

2. — Куда́ вы *поста́вили* ла́мпу?
— Я *поста́вил* ла́мпу **на окно́**.

2. — Куда́ вы обы́чно *кладёте* кни́ги?
— Обы́чно я кладу́ кни́ги **на стол**.
— Куда́ вы *положи́ли* кни́ги?
— Я *положи́л* кни́ги **на стол**.

3. — Где *виси́т* пальто́?
— Пальто́ *виси́т* **в шкафу́**.

3. — Куда́ вы *ве́шаете* пальто́?
— Обы́чно я *ве́шаю* пальто́ **в шкаф**.
— Куда́ вы *пове́сили* пальто́?
— Я *пове́сил* пальто́ **в шкаф**.

X. Fügen Sie die Verben стоя́ть, лежа́ть, висе́ть; класть (положи́ть), ста́вить (поста́вить), ве́шать (пове́сить) ein.

a) 1. Ва́за ... на окне́. Кто ... ва́зу на окно́? 2. Это кре́сло всегда́ ... о́коло дива́на. Почему́ вы ... его́ у две́ри? 3. Ра́ньше телеви́зор ... у окна́, а тепе́рь мы ... его́ здесь. 4. Пожа́луйста, ... сту́лья на ме́сто. 5. На́до ... цветы́ в во́ду.

b) 6. Я вошёл в ко́мнату и ... портфе́ль на стул. Портфе́ль ... на сту́ле. 7. Де́вушка ... кни́гу на стол и вы́шла из ко́мнаты. Где кни́га, о кото́рой вы говори́ли? Она́ ... на столе́ в ва́шей ко́мнате. 8. Я всегда́ ... де́ньги в карма́н. Де́ньги ... в карма́не. Сего́дня у́тром я ... в карма́н три рубля́. 9. Вы мо́жете ... свой портфе́ль на э́тот стол. 10. Пожа́луйста, ... э́то письмо́ на тот стол.

c) 11. Где ... моё пальто́? Ва́ше пальто́ ... в пере́дней. 12. Куда́ вы ... моё пальто́? 13. Пла́тья и костю́мы ... в шкафу́. Жена́ ... свои́ пла́тья и костю́мы в шкаф. 14. Чей портре́т ... в ва́шей ко́мнате? 15. Вы мо́жете ... ваш плащ сюда́. 16. ..., пожа́луйста, пальто́ в шкаф.

XI. Beantworten Sie die folgenden Fragen nach dem Muster.

Muster: — Где у́чится Анна?
— Я *не зна́ю*, где у́чится Анна.

1. Где живёт Курт? 2. Где он рабо́тает? 3. Куда́ они́ пое́дут ле́том? 4. Где нахо́дится их дом? 5. Куда́ он положи́л газе́ты? 6. Где мо́жно купи́ть э́тот уче́бник? 7. Куда́ вы пойдёте в суббо́ту ве́чером? 8. Где ваш преподава́тель? 9. Где мой портфе́ль?

XII. Setzen Sie die in Klammern stehenden Wörter in der erforderlichen Form ein.

1. В ко́мнате шесть (стул) и два (кре́сло). 2. В кварти́ре четы́ре (ко́мната). 3. На столе́ лежи́т не́сколько (газе́та и журна́л). 4. Я купи́л две (кни́га). 5. В кла́ссе двена́дцать (стол) и два́дцать четы́ре (стул). 6. В столо́вой три (окно́). 7. В на́шем до́ме де́вять (эта́ж). 8. На э́той у́лице два́дцать оди́н (дом). 9. В ва́шей ко́мнате мно́го (карти́на). 10. У него́ ма́ло (кни́га). 11. У них мно́го (де́ти). 12. Сего́дня ве́чером у нас бу́дет мно́го (гость).

XIII. Sagen Sie, welche Gegenstände es in Ihrem Zimmer (Ihrem Klassenraum) gibt. Gebrauchen Sie dabei die Verben стоя́ть, лежа́ть, висе́ть und die Konjunktionen посреди́не, напро́тив, о́коло, у, сле́ва от, спра́ва от.

30

XIV. Sagen Sie, wie die Fragen zu folgenden Antworten lauten.

1. — ...?
   — Наш дом нахо́дится в це́нтре го́рода.
2. — ...?
   — На́ша кварти́ра на второ́м этаже́.
3. — ...?
   — Пиани́но стои́т в са́мой большо́й ко́мнате.
4. — ...?
   — В мое́й ко́мнате стоя́т пи́сьменный стол, дива́н, кни́жный шкаф и кре́сло.
5. — ...?
   — Кни́ги стоя́т в кни́жном шкафу́.
6. — ...?
   — Я кладу́ свои́ бума́ги в пи́сьменный стол.
7. — ...?
   — В на́шем до́ме три этажа́.
8. — ...?
   — В э́той кварти́ре три ко́мнаты.

XV. Übersetzen Sie ins Russische.

1. Wir wohnen in Zwickau und haben ein kleines Haus. Unser Haus hat fünf Zimmer, eine Küche, ein Badezimmer und eine Toilette. Die Küche, das Eß- und das Wohnzimmer liegen im Parterre, die Schlafzimmer im ersten Stock. 2. Mein Freund wohnt in einem neuen fünfstöckigen Haus. Die neuen Häuser haben alle Bequemlichkeiten: Elektrizität, Gasanschluß, Warmwasser und Telefon. Welche Bequemlichkeiten gibt es in Ihrem Haus? 3. Was steht in Ihrem Zimmer? In meinem Zimmer stehen ein Tisch, ein Bücherschrank, eine Liege, zwei Stühle und ein Sessel. An einer Wand hängen Bilder. Auf dem Fußboden liegt ein großer Teppich. 4. Ich stelle die Bücher in den Schrank. Zeitungen und Zeitschriften lege ich auf den Tisch. Wo kann man die Tasche hinlegen? Wo kann man den Mantel aufhängen?

XVI. Stellen Sie einen Dialog zwischen zwei Bekannten zusammen, von denen einer vor kurzem in einen Neubau (eine neue Wohnung) eingezogen ist. Gebrauchen Sie dabei die Wörter und Ausdrücke der Lektion.

4

МОЙ ДЕНЬ

По специа́льности я инжене́р-хи́мик. Я рабо́таю на одно́м из крупне́йших заво́дов Москвы́. Он нахо́дится на окра́ине го́рода.

Мой рабо́чий день начина́ется в во́семь часо́в утра́. (1) Я встаю́ в полови́не седьмо́го, де́лаю у́треннюю заря́дку, чи́щу зу́бы, принима́ю холо́дный душ (2). В э́то вре́мя Мари́на, моя́ жена́, гото́вит за́втрак. По́сле за́втрака, че́тверть восьмо́го, я одева́юсь, выхожу́ и́з дому и иду́ на авто́бусную остано́вку. Че́рез полчаса́, то́ есть без че́тверти во́семь, я уже́ на заво́де (3). Обы́чно я прихожу́ в лаборато́рию без десяти́ мину́т во́семь, то́ есть за де́сять мину́т до нача́ла рабо́ты (4).

Во вре́мя обе́денного переры́ва, с двена́дцати до ча́су (5), я успева́ю пообе́дать в столо́вой и немно́го отдохну́ть (6).

В пять часо́в мы конча́ем рабо́тать. Домо́й я иногда́ хожу́ пешко́м. По доро́ге я захожу́ в кни́жный магази́н посмотре́ть но́вые кни́ги. О́коло шести́ часо́в я уже́ до́ма. Я переодева́юсь и помога́ю жене́ по хозя́йству (7). В семь часо́в мы у́жинаем. По́сле у́жина я чита́ю журна́лы и просма́триваю газе́ты. Е́сли по телеви́зору идёт что́-нибудь интере́сное (8), мы смо́трим переда́чу. Мы ча́сто хо́дим в кино́, в теа́тры, на конце́рты. Иногда́ ве́чером к нам прихо́дят друзья́.

По вто́рникам и четверга́м я прихожу́ домо́й по́зже, часо́в в семь (9): в э́ти дни я хожу́ в бассе́йн.

В оди́ннадцать — в полови́не двена́дцатого я ложу́сь спать.

ERLÄUTERUNGEN

(1) Мой рабо́чий день начина́ется в во́семь часо́в утра́.

Mein Arbeitstag beginnt um 8 Uhr früh.

Я встаю́ в полови́не седьмо́го (без че́тверти во́семь).

Ich stehe um halb sieben (ein Viertel vor acht) auf.

(2) Я принима́ю холо́дный душ.

Ich nehme eine kalte Dusche.

(3) Я уже́ на заво́де.

Ich bin schon im Betrieb.

In der Gegenwart wird das Verb **есть** nicht gebraucht:

— Где ваш муж?

— Wo ist Ihr Mann?

— Мой муж сейча́с на рабо́те.

— Mein Mann ist jetzt auf Arbeit.

In der Vergangenheit und Zukunft ist das Verb **быть** (**был, бу́дет**) notwendig:

— Где вы **бы́ли** вчера́?

— Wo waren Sie gestern?

— Мы **бы́ли** в теа́тре.

— Wir waren im Theater.

За́втра ве́чером я **бу́ду** до́ма.

Morgen abend werde ich zu Hause sein.

(4) за де́сять мину́т до нача́ла рабо́ты

zehn Minuten vor Arbeitsbeginn

(5) с двена́дцати до ча́су

von zwölf bis eins

(6) Я успева́ю пообе́дать и отдохну́ть.

Ich habe Zeit genug, um zu essen und mich auszuruhen.

Успева́ть — **успе́ть** hat hier die Bedeutung von: **сде́лать что́-либо в отведённое вре́мя:**

Я успе́л поговори́ть с инжене́ром до нача́ла рабо́ты.

Ich hatte Zeit, mit dem Ingenieur vor Arbeitsbeginn zu sprechen.

Мы успе́ли зако́нчить рабо́ту до обе́да.

Wir haben unsere Arbeit bis zur Mittagspause machen können.

Wenn wir das vollendete Verb **успе́ть** mit einem anderen Verb im Infinitiv gebrauchen, so ist das zweite Verb ebenfalls vollendet:

Я успе́ю **посмотре́ть** э́тот фильм.

Ich werde Zeit haben, mir diesen Film anzusehen.

Я успе́л **зако́нчить** рабо́ту.

Ich konnte die Arbeit rechtzeitig fertigmachen.

Он успе́л сде́лать э́то.

Er hat es geschafft.

(7) Я помога́ю жене́ по хозя́йству.

Ich helfe meiner Frau im Haushalt.

(8) Если по телеви́зору идёт что́-нибудь интере́сное...

Wenn es im Fernsehen etwas Interessantes gibt...

Merken Sie sich!

передава́ть по ра́дио	im Rundfunk übertragen
говори́ть по телефо́ну	telefonieren
посыла́ть по по́чте	mit der Post schicken
пока́зывать по телеви́зору	im Fernsehen bringen

Das Verb **идти́** wird im Zusammenhang mit Theater, Kino oder Fernsehen in der Bedeutung von „gegeben, gebracht, gespielt werden" gebraucht:

Что **идёт** сего́дня в Большо́м теа́тре?

Was wird heute im Bolschoi-Theater gegeben?

Како́й фильм **идёт** сего́дня в кинотеа́тре «Ко́смос»?

Welcher Film läuft heute im Kino „Kosmos"?

Что **идёт** сейча́с по телеви́зору?

Was gibt es augenblicklich im Fernsehen?

Im Zusammenhang mit dem Fernsehen kann man auch sagen:

Что сего́дня по телеви́зору?

Was bringt das Fernsehen heute?

Что пока́зывают по телеви́зору?

Was gibt es im Fernsehen?

(9) часо́в в семь

gegen sieben Uhr

Das nachgestellte Zahlwort bedeutet, daß die Zahl nicht genau, sondern ungefähr angegeben ist.

Vergleichen Sie!

Он пришёл **в три часа́.**	Er ist um 3 Uhr gekommen.
Он пришёл **часа́ в три.**	Er ist gegen 3 Uhr gekommen.
Ему́ **два́дцать лет.**	Er ist 20 Jahre alt.
Ему́ **лет два́дцать.**	Er ist etwa 20 Jahre alt.
В кни́ге **сто страни́ц.**	Das Buch hat 100 Seiten.
В кни́ге **страни́ц сто.**	Das Buch hat ungefähr 100 Seiten.

ZEITANGABEN

I. Кото́рый час? Wie spät ist es?

Сейча́с час.　　Сейча́с четы́ре часа́.　　Сейча́с семь часо́в.

Сейча́с де́сять мину́т пе́рвого.　　Сейча́с че́тверть (пятна́дцать мину́т) четвёртого.　　Сейча́с полови́на восьмо́го.

Сейча́с без пяти́ (мину́т) четы́ре.　　Сейча́с без че́тверти (без пятна́дцати мину́т) четы́ре.　　Сейча́с без двадцати́ пяти́ (мину́т) во́семь.

Manchmal (im Rundfunk, im Verkehrswesen) wird die Amtszeit angegeben:

13.05 = трина́дцать часо́в пять мину́т
7.35 = семь часо́в три́дцать пять мину́т.

Spricht man von Kinovorstellungen, so sagt man zum Beispiel:

— Да́йте, пожа́луйста, два биле́та на девятна́дцать де́сять.
— Bitte zwei Karten für (die Vorstellung um) 19.10.

— Мы идём в кино́ на (сеа́нс) восемна́дцать два́дцать.
— Wir gehen in die 18.20-Vorstellung.

Abendvorstellungen:

17.30 (семна́дцать три́дцать)	17 Uhr 30
19.15 (девятна́дцать пятна́дцать)	19 Uhr 15
21.45 (два́дцать оди́н со́рок пять)	21 Uhr 45

II. Когда́? В кото́ром часу́?
Wann? Um wieviel Uhr?

A. 1. Па́вел обе́дает **в** *час*.

Pawel ißt *um eins* zu Mittag (*Kann auch bedeuten:* hat seine Mittagspause um eins).

Он прихо́дит домо́й **в** *четы́ре часа́*.

Er kommt *um vier Uhr* nach Hause.

Мы у́жинаем **в** *семь часо́в*.

Wir essen *um sieben Uhr* zu Abend.

2. Сего́дня он пришёл домо́й *че́тверть пя́того*.

Heute ist er *Viertel fünf* nach Hause gekommen.

Они́ у́жинают **в** *полови́не восьмо́го*.

Sie essen um *halb acht* zu Abend.

3. Па́вел пошёл обе́дать **без** *пяти́ час*.

Pawel ging *fünf Minuten vor eins* essen.

Он пришёл домо́й **без** *че́тверти четы́ре*.

Er ist *drei Viertel vier* nach Hause gekommen.

Сего́дня мы се́ли у́жинать **без** *двадцати́ пяти́ во́семь*.

Heute haben wir mit dem Abendessen um *fünf Minuten nach halb acht* angefangen.

B. Manchmal wird die Uhrzeit durch die Angabe der Tageszeit ergänzt:

Это бы́ло в три часа́ **но́чи**.	Das war um 3 Uhr nachts.
Он прие́хал в шесть часо́в **ве́чера**.	Er ist um 6 Uhr abends angekommen.

Die russische Einteilung in Morgen, Abend und Nacht ist etwas anders als die deutsche:

в 2 часа́ дня	um zwei Uhr nachmittags
в 11 часо́в утра́	um elf Uhr vormittags

    5—11 — у́тро (5 часо́в утра́ — 11 часо́в утра́)
    12—16 — день (12 часо́в дня — 4 часа́ дня)
    17—23 — ве́чер (5 часо́в ве́чера — 11 часо́в ве́чера)
    24—4   — ночь (12 часо́в но́чи — 4 часа́ но́чи)

Zuweilen läßt sich eine Zeit auf zweierlei Weise bestimmen: **четы́ре часа́ но́чи** bzw.: **четы́ре часа́ утра́**.

C. 1. **О́коло** двух часо́в.

Gegen zwei Uhr.

    Он бу́дет здесь о́коло двух часо́в.

Er wird gegen zwei Uhr da sein.

   2. **По́сле** двух часо́в.

Nach zwei Uhr.

    Па́вел придёт по́сле двух часо́в.

Pawel kommt nach zwei (Uhr).

   3. **Че́рез** два часа́.

In (nach) zwei Stunden.

    Че́рез два часа́ я пойду́ на рабо́ту.

In zwei Stunden gehe ich zur Arbeit.

   4. **К** двум часа́м.

Um zwei, gegen zwei Uhr.

    Он придёт к двум часа́м.

Er kommt um (gegen) zwei Uhr.

   5. **За** два часа́ до...

Zwei Stunden vor...

    Мы пришли́ за пять мину́т до нача́ла конце́рта.

Wir kamen fünf Minuten vor Beginn des Konzerts.

III. Как до́лго? Ско́лько вре́мени? Wie lange?

1. Два часа́.

Zwei Stunden.

    По́сле обе́да он отдыха́л два часа́.

Nach dem Mittagessen ruhte er sich zwei Stunden aus.

2. С двух до трёх.

Von zwei bis drei Uhr.

    По́сле обе́да он отдыха́л с двух до трёх часо́в.

Nach dem Mittagessen ruhte er sich von zwei bis drei Uhr aus.

37

DIALOGE

I

— Когда́ вы встаёте?

— Обы́чно я встаю́ в полови́не седьмо́го, а в воскре-
се́нье — в полови́не восьмо́го — в во́семь.

— В кото́ром часу́ начина́ют рабо́тать на ва́шем за-
во́де?

— В во́семь часо́в.

— Ско́лько часо́в в день вы рабо́таете?

— Во́семь часо́в: с восьми́ до двена́дцати и пото́м
с ча́су до пяти́.

— А что вы де́лаете с двена́дцати до ча́су?

— С двена́дцати до ча́су обе́денный переры́в, в э́то
вре́мя мы обе́даем и отдыха́ем.

— А ско́лько дней в неде́лю вы отдыха́ете?

— Два дня: суббо́ту и воскресе́нье.

II

— Мари́на, я слы́шала, что вы занима́етесь в
консервато́рии (1)? Как вы успева́ете и рабо́тать, и
учи́ться?

— Я рабо́таю у́тром, с девяти́ до трёх, а в консерва-
то́рии занима́юсь ве́чером, с семи́ до десяти́.

— Ка́ждый день?

— Нет, коне́чно. Я хожу́ в консервато́рию че́рез
день — по понеде́льникам, среда́м и пя́тницам. Коне́ч-
но, рабо́тать прихо́дится мно́го.

— А дома́шние дела́? Вы всё успева́ете де́лать до́-
ма?

— Дома́шними дела́ми я занима́юсь в суббо́ту.
В э́тот день я не рабо́таю. А кро́ме того́, мне помога́ет
по хозя́йству муж.

III

— Скажи́те, пожа́луйста, кото́рый час?

— Сейча́с че́тверть пя́того.

— Спаси́бо. А ва́ши часы́ не спеша́т?

— Нет, мои́ часы́ иду́т то́чно. Я проверя́л их по ра́-
дио в двена́дцать часо́в.

— Зна́чит, мои́ отстаю́т. На них то́лько де́сять ми-
ну́т пя́того. На́до бу́дет показа́ть их ма́стеру.

ERLÄUTERUNGEN

(1) Вы занима́етесь в кон-   Studieren Sie am Konser-
    серватóрии?   vatorium?

Das Verb **занима́ться** ist im Russischen sehr gebräuchlich. Es hat folgende wichtigste Bedeutungen:

   1. **занима́ться** *(чем?)* + Instrumental

спóртом	Sport treiben
литерату́рой	Literatur studieren; sich literarisch betätigen
ру́сским языкóм	Russisch lernen (studieren)
домáшними делáми, хозя́йством	den Haushalt besorgen

   2. **занима́ться** in der Bedeutung von „lernen, (Schul-)
Aufgaben machen"

Мне ну́жно занима́ться.	Ich habe noch zu lernen.
Он занима́ется с утрá до пóздней нóчи.	Er lernt von Morgen bis spät in die Nacht hinein.

Merken Sie sich!

чéтверть **пя́того**	Viertel fünf
пять мину́т **пéрвого**	fünf Minuten nach zwölf
двáдцать мину́т **двенáдцатого**	zwanzig Minuten nach elf
без двадцати́ **двенáдцать**	zwanzig Minuten vor zwölf

без чéтверти **пять**	drei Viertel fünf
без пяти́ **час**	fünf (Minuten) vor eins

Часы́ иду́т то́чно.	Die Uhr geht genau.
Часы́ спеша́т, отстаю́т.	Die Uhr geht vor, nach.
На мои́х (часа́х) три.	Meine Uhr zeigt drei Uhr.

Проверя́ть⎫ часы́. Прове́рить⎭	Die Uhr vergleichen.
Ста́вить ⎫ часы́. Поста́вить⎭	Die Uhr stellen.

ÜBUNGEN

I. Beantworten Sie die folgenden Fragen.

1. Где вы рабо́таете?
2. Кто вы по специа́льности?
3. Где нахо́дится ваш заво́д, институ́т, банк?
4. Како́й э́то заво́д, институ́т?
5. Когда́ вы встаёте?
6. Вы де́лаете у́треннюю заря́дку (гимна́стику)?
7. Когда́ вы за́втракаете?
8. Когда́ вы выхо́дите и́з дому?
9. Вы хо́дите на рабо́ту пешко́м и́ли е́здите?
10. Когда́ вы начина́ете рабо́тать?
11. Где и когда́ вы обы́чно обе́даете?
12. Когда́ вы конча́ете рабо́тать?
13. Когда́ вы прихо́дите домо́й?
14. Что вы де́лаете по вечера́м?
15. Когда́ вы ложи́тесь спать?

II. Schreiben Sie die Uhrzeit in Ziffern auf.

де́сять мину́т пя́того, два́дцать пять мину́т пе́рвого, пять мину́т пе́рвого, че́тверть тре́тьего, без че́тверти три, без двадцати́ два, полови́на деся́того, без десяти́ час, два́дцать мину́т четвёртого, без пяти́ пять, че́тверть двена́дцатого, полови́на пе́рвого.

III. Nennen Sie die Uhrzeit auf russisch.

1.05; 5.20; 9.10; 11.25; 3.17; 12.10; 12.30; 2.15; 2.45; 4.40; 4.45; 9.40; 9.35; 9.50; 8.55; 10.10; 10.15; 10.30; 10.45; 10.55.

IV. Beantworten Sie die folgenden Fragen. Gebrauchen Sie dabei die eingeklammerten Uhrzeiten.

1. Когда́ вы встаёте? (6.45)
2. Когда́ вы за́втракаете? (7.15)
3. Когда́ вы начина́ете рабо́тать? (8.30)
4. Когда́ вы обе́даете? (12.30)
5. Когда́ вы прихо́дите домо́й? (5.30)
6. Когда́ вы ложи́тесь спать? (11.15)

V. Beantworten Sie die folgenden Fragen. Gebrauchen Sie dabei die rechts angegebenen Wörter. Setzen Sie, wenn nötig, die passende Konjunktion.

1. Когда́ вы встаёте? Ско́лько вре́мени вы сего́дня спа́ли?	семь часо́в
2. Когда́ обе́дают рабо́чие? Ско́лько вре́мени продолжа́ется обе́денный переры́в?	час
3. Ско́лько часо́в вы рабо́тали сего́дня? Когда́ вы пришли́ домо́й?	четы́ре часа́
4. Когда́ ваш сын прихо́дит из шко́лы? Ско́лько вре́мени он гото́вит уро́ки?	два часа́

VI. Ergänzen Sie die Sätze durch die in Klammern stehenden Uhrzeiten.

Muster: Я рабо́таю ... (10—6).

Я рабо́таю с десяти́ часо́в (утра́) до шести́ часо́в ве́чера.

A n m e r k u n g: In den mit einem Sternchen(*) gekennzeichneten Sätzen ist die Tageszeit nicht anzugeben, da es ohnehin klar ist, um welche Tageszeit es sich handelt.

1. Магази́н откры́т ... (8—6). 2. Мы обе́даем ... (1—2)*. 3. Ле́кции продолжа́ются ... (9—3). 4. Мы смо́трим телеви́зор ... (7—9). 5. Врач принима́ет ... (3—8). 6. Я ждал вас ... (5—6). 7. Столо́вая рабо́тает ... (12—7). 8. По́сле обе́да ... де́ти спят (2—4)*. 9. По́сле о́тдыха ... они́ гуля́ют (4—6)*. 10. Метро́ рабо́тает ... (6—1).

VII. Setzen Sie anstelle der Punkte die Konjunktion ч е р е з bzw. п о́ с л е ein:

Muster: Мы пойдём в кино́ ... два часа́.

Мы пойдём в кино́ че́рез два часа́.

1. Я приду́ ... три часа́. 2. Он зашёл к нам ... рабо́ты. 3. ... ме́сяц у меня́ бу́дут экза́мены. 4. ... экза́менов студе́нты отдыха́ют. 5. ... ле́кции мы пойдём обе́дать. 6. Мы пойдём обе́дать ... час. 7. Я дам вам э́ту кни́гу ... три дня. 8. Я позвоню́ вам ... пра́здников. 9. ... обе́да зайди́те ко мне. 10. Я зако́нчу университе́т ... год.

VIII. Lesen Sie den Text. Geben Sie die in Ziffern ausgedrückte Uhrzeit in Worten an. Setzen Sie die erfordelichen Konjunktionen ein.

Muster: ... 7—15 = пятна́дцать мину́т восьмо́го

ДЕНЬ ШКО́ЛЬНИКА

Наш сын у́чится в шко́ле. Обы́чно он встаёт ... (7 ч.). Снача́ла Юра де́лает заря́дку, пото́м умыва́ется, одева́ется, убира́ет посте́ль. ... (7 ч. 45 м.) он сади́тся за́втракать. ... (8 ч. 10 м.) он выхо́дит и́з до́му. Шко́ла, в кото́рой у́чится Юра, нахо́дится недалеко́ от на́шего до́ма. ... (8 ч. 20 м.) он прихо́дит в шко́лу. Пе́рвый уро́к начина́ется ... (8 ч. 30 м.). По́сле тре́тьего уро́ка ... (11 ч. 15 м.) де́ти за́втракают в шко́льном буфе́те. ... (13 ч. 40 м.) уро́ки конча́ются, и Юра идёт домо́й. ... (2 ч.) он обе́дает. По́сле обе́да он гуля́ет. ... (4 ч. 30 м.) Юра начина́ет де́лать уро́ки. Обы́чно он занима́ется ... (2 ч.). ... (7 ч.) мы у́жинаем. По́сле у́жина Юра занима́ется свои́ми дела́ми: чита́ет, рису́ет, смо́трит телеви́зор и́ли идёт к това́рищу, кото́рый живёт в сосе́днем до́ме. ... (9 ч. 30 м.) Юра ложи́тся спать.

IX. Beantworten Sie die nachstehenden Fragen, gebrauchen Sie dabei die rechts angegebenen Wörter. Beachten Sie die Bedeutung des Verbs заниматься in verschiedenen Fragen.

1. Чем занима́ется ваш сын?	рабо́тать, учи́ться в шко́ле, в университе́те
2. Чем занима́ется э́тот учёный?	литерату́ра, исто́рия, англи́йский язы́к, филосо́фия
3. Вы давно́ занима́етесь ру́сским языко́м?	неда́вно, не́сколько лет, год, полго́да
4. Вы занима́етесь спо́ртом?	те́ннис, футбо́л
5. Где вы обы́чно занима́етесь?	дом, чита́льный зал, университе́тская библиоте́ка

X. Lesen Sie folgende Sätze. Vergleichen Sie die Bedeutung und den Gebrauch der Verben auf -ся mit denen ohne diese Partikel.

Профе́ссор *зако́нчил* ле́кцию, и студе́нты вы́шли из за́ла.	Ле́кция *зако́нчилась*, и студе́нты вы́шли из за́ла.
Жизнь *измени́ла* э́того челове́ка.	Э́тот челове́к о́чень *измени́лся.*

XI. Setzen Sie anstelle der Punkte die eingeklammerten Verben mit der Partikel -ся bzw. ohne sie ein.

A. 1. Мы ... рабо́тать в во́семь часо́в утра́ и ... в пять часо́в ве́чера. Ле́кции в институ́те ... в де́вять утра́ и ... в три часа́ дня. (начина́ть — начина́ться, конча́ть — конча́ться) 2. Дверь ..., и вошёл преподава́тель. Преподава́тель ... дверь и вошёл в класс. (откры́ть — откры́ться) 3. Рабо́та в лаборато́рии ... . Рабо́тники лаборато́рии ... свою́ рабо́ту. (продолжа́ть — продолжа́ться) 4. Шофёр ... маши́ну на углу́ у́лицы. Маши́на ... на углу́ у́лицы. (останови́ть — останови́ться) 5. Магази́н ... в де́вять часо́в утра́ и ... в семь часо́в ве́чера. Когда́ мы ухо́дим и́з дому, мы ... о́кна. (открыва́ть — открыва́ться, закрыва́ть — закрыва́ться)

B. 1. Мать ... ма́ленького сы́на. Сын ... сам. (мыть — мы́ться) 2. Ка́ждое у́тро я ... . Я сижу́, а парикма́хер ... меня́. (брить — бри́ться) 3. Мари́на ... и вы́шла на у́лицу. Мать ... до́чку и вы́шла с ней на у́лицу. (оде́ть — оде́ться)

XII. Lesen Sie die nachstehenden Sätze. Vergleichen Sie die Bedeutung der vollendeten und der unvollendeten Verben.

Мари́на *гото́вила* у́жин.	Мари́на *пригото́вила* у́жин.
Обы́чно я *ложу́сь* (*ложи́лся*) спать по́здно.	Вчера́ я *лёг* спать по́здно.

XIII. Setzen Sie anstelle der Punkte eines der eingeklammerten Verben in der erforderlichen Form ein:

1. — Что вы де́лали вчера́ ве́чером? — Я ... кни́гу. — Вы уже́ ... её? — Да, ... (чита́ть — прочита́ть) 2. — Что де́лает ваш сын? — Он ... уро́ки. — Воло́дя, ты уже́ ... уро́ки? — Да, я уже́ всё ... . (гото́вить — пригото́вить) 3. Я сиде́л мо́лча, а Серге́й ... мне о себе́, о свое́й жи́зни. (расска́зывать — рассказа́ть) 4. Па́вел ... газе́ты и стал чита́ть кни́гу. (просма́тривать — просмотре́ть) 5. — Почему́ вы ... так ра́но? — Я всегда́ ... ра́но. Ле́том, когда́ я жил на да́че, я то́же ... в шесть часо́в утра́. (встава́ть — встать) 6. — Когда́ вы ... спать? — Обы́чно я ... спать по́здно. Вчера́ я о́чень уста́л и ... спать ра́но, в полови́не деся́того. (ложи́ться — лечь) 7. Когда́ мы сиде́ли за столо́м и ..., Мари́на вдруг сказа́ла мне: «Пойдём сего́дня в кино́». Мы ..., бы́стро оде́лись и пошли́ в кино́. (у́жинать — поу́жинать)

XIV. Sagen Sie, wie die Fragen zu den folgenden Antworten lauten.

1. — ...?
   — Я встаю́ в полови́не седьмо́го.
2. — ...?
   — Я выхожу́ и́з дому в полови́не восьмо́го.
3. — ...?
   — Я е́зжу на рабо́ту на авто́бусе.
4. — ...?
   — Наш заво́д нахо́дится на окра́ине го́рода.
5. — ...?
   — Мы обе́даем в столо́вой.
6. — ...?
   — Мы конча́ем рабо́тать в четы́ре часа́.
7. — ...?
   — Ве́чером, по́сле у́жина, мы смо́трим телеви́зор.
8. — ...?
   — По вто́рникам я хожу́ в бассе́йн.
9. — ...?
   — Бассе́йн нахо́дится недалеко́ от на́шего до́ма.

XV. Setzen Sie anstelle der Punkte je eines der beiden Verben der Fortbewegung ein:

А. *идти́ — ходи́ть*

1. Куда́ вы сейча́с ...? — Я ... в магази́н. 2. Вы ... домо́й? — Нет, я ... на по́чту. 3. Ка́ждый день я ... на рабо́ту. Обы́чно я ... пешко́м. 4. Вы не зна́ете, куда́ ... э́ти де́ти? — Я ду́маю, они́ ... в парк. 5. Вы лю́бите ... пешко́м?

В. *е́хать — е́здить*

1. Обы́чно я ... на рабо́ту на метро́. 2. Вы то́же ... на метро́? 3. Сего́дня я до́лжен ... на метро́, что́бы не опозда́ть в университе́т. 4. Вы ... в Ки́ев? — Да, сейча́с я ... в Ки́ев, а из Ки́ева я пое́ду в Оде́ссу. 5. Ка́ждое ле́то на́ша семья́ ... на Во́лгу. 6. Почему́ мы так ме́дленно... ? — Мы ... ме́дленно, потому́ что впереди́ мно́го маши́н.

XVI. Übersetzen Sie ins Russische.

1. Gewönlich stehe ich um 7 Uhr früh auf. Ich mache Gymnastik und nehme eine Dusche. 2. Wir beginnen unsere Arbeit um 8 Uhr. Ich verlasse das Haus um halb acht. 3. Ich arbeite acht Stunden am Tag, Marina aber nur sechs Stunden. 4. Wir essen zwischen eins und zwei zu Mittag. 5. Petrow verläßt das Haus um halb neun und kommt zehn Minuten vor Beginn der Arbeit in seinem Betrieb an. 6. Fahren Sie zur Arbeit oder gehen Sie zu Fuß? 7. Sonnabends kommen unsere Freunde zu uns zu Besuch. 8. Abends sehen wir fern. 9. Ich komme gegen sieben Uhr zu Ihnen. 10. — Womit beschäftigt sich Ihr Bruder? — Mein Bruder studiert an der Universität. Er studiert an der historischen Fakultät.

XVII. a) Sagen Sie, wie Ihr Tag verläuft; gebrauchen Sie dabei die Ausdrücke und Redewendungen der Lektion.

b) Stellen Sie Fragen an Ihren Kollegen (einen anderen Studenten, einen Kameraden) über den Verlauf seines Tages.

c) Sagen Sie, wie Ihr Sohn (Ihre Tochter) den Tag verbringt.

5

⚙ МАРИНА ЕДЕТ НА РАБОТУ

— Де́тская поликли́ника, в кото́рой я рабо́таю,— расска́зывает Мари́на,— нахо́дится в це́нтре го́рода. А живём мы в райо́не Изма́йловского па́рка.

От до́ма до мое́й рабо́ты нет прямо́го сообще́ния. Мне прихо́дится по́льзоваться двумя́ ви́дами тра́нспорта (1), снача́ла я е́ду на авто́бусе (2), пото́м на метро́ и, кро́ме того́, де́сять — двена́дцать мину́т иду́ пешко́м (3).

Обы́чно я выхожу́ и́з дому два́дцать мину́т девя́того. Снача́ла я иду́ к авто́бусной остано́вке. Остано́вка нахо́дится как раз напро́тив на́шего до́ма (4). Авто́бусы в э́то вре́мя хо́дят ча́сто, и мне не прихо́дится до́лго ждать.

Подхо́дит авто́бус. Я вхожу́, предъявля́ю проездно́й биле́т и прохожу́ в сало́н. Обы́чно в э́ти часы́ в авто́бусе мно́го наро́ду (5).

Через три остановки, у метро, мне надо выходить. Я выхожу из автобуса и иду к метро. Я вхожу в вестибюль, опускаю пять копеек в автомат и прохожу мимо контролёра-автомата. Затем по эскалатору спускаюсь вниз. Подходит поезд. Я вхожу в вагон и сажусь, если есть свободное место.

На остановке «Площадь Революции» я выхожу из метро на улицу. Отсюда до работы десять минут ходьбы. Это расстояние — две остановки — можно проехать на троллейбусе. Обычно от метро до поликлиники я иду пешком, но иногда еду на троллейбусе.

Если я выхожу из дому позднее обычного, мне приходится брать такси (6), чтобы приехать на работу вовремя.

ERLÄUTERUNGEN

(1) Мне приходится пользоваться двумя видами транспорта.	Ich muß zwei verschiedene Verkehrsmittel benutzen.

Das Verb **приходиться** ist unpersönlich und hat nur folgende Formen:

приходится	(*Gegenwart*)
приходилось	(*Vergangenheit*)

Das entsprechende vollendete Verb **прийтись** hat folgende Formen:

придётся	(*Zukunft*)
пришлось	(*Vergangenheit*)

Beide Verben werden mit einem Substantiv bzw. Pronomen im D a t i v gebraucht:

Вчера **Марине** пришлось взять такси.	Gestern war Marina genötigt, ein Taxi zu nehmen.
Иногда **мне** приходится ехать с пересадкой.	Manchmal muß ich umsteigen.
Нам придётся идти пешком.	Wir werden (leider) zu Fuß gehen müssen.
(2,5) Сначала я еду **на** автобусе...	Zuerst fahre ich mit einem Bus...
В эти часы **в** автобусе много народу.	Um diese Zeit sind die Busse voll.

Beachten Sie den Gebrauch der Präpositionen **в** und **на**.
Sprechen wir von einem Verkehrsmittel, so gebrauchen wir die Präposition **на** + P r ä p o s i t i v :

	на автóбусе		dem Bus	
	на трамвáе		der Straßen-	
	на троллéйбу-		bahn	
	се		dem Obus	
éхать	на машúне	mit	einem Wagen	fahren
	на метрó		der U-Bahn	
	на таксú		einem Taxi	
	на пóезде		einem Zug	
	на велосипéде		dem Rad	

плыть	на теплохóде	mit	dem Schiff	fahren
	на лóдке		einem Boot	

летéть на самолёте   ein Flugzeug nehmen

Diese Wortverbindungen antworten auf die Frage: *Как? Какúм вúдом трáнспорта?* (Wie? Mit welchem Verkehrsmittel?):

— *Как* вы поéдете?   — *Wie* wollen Sie fahren?
— Мы поéдем **на трамвáе.**   — Wir fahren *mit der Straßenbahn.*

Möglich ist auch die Form: **éхать автóбусом, трамвáем, пóездом, летéть самолётом.**

(3) Снача́ла я éду на автó-   Zuerst fahre ich mit einem
бусе, потóм... иду́ пе-   Bus, dann... gehe ich zu
шкóм.   Fuß.

Zur Bezeichnung einer gewohnheitsmäßigen, mehrmaligen Handlung werden die Verben **ходúть** und **éздить** gebraucht:

Кáждый день я **хожу́** на   Jeden Tag *gehe* ich zur Ar-
рабóту.   beit.
Мой сосéд **éздит** на рабó-   Mein Nachbar *fährt* ge-
ту на велосипéде.   wöhnlich mit seinem Rad
     zur Arbeit.

Wenn sich aber eine Handlung, obwohl wiederholt, nur in einer Richtung vollzieht, werden die Verben **идтú** und **éхать** gebraucht:

Утром я **иду́** к автóбусной   Morgens *gehe* ich zur Bus-
останóвке. Я **éду** пять   haltestelle. Ich *fahre* fünf
останóвок и **выхожу́.**   Stationen, dann steige ich
Потóм я **éду** на метрó.   aus. Weiter *fahre* ich mit
     der U-Bahn.

(4) Остано́вка как раз напро́тив на́шего до́ма.	Die Haltestelle ist genau (gerade) unserem Haus gegenüber.
(5) Обы́чно в э́ти часы́ в авто́бусе мно́го наро́ду.	Gewöhnlich ist der Bus um diese Zeit voll.
(6) Мне прихо́дится брать такси́.	Ich muß ein Taxi nehmen.

Im Unterschied zum Deutschen gebraucht man das Verb **брать, взять** im Russischen nur, wenn von einem Kraftfahrzeug die Rede ist: **брать такси́, брать маши́ну.** In bezug auf alle anderen Wörter, die Verkehrsmittel bezeichnen, sagt man **сади́ться — сесть**:

Мы пойдём пешко́м и́ли **ся́дем** на трамва́й.	Wir gehen zu Fuß oder nehmen die Straßenbahn.
Вам на́до **сесть** на пя́тый авто́бус, он идёт в центр.	Nehmen Sie den Omnibus Nr. 5, er fährt zum Stadtzentrum.

DIALOGE

I

— Скажи́те, пожа́луйста, как пройти́ к Большо́му теа́тру?

— Большо́й теа́тр недалеко́ отсю́да. Иди́те пря́мо, пото́м нале́во.

II

— Скажи́те, как мне дое́хать до па́рка «Соко́льники»?

— Извини́те, я не москви́ч. Спроси́те милиционе́ра, он вам объясни́т.

— Това́рищ милиционе́р, как мне попа́сть в парк «Соко́льники» (1)?

— Лу́чше всего́ на метро́. Отсю́да до па́рка всего́ три остано́вки. Мо́жно е́хать и на тролле́йбусе. Дое́дете до остано́вки «Метро́ «Соко́льники», а там спроси́те, как пройти́ к па́рку.

— Спаси́бо.

III

— Скажи́те, как отсю́да дое́хать до университе́та на Ле́нинских гора́х?

— До университе́та мо́жно дое́хать на авто́бусе и на тролле́йбусе.

— А на метро́?

— На метро́ вам придётся е́хать с переса́дкой (2).

IV

— Такси́ свобо́дно?

— Свобо́дно. Сади́тесь. Вам куда́?

— Мне к Большо́му теа́тру.

— Че́рез пятна́дцать мину́т бу́дем там.

— Ско́лько с меня́?

— 2 рубля́.

— Пожа́луйста. До свида́ния.

ERLÄUTERUNGEN

(1) Как мне попа́сть в парк «Соко́льники»?	Wie komme ich zum Sokol-niki-Park?

Das Verb **попа́сть** kann folgende Bedeutungen haben:

Как вы сюда́ попа́ли?	Wieso sind Sie hier (wie kommen Sie her)?
Мы попа́ли в теа́тр во́время.	Wir sind noch rechtzeitig ins Theater gekommen.
(2) Вам придётся е́хать с переса́дкой.	Sie werden umsteigen müssen.
переса́дка	das Umsteigen
де́лать переса́дку	umsteigen
е́хать с переса́дкой	umsteigen (müssen)
е́хать без переса́дки	nicht umzusteigen brauchen

Merken Sie sich!

A.

Скажи́те, пожа́луйста, как пройти́ к Большо́му теа́тру?	Sagen Sie bitte, wie komme ich zum Bolschoi-Theater?
Скажи́те, пожа́луйста, как попа́сть на Ле́нинские го́ры?	Sagen Sie bitte, wie komme ich (von hier am besten) zu den Lenin-Bergen?

Не скáжете ли вы, как доéхать до гостúницы «Украúна»?	Können Sie mir bitte sagen, wie komme ich zum Hotel „Ukraina"?
Не скáжете ли вы, кудá идёт э́тот автóбус?	Können sie mir bitte sagen, wohin dieser Bus fährt?
Э́тот автóбус идёт в центр?	Fährt dieser Bus zum Zentrum?
Скажúте, пожáлуйста, где останáвливается 3-й (трéтий) автóбус?	Sagen Sie bitte, wo hält der Omnibus Nr. 3?
Скажúте, пожáлуйста, где ближáйшая стáнция метрó (останóвка автóбуса, стоя́нка таксú)?	Sagen Sie bitte, wo ist die nächste U-Bahn-Station (Bushaltestelle, der nächste Taxistand)?

B.

Скажúте, пожáлуйста, где мне выходúть? Мне нýжен музéй Чéхова.	Sagen Sie bitte, wo soll ich aussteigen? Ich möchte zum Tschechow-Museum.
Скажúте, пожáлуйста, где мне сдéлать пересáдку?	Sagen Sie bitte, wo soll ich umsteigen?
Какáя э́то останóвка?	Welche Haltestelle ist das?
Какáя слéдующая останóвка?	Wie heißt die nächste Haltestelle?
— Вы схóдите на слéдующей останóвке?	— Steigen Sie an der nächsten Haltestelle aus?
— Да, схожý.	— Ja, ich steige aus.
— Нет, не схожý.	— Nein, ich steige nicht aus.
— Разрешúте пройтú.	— Gestatten Sie bitte (Lassen Sie mich bitte durch).

ÜBUNGEN

I. Beantworten Sie die folgenden Fragen:

1. Далекó ли от вáшего дóма до рабóты (до университéта)?
2. Вы éздите úли хóдите пешкóм на рабóту?
3. Когдá вы выхóдите úз дому?
4. Как вы éздите на рабóту?
5. Есть ли прямóе сообщéние от вáшего дóма до рабóты?
6. Вам прихóдится дéлать пересáдку?
7. Где вы дéлаете пересáдку?
8. Скóлько врéмени занимáет у вас дорóга от дóма до рабóты?
9. Какóй трáнспорт хóдит по вáшей ýлице?
10. Какóй вид трáнспорта вы предпочитáете?
11. Вам чáсто прихóдится éздить на автóбусе (на трамвáе)?
12. Скóлько стóит билéт в автóбусе?

13. В ва́шем го́роде есть метро́?
14. Вы ча́сто е́здите на метро́?
15. Где ближа́йшая стоя́нка такси́?

II. Setzen Sie die kursivgedruckten Verben in die Vergangenheitsform.

1. Маши́на *идёт* бы́стро. 2. Куда́ он *идёт*? 3. Он *е́здит* на рабо́ту на авто́бусе. 4. Ма́льчики *иду́т* в шко́лу. 5. Ле́том я *хожу́* на рабо́ту пешко́м. 6. Ка́ждый год мы *е́здим* на юг. 7. Же́нщина *идёт* ме́дленно. 8. Мой друзья́ хорошо́ *хо́дят* на лы́жах.

III. Setzen Sie anstelle der Punkte das Verb пойти́ bzw. пое́хать ein.

1. Сего́дня ве́чером мы ... в теа́тр. 2. Мы ... туда́ на такси́. 3. Ско́ро я ... в Ленингра́д. 4. Че́рез два часа́ он ко́нчит рабо́ту и ... домо́й. 5. Что́бы купи́ть слова́рь, на́до ... в кни́жный магази́н. Магази́н ря́дом. 6. Вы не хоти́те ... сего́дня ве́чером в кино́? 7. Куда́ вы собира́етесь ... ле́том?

IV. Setzen Sie anstelle der Punkte jeweils eines der zwei Verben ein.

A. *идти́ — ходи́ть*

1. Сейча́с я ... на уро́к ру́сского языка́. 2. — Куда́ вы сейча́с ...? — Мы ... в го́сти к свои́м друзья́м. 3. — Вы ча́сто ... в го́сти? — Нет, о́чень ре́дко. 4. — Куда́ вы так спеши́те? — Мы ... в теа́тр и, ка́жется, опа́здываем. 5. — Вы ча́сто ... в теа́тр? — Мы ... в теа́тр два-три ра́за в ме́сяц. 6. Я смотрю́ в окно́. Вот ... же́нщина. Ря́дом с ней ... ма́льчик. Наве́рное, они́ ... в парк. 7. Она́ рабо́тает недалеко́ от до́ма и всегда́ ... на рабо́ту пешко́м.

B. *е́хать — е́здить*

1. Обы́чно он ... на рабо́ту на трамва́е, иногда́ ... на авто́бусе. 2. Я ви́жу, как по у́лице ... велосипеди́сты. 3. У него́ така́я рабо́та, что он ча́сто ... в други́е города́. 4. — Куда́ ... э́ти тури́сты? — Они́ ... на заво́д. 5. — Куда́ вы ... по воскресе́ньям? — Обы́чно в воскресе́нье мы ... на да́чу.

V. Ersetzen Sie die Verben ходи́ть und е́здить durch das Verb быть in der Vergangenheit. Achten Sie auf den Fall der Substantive.

Muster: Вчера́ мы *ходи́ли в теа́тр.* = Вчера́ мы *бы́ли в теа́тре.*
Неда́вно я *е́здил в Пари́ж.* = Неда́вно я *был в Пари́же.*

1. В воскресе́нье мы *ходи́ли* на конце́рт. 2. Вчера́ Мари́на не *ходи́ла* на рабо́ту. 3. Днём Па́вел *ходи́л* в столо́вую. 4. Он никогда́ не *е́здил* в Ленингра́д. 5. В суббо́ту мы *ходи́ли* в Большо́й теа́тр. 6. В про́шлом году́ мой оте́ц *е́здил* в Ита́лию. 7. Сего́дня она́ *е́здила* в университе́т.

VI. Beantworten Sie die nachstehenden Fragen. Ersetzen Sie dabei das Verb быть durch die Verben ходи́ть und е́здить.

1. Где вы бы́ли ле́том? 2. Где вы бы́ли вчера́? 3. Вы бы́ли у́тром в библиоте́ке? 4. Вы бы́ли вчера́ на ве́чере? 5. Вы бы́ли в Москве́? 6. Когда́ вы бы́ли в Сове́тском Сою́зе? 7. Вы бы́ли ле́том на ю́ге?

VII. Setzen Sie anstelle der Punkte die Präposition в bzw. на ein.

1. Мы пое́дем ... авто́бусе? В э́то вре́мя ... авто́бусе ма́ло наро́ду? 2. Я сиде́л ... такси́ и ждал шофёра. Когда́ я опа́здываю, я е́зжу ... такси́. 3. Вчера́ ... трамва́е я встре́тил ста́рого знако́мого. Туда́ придётся е́хать ... трамва́е. 4. Вы пое́дете ... по́езде и́ли полети́те ... самолёте? ... э́том самолёте се́мьдесят мест. 5. Вам на́до е́хать ... метро́. Я ча́сто встреча́ю э́того челове́ка ... метро́.

VIII. Sagen Sie, wie die Fragen zu den folgenden Antworten lauten.

1. — ...?
   — Этот авто́бус идёт в центр.
1. — ...?
   — Тре́тий авто́бус остана́вливается у метро́.
3. — ...?
   — Мы е́дем на Ки́евский вокза́л.
4. — ...?
   — Сле́дующая остано́вка — пло́щадь Пу́шкина.
5. — ...?
   — Мари́на е́здит на рабо́ту на метро́.
6. — ...?
   — Вам на́до сде́лать переса́дку в це́нтре.
7. — ...?
   — Да, такси́ свобо́дно.

IX. Setzen Sie die Verben in den Imperativ.

Muster: Переда́ть биле́т.— Переда́йте, пожа́луйста, биле́т!

1. останови́ть такси́; 2. сади́ться в такси́; 3. спроси́ть у милиционе́ра; 4. показа́ть, где ста́нция метро́; 5. сказа́ть, где остано́вка авто́буса.

X. Setzen Sie anstelle der Punkte eines der unten angegebenen Konjunktionen ein.

Скажи́те, пожа́луйста, ...	идёт э́тот авто́бус?
	остано́вка трамва́я?
	дое́хать до Большо́го теа́тра?
	мне де́лать переса́дку?
	авто́бус идёт в центр?
	нам сходи́ть?
	э́то остано́вка?

(куда́, где, как, како́й, кака́я)

XI. Verbinden Sie folgende Sätze durch die passende Konjunktion (так как, потому́ что, е́сли, когда́).

1. Обы́чно я хожу́ в институ́т пешко́м. От до́ма до институ́та де́сять мину́т ходьбы́. 2. Мне прихо́дится де́лать переса́дку. От до́ма до рабо́ты нет прямо́го сообще́ния. 3. Я опа́здываю на рабо́ту. Я иногда́ беру́ такси́. 4. Я хожу́ на рабо́ту пешко́м. Я выхожу́ из дому во́время. 5. Я сажу́сь на авто́бус. Я выхожу́ из дому по́здно.

XII. Schreiben Sie die Sätze auf, die einen entgegengesetzten Sinn haben.

Muster: Она́ вошла́ в ко́мнату.— Она́ вы́шла из ко́мнаты.
Анна прие́хала в Москву́.— Анна уе́хала из Москвы́.

1. Он вошёл в зал. 2. Мы вошли́ в дом. 3. Я вошёл в магази́н. 4. Мы вы́шли из теа́тра. 5. Она́ вы́шла из метро́. 6. Па́вел пришёл на рабо́ту. 7. Он прие́хал в Москву́. 8. Семья́ уе́хала в дере́вню. 9. Он ушёл на рабо́ту ра́но.

XIII. Übersetzen Sie ins Russische.

1. — Fahren Sie zur Arbeit oder gehen Sie zu Fuß?
   — Gewöhnlich fahre ich zur Arbeit mit einem Bus. Nach Hause gehe ich zu Fuß, weil die Busse um diese Zeit voll sind.
2. — Sagen Sie bitte, ist es weit von hier bis zum Hotel „Moskwa"?
   — Nein, nicht weit, drei Stationen.

— Wie komme ich zum Hotel?
— Sie müssen den Omnibus Nr. 3 nehmen.
— Und wo hält er?
— Sehen Sie, dort drüben stehen Menschen. Das ist auch die Haltestelle des Dreiers.
— Danke.
3. — Sagen Sie mir bitte, wo ich aussteigen soll. Ich möchte zum Bolschoi-Theater.
— Das Bolschoi-Theater ist die vierte Haltestelle. Ich werde Ihnen sagen, wann Sie aussteigen müssen.
4. — Wie heißt die nächste Haltestelle?
— „Tschechow-Museum".
5. — Wissen Sie nicht, wo der Trolleybus Nr. 2 hält?
— Entschuldigen Sie, ich bin kein Moskauer. Fragen Sie lieber einen Milizionär.
6. — Wo muß ich aussteigen, um zum Roten Platz zu kommen?
— Sie müssen an der Haltestelle „Ploschtschad' Rewoluzii" aussteigen.
7. — Ich suche den Omnibus Nr. 6.
— Der Sechser verkehrt hier nicht. Die Haltestelle des Sechsers ist neben der U-Bahn-Station.
8. — Was kostet ein Fahrschein?
9. — Geben Sie mir bitte zwei Fahrscheine.
10. — Hallo, Taxi! Frei?
— Frei. Steigen Sie ein. Wohin wollen Sie?
— Ich muß zum Stadtzentrum.
11. — Wo ist die nächste Bus- oder Trolleybus-Haltestelle?

XIV. a) Erzählen Sie auf russisch, wie Sie zur Arbeit fahren. Gebrauchen Sie Wörter und Ausdrücke dieser Lektion.

b) Stellen Sie Dialoge zwischen einem Ortsbewohner und einem Ortsfremden zu folgenden Themen zusammen: «Как проéхать от ... до ...?», «Как попáсть в ...?», «Какóй трáнспорт идёт в ...?»

XV. Lesen Sie und erzählen Sie nach.

Однá пожилáя дáма собирáлась взять таксú.
— Мне на вокзáл,—сказáла онá шофёру.
— Пожáлуйста,—отвéтил шофёр.
— Тóлько прошý вас éхать мéдленно и осторóжно.
— Хорошó,—отвéтил шофёр.
— Прошý не éхать на крáсный свет.
— Хорошó.
— Прошý не дéлать круты́х поворóтов. Сегóдня был дождь, и дорóга мóкрая.
— Прекрáсно,—сказáл шофёр.— Вы не сказáли однóго: в какýю больнúцу отвезтú вас, éсли бýдет несчáстный слýчай.

не éхать на крáсный свет—nicht bei Rot fahren
крутóй поворóт—eine scharfe Kurve
несчáстный слýчай—ein Autounfall

6

ПРОГУЛКА ЗА ГОРОД

Лéтом в хорóшую погóду мы с друзья́ми провóдим воскресéнье зá городом (1). Обы́чно нас быва́ет человéк шесть-вóсемь. (2) Это на́ши знакóмые и мои́ товáрищи по рабóте (3). Мы встреча́емся на вокза́ле в дéвять ча-

сов утра́, берём биле́ты и сади́мся в по́езд. В ваго́не мно́го молодёжи, и поэ́тому там шу́мно и ве́село. Ско́ро по́езд отхо́дит.

Мину́т че́рез три́дцать мы выхо́дим на небольшо́й ста́нции и идём пешко́м три-четы́ре киломе́тра.

Доро́га идёт снача́ла че́рез дере́вню, пото́м лу́гом и ле́сом (4). Мы идём не спеша́, но в хоро́шем и бо́дром те́мпе. По доро́ге шу́тим, поём, фотографи́руем, собира́ем я́годы. Наконе́ц мы у це́ли. Мы остана́вливаемся на берегу́ реки́, киломе́трах в трёх-четырёх от ста́нции.

Одни́ начина́ют гото́вить площа́дку для волейбо́ла, други́е ста́вят пала́тку, де́вушки гото́вят за́втрак. Здесь мы прово́дим весь день — купа́емся, ло́вим ры́бу, игра́ем в волейбо́л, бро́дим по́ лесу. Ка́ждый нахо́дит себе́ заня́тие по душе́ (5). На во́здухе, осо́бенно по́сле волейбо́ла и купа́ния, аппети́т у всех прекра́сный. Всё, что пригото́вили де́вушки, ка́жется о́чень вку́сным.

Часо́в в пять мы отправля́емся в обра́тный путь. Че́рез час-полтора́ мы уже́ на ста́нции, а ещё че́рез полчаса́ — в Москве́. На вокза́ле мы проща́емся и догова́риваемся о сле́дующей прогу́лке. У нас есть не́сколько излю́бленных маршру́тов, и мы выбира́ем оди́н из них. Иногда́ мы хо́дим пешко́м, иногда́ е́здим на маши́не и́ли на велосипе́дах, иногда́ соверша́ем прогу́лку на теплохо́де.

ERLÄUTERUNGEN

(1) Мы с друзья́ми прово́дим воскресе́нье за́ городом.

Wir verbringen den Sonntag mit unseren Freunden oft im Freien.

а) Мы с друзья́ми.

Meine Freunde und ich.
und:
Wir und unsere Freunde.

Мы с жено́й
(я с жено́й,
я и жена́).

Ich und
meine Frau.

b) **Зá гóродом** entspricht dem deutschen „im Grünen, im Freien". **Зá гóродом** antwortet auf die Frage *где?* (*wo?*), **зá гóрод** dagegen auf die Frage *кудá?* (*wohin?*):

— *Где* вы бы́ли в воскресéнье?
— Wo waren Sie am Sonntag?

— **Зá гóродом.**
— Im Freien.

— *Кудá* вы éздили в воскресéнье?
— Wohin sind Sie am Sonntag gefahren?

— **Зá гóрод.**
— Ins Grüne.

(2) Обы́чно нас быва́ет человéк шесть-вóсемь.
Gewöhnlich sind wir sechs oder acht Mann.

Beachten Sie, daß das Pronomen in solchen Konstruktionen im Genitiv steht:

Их двóе — брат и сестрá.
Sie sind zwei, ein Bruder und eine Schwester.

В семьé **нас** бы́ло чéтверо.
Wir waren 4 in der Familie.

Скóлько бы́ло **вас** вчерá на урóке?
Wie viele von Ihnen waren gestern in der Stunde?

(3) товáрищи по рабóте (*Dat.*)
Arbeitskollegen

знакóмый по институ́ту
ein Bekannter aus dem (vom) Institut (einer, den ich vom Institut her kenne)

подру́га по шкóле
eine Schulkameradin (Mitschülerin)

(4) Дорóга идёт... лу́гом и лéсом.
Der Weg führt... über Wiese und Wald.

(5) Заня́тие по душé (*Dat.*)
eine Beschäftigung, die gefällt, die so recht nach j-s Geschmack ist

Beachten Sie, daß fast alle Verben im Text unvollendet sind. Sie bezeichnen eine gewohnheitsmäßige, sich wiederholende Handlung:

Мы провóдим воскресéнье зá гóродом.
Wir verbringen den Sonntag gewöhnlich im Grünen.

Мы остана́вливаемся на берегу́ реки́... отправля́емся в обрáтный путь.
Wir kampieren am Flußufer... machen uns auf den Rückweg.

55

DIALOGE

I

— Как вы обы́чно прово́дите воскресе́нье?

— Если сто́ит хоро́шая пого́да, мы е́здим за́ го́род.

— На маши́не и́ли на по́езде?

— Иногда́ на маши́не, в том слу́чае, когда́ нас тро́е-че́тверо (1). Е́сли нас собира́ется челове́к во́семь, мы снача́ла е́дем на по́езде, а пото́м идём пешко́м не́сколько киломе́тров.

— А где вы де́лаете прива́л?

— В лесу́ и́ли на берегу́ реки́.

— Вы е́здите в одно́ ме́сто и́ли в ра́зные места́?

— В ра́зные. Под Москво́й мно́го краси́вых мест, и вы́брать интере́сный маршру́т нетру́дно.

II

— Ни́на, ты не хо́чешь пое́хать в воскресе́нье за́ город?

— С удово́льствием. А кто ещё пое́дет?

— Мои́ това́рищи по рабо́те. Нас бу́дет челове́к пять-семь.

— А куда́ вы е́дете?

— В Усо́во, на Москву́-реку́. Там прекра́сные места́, мо́жно купа́ться, ката́ться на ло́дке.

— Где и когда́ мы встре́тимся?

— Мы собира́емся у касс Белору́сского вокза́ла в во́семь три́дцать. Бу́дем ждать тебя́. Ты обяза́тельно пое́дешь?

— Ду́маю, что пое́ду. Е́сли я не пое́ду, я позвоню́ тебе́ накану́не. Хорошо́?

— Хорошо́. Договори́лись.

ERLÄUTERUNGEN

(1) Когда́ нас тро́е-че́т- Sind wir zu dritt oder zu
веро... viert,...

Die Zahlwörter **дво́е, тро́е, че́тверо, пя́теро, ше́стеро, се́меро** werden nur mit Substantiven gebraucht, die Personen männlichen Geschlechts bezeichnen:

дво́е мужчи́н	*aber:*	две же́нщины
пя́теро ма́льчиков	*aber:*	пять де́вочек

56

Solche Zahlwörter können auch mit Substantiven stehen, die eine Gruppe von Personen sowohl männlichen als auch weiblichen Geschlechts bezeichnen:

Детей в семье́ бы́ло **тро́е** — оди́н ма́льчик и две де́вочки.	Es waren drei Kinder — ein Junge und zwei Mädchen — in der Familie.

Merken Sie Sich!

Как вы прово́дите свобо́дное вре́мя?	Wie verbringen Sie Ihre Freizeit?
Где вы провели́ после́днее воскресе́нье?	Wo haben Sie den letzten Sonntag verbracht?
Мы с дру́гом = я и друг	ich und mein Freund
Мы с сы́ном = я и сын	ich und mein Sohn

ÜBUNGEN

I. Beantworten Sie die folgenden Fragen.

1. Где вы обы́чно прово́дите воскресе́нье?
2. Вы е́здите за́ город?
3. Куда́ вы обы́чно е́здите в воскресе́нье?
4. Как вы е́здите — на маши́не и́ли на по́езде?
5. Вы лю́бите ходи́ть пешко́м?
6. Како́е ме́сто вы выбира́ете для о́тдыха?
7. Где вы де́лаете прива́л?
8. Что вы де́лаете во вре́мя прогу́лки?
9. Когда́ вы возвраща́етесь домо́й?
10. Вы ча́сто соверша́ете прогу́лки за́ город?

II. Beantworten Sie die folgenden Fragen. Setzen Sie dabei die in Klammern stehenden Wörter in der erforderlichen Form ein.

Muster: С кем вы е́здите за́ город? (мои́ друзья́) —
Я е́зжу за́ город *со свои́ми друзья́ми*.

57

1. С кем вы встре́тились вчера́? (мой ста́рый знако́мый) 2. С кем вы договори́лись о встре́че? (на́ши друзья́ и знако́мые) 3. С кем вы отдыха́ли ле́том на ю́ге? (жена́ и де́ти) 4. С кем вы разгова́ривали сейча́с? (рабо́чие и инжене́р на́шей лаборато́рии) 5. С кем вы занима́етесь ру́сским языко́м? (ста́рый о́пытный преподава́тель) 6. С кем вы сове́туетесь? (мои́ роди́тели, моя́ жена́, мои́ друзья́) 7. С кем вы говори́ли по-ру́сски? (сове́тские тури́сты)

III. Beantworten Sie die folgenden Fragen. Setzen Sie dabei die in Klammern stehenden Wörter in der erforderlichen Form ein.

1. Чем вы занима́етесь в свобо́дное вре́мя? (ру́сский язы́к и ру́сская литерату́ра) 2. Чем она́ интересу́ется? (литерату́ра, му́зыка и теа́тр) 3. Чем вы по́льзуетесь, когда́ перево́дите те́ксты? (ру́сско-неме́цкий слова́рь, уче́бник и други́е кни́ги) 4. Чем увлека́ется э́тот молодо́й челове́к? (спорт и та́нцы)

IV. Setzen Sie anstelle der Punkte die Verben mit bzw. ohne -ся ein.

1. Ка́ждое воскресе́нье мы ... (встреча́ем — встреча́емся) с друзья́ми на вокза́ле. Я ча́сто ... (встреча́ю — встреча́юсь) э́того челове́ка на авто́бусной остано́вке. 2. Мы ре́дко ... (ви́дим — ви́димся) со свои́ми друзья́ми. Он не ... (ви́дел — ви́делся) свои́х роди́телей три го́да. 3. Я ... (собра́л — собра́лся) свои́ ве́щи и сложи́л их в чемода́н. Около касс вокза́ла ... (собра́ли — собра́лись) тури́сты. 4. По́езд ... (останови́л — останови́лся), и мы вы́шли из ваго́на. Милиционе́р ... (останови́л — останови́лся) маши́ну. 5. Мы отдыха́ем, игра́ем в воле́йбо́л, ... (купа́ем — купа́емся). Ка́ждый ве́чер мать ... (купа́ет — купа́ется) дете́й.

V. Setzen Sie anstelle der unvollendeten Verben vollendete ein. Sagen Sie, wie sich dabei der Sinn des Satzes ändert.

Muster: Мы *проводи́ли ка́ждое* воскресе́нье за́ го́родом. | Мы *провели́ после́днее* воскресе́нье за́ городом.

Мы *встреча́лись* на вокза́ле. | Мы *встре́тились* на вокза́ле.

1. Мы бра́ли биле́ты. 2. Мы сади́лись в по́езд. 3. Мы выходи́ли на э́той ста́нции. 4. Тури́сты остана́вливались на берегу́ реки́. 5. Здесь они́ купа́лись. 6. Де́вушки гото́вили за́втрак. 7. В пять часо́в на́ша гру́ппа отправля́лась обра́тно. 8. На вокза́ле мы проща́лись. 9. Мы догова́ривались о сле́дующей прогу́лке.

VI. Setzen Sie anstelle der Punkte die Präposition в bzw. на ein. Beachten Sie den Gebrauch der Verben е́здить und е́хать.

1. Я е́зжу в университе́т ... авто́бусе. Сего́дня ... авто́бусе бы́ло мно́го наро́ду. 2. Студе́нты е́здили в колхо́з ... по́езде. ... по́езде бы́ло мно́го молодёжи. 3. Из Москвы́ в Ки́ев тури́сты е́хали ... по́езде, обра́тно они́ лете́ли ... самолёте. 4. Сего́дня у́тром я встре́тил ... метро́ на́шего профе́ссора. 5. Вы всегда́ е́здите на рабо́ту ... метро́? 6. В воскресе́нье мы е́здили за́ город. Туда́ мы е́хали ... по́езде, обра́тно — ... теплохо́де. 7. Неда́вно мой оте́ц е́здил в Ленингра́д. Туда́ он лете́л ...самолёте, обра́тно он е́хал ... по́езде. ... самолёте он встре́тил знако́мого.

VII. Lesen Sie die nachstehenden Sätze. Achten Sie darauf, wie sich der Sinn des Satzes ändert, je nachdem, ob wir die Verben приезжа́л, уезжа́л (unvollendeter Aspekt, Vergangenheit) oder прие́хал, уе́хал (vollendeter Aspekt, Vergangenheit) gebrauchen.

1. В про́шлом году́ ко мне́ *приез-*   В про́шлом году́ ко мне́ прие́ха-
   жа́ла сестра́. (Она́ жила́ у нас   ла сестра́. (Тепе́рь мы живём
   две неде́ли.)   вме́сте.)
2. В а́вгусте нас не́ было в Моск-   Ви́ктора сейча́с нет в Москве́—
   ве́—мы *уезжа́ли* в дере́вню.   он уе́хал в дере́вню.

VIII. Setzen Sie anstelle der Punkte das passende Verb in der erforderlichen Form ein.

A. *приходи́ть—прийти́, приезжа́ть—прие́хать*

1. Ле́том к нам в университе́т ... студе́нты из Берли́на. Неда́вно к нам в университе́т ... студе́нты из Оксфорда. Они́ пробу́дут здесь две неде́ли. 2. Бы́ло уже́ часо́в де́вять, когда́ ко мне ... мой това́рищ. Вчера́ ко мне ... мой това́рищ, но меня́, к сожале́нию, не́ было до́ма. 3. У́тром к вам ... э́тот челове́к, но вас не́ было до́ма. Вчера́ я ... домо́й по́здно. 4. Ка́ждый ве́чер ко мне ... мой сосе́д, и мы игра́ем с ним в ша́хматы. Он сказа́л, что сего́дня он ... поздне́е, чем обы́чно. 5. За́втра я ... часо́в в де́вять. Обы́чно я ... с рабо́ты в семь часо́в. 6. Мы ... на заво́д к восьми́ часа́м утра́. За́втра мы должны́ ... немно́го ра́ньше.

B. *уходи́ть—уйти́, уезжа́ть—уе́хать*

1. Вчера́ у нас бы́ли друзья́. Они́ ... от нас по́здно. Когда́ они́ ..., они́ пригласи́ли нас к себе́. 2. Когда́ Мари́на ... на рабо́ту, я сказа́л ей, что ве́чером у нас бу́дут друзья́. Когда́ она́ ..., я уви́дел, что она́ забы́ла взять свой плащ. 3. Ле́том мы ... из дому ра́но у́тром и проводи́ли весь день на берегу́ реки́. Сего́дня я ... из дому в во́семь часо́в. 4. Мой това́рищ занима́ется в библиоте́ке. Обы́чно он ... отту́да по́здно. Вчера́ мы ... из библиоте́ки о́чень по́здно.

IX. Bilden Sie, wenn möglich, Verbindungen mit Sammelzahlwörtern.

Muster: три студе́нта—тро́е студе́нтов;
       три студе́нтки—

четы́ре мужчи́ны, две же́нщины, три дру́га, три това́рища, четы́ре солда́та, два ма́льчика, три сестры́, три бра́та, пять ученико́в, пять учени́ц, четы́ре ребёнка, шесть рабо́чих

X. Beantworten Sie die folgenden Fragen, gebrauchen Sie dabei die eingeklammerten Zahlwörter.

1. Ско́лько челове́к собрало́сь на вокза́ле? (11) 2. Ско́лько челове́к рабо́тает вме́сте с ва́ми? (21) 3. Ско́лько челове́к в ва́шей семье́? (4) 4. Ско́лько дете́й в э́той семье́? (3) 5. Ско́лько челове́к стои́т на остано́вке? (8).

XI. Geben Sie auf jede Frage eine genaue und eine ungefähre Antwort. Gebrauchen Sie dabei die eingeklammerten Zahlwörter.

Muster: — Когда́ вы у́жинаете? (7 ч.)
       — Мы у́жинаем в *семь часо́в.*
       — Мы у́жинаем *часо́в в семь.*

1. Когда́ вы встаёте? (6) 2. Когда́ де́ти ухо́дят в шко́лу? (8) 3. Когда́ вы прихо́дите домо́й? (6) 4. Когда́ вы пойдёте обе́дать? (2) 5. Ско́лько лет вы живёте в э́том го́роде? (15) 6. Ско́лько лет живу́т здесь ва́ши роди́тели? (22) 7. Ско́лько дней вы бы́ли в Москве́? (18)

8. Ско́лько раз вы бы́ли в Сове́тском Сою́зе? (4) 9. Ско́лько мину́т сто́ит по́езд на э́той ста́нции? (5) 10. Ско́лько сто́ит э́та кни́га? (40 копе́ек)

XII. Fügen Sie die unten angegebenen Verben ein.

В про́шлое воскресе́нье мы ... за́ город. Мы ... и́з дому в во́семь часо́в утра́. Около до́ма нас ждал това́рищ со свое́й маши́ной. Мы се́ли в маши́ну и ... . Снача́ла мы ... по го́роду, пото́м ... в по́ле. Мы ... киломе́тров три́дцать. Около реки́ това́рищ останови́л маши́ну. Бы́ло жа́рко. Мы ... из маши́ны и ... к реке́. Здесь мы провели́ весь день. В пять часо́в ве́чера мы ... обра́тно. Домо́й мы ... в шесть часо́в.

(*е́хали, е́здили, пое́хали, вы́ехали, прие́хали, прое́хали, вы́шли, побежа́ли*)

XIII. Ersetzen Sie die kursivgedruckten Nebensätze durch gleichbedeutende Wortverbindungen.

Muster: Это мой това́рищ, *с кото́рым я учи́лся в шко́ле.* — Это мой това́рищ *по шко́ле.*

1. Вчера́ я получи́ла письмо́ от подру́ги, *с кото́рой учи́лась в университе́те.* 2. В теа́тре мы встре́тили знако́мых, *кото́рые рабо́тают в на́шем институ́те.* 3. Эту кни́гу мне подари́ли това́рищи, *с кото́рыми я рабо́таю.* 4. К сы́ну ча́сто прихо́дят его́ това́рищи, *с кото́рыми он у́чится в шко́ле.*

XIV. Sagen Sie, wie die Fragen zu den folgenden Antworten lauten.

1. — ...?
— В воскресе́нье мы отдыха́ем за́ городом.
2. — ...?
— В суббо́ту мы е́здили за́ город.
3. — ...?
— На вокза́ле мы встре́тились со свои́ми друзья́ми.
4. — ...?
— Нас бы́ло пя́теро.
5. — ...?
— До ста́нции «Отдых» по́езд идёт со́рок мину́т.
6. — ...?
— По́езд сто́ит на э́той ста́нции три мину́ты.
7. — ...?
— Мы останови́лись на берегу́ реки́.
8. — ...?
— Де́ти побежа́ли к реке́.
9. — ...?
— В лесу́ мы гуля́ли, собира́ли цветы́ и я́годы.

XV. Übersetzen Sie ins Russische.

1. — Was machen Sie sonntags?
— Wir verbringen die Sonntage mit unseren Freunden oft im Freien, im Wald oder am Flußufer. Gewöhnlich fahren wir mit einem Zug oder einem Auto hinaus.
2. — Mischa, willst du am Sonntag hinausfahren?
— Mit einem Auto?
— Nein, wir wollen mit dem Rad fahren.

— Wer fährt sonst mit? Wie viele werden es sein?

— Wir werden zu fünft sein.

— Wo treffen wir uns?

— Gewöhnlich versammeln wir uns an der U-Bahn-Station „Kijewskaja".

3. Von Moskau bis zur Station „Lessnaja" fährt der Zug 30 bis 35 Minuten. Von der Station bis zum Wald sind es drei bis vier Kilometer.

4. Von der Station bis zum Fluß gingen wir zu Fuß. Gehen Sie gern zu Fuß?

5. Gewöhnlich kehren wir gegen fünf (Uhr) nach Moskau zurück.

XVI. a) Erzählen Sie, wie Sie gewöhnlich Sonntage im Grünen verbringen.

b) Erzählen Sie, wie Sie den letzten Sonntag im Freien verbracht haben.

7

В ПРОДОВОЛЬСТВЕННОМ МАГАЗИНЕ

На пе́рвом этаже́ на́шего до́ма нахо́дится большо́й продово́льственный магази́н «Гастроно́м». В нём мно́го ра́зных отде́лов: хле́бный, конди́терский, моло́чный, мясно́й, ры́бный, фрукто́вый. Здесь мо́жно купи́ть все проду́кты, кро́ме овоще́й. О́вощи продаю́тся в специа́льных магази́нах и на ры́нках.

В на́шем магази́не есть отде́л полуфабрика́тов. В э́том отде́ле продаю́тся котле́ты, бифште́ксы, варёные ку́ры и у́тки, сала́ты, гото́вые пу́динги, пироги́.

Я вхожу́ в магази́н, обхожу́ все отде́лы (1) и выбира́ю то, что мне ну́жно купи́ть, а зате́м иду́ в ка́ссу плати́ть.

Наш магази́н рабо́тает с восьми́ часо́в утра́ до девяти́ ве́чера. Днём, с ча́су до двух, магази́н закры́т на обе́денный переры́в.

Обы́чно я хожу́ в магази́н по́сле рабо́ты, часо́в в семь-во́семь ве́чера, когда́ там ма́ло покупа́телей.

Иногда́ мы зака́зываем ну́жные нам проду́кты по телефо́ну (2) и ве́чером получа́ем их в отде́ле зака́зов.

Сего́дня ве́чером у нас бу́дут го́сти, поэ́тому у́тром я пошла́ в магази́н, что́бы зара́нее купи́ть всё, что ну́жно для у́жина.

Снача́ла я пошла́ в отде́л «Мя́со, пти́ца». Здесь я вы́брала большу́ю у́тку. В отде́ле «Молоко́, ма́сло» я взяла́ полкило́ ма́сла, три́ста гра́мм(ов) сы́ру (3) и деся́ток яи́ц. Пото́м я купи́ла четы́реста грамм ры́бы, две ба́нки ры́бных консе́рвов (4). По́сле э́того я пошла́ в конди́терский отде́л, где купи́ла коро́бку конфе́т, торт и па́чку ча́я. Тепе́рь мне оста́лось купи́ть то́лько хлеб и о́вощи. Фру́кты и сигаре́ты до́лжен купи́ть Па́вел.

КОММЕНТА́РИИ ● ERLÄUTERUNGEN

(1) Я обхожу́ все отде́лы.

Ich gehe (mache eine Runde) durch alle Abteilungen.

Das Präfix **о- (об-, обо-)** bedeutet, daß der ganze Gegenstand bzw. alle Gegenstände von der Handlung erfaßt werden. In der Regel trifft man bei solchen Verben das Pronomen **весь (все)** an:

Я **обошёл** все кни́жные магази́ны.

Ich bin von einer Buchhandlung zur anderen gelaufen.

Мы **осмотре́ли** витри́ны магази́на.

Wir haben uns die Schaufenster des Geschäfts (genau) angesehen.

(2) зака́зывать⎱ по телефо́-
 заказа́ть ⎰ ну

per Telefon bestellen

Стол зака́зов

Kundendienst

(3) три́ста гра́мм(ов) сы́ру

300 Gramm Käse

Die Umgangssprache läßt die Form **грамм** neben der schriftsprachlichen Form **гра́ммов** zu.

(4) две ба́нки консе́рвов

zwei Büchsen Konserven

Beachten Sie die Bezeichnung der Verpackungsarten:

ба́нка джéма, майонéза;

ein Glas Marmelade, Mayonnaise;

буты́лка со́ка, молока́, ма́сла;

eine Flasche Saft, Milch, Öl;

коробка конфет, спичек;

пачка сахара, соли, печенья, сигарет, банка кофе

eine Schachtel Pralinen, Streichhölzer;

ein Paket Zucker, Salz, ein Päckchen Biskuite, eine Schachtel Zigaretten, eine Büchse Kaffee

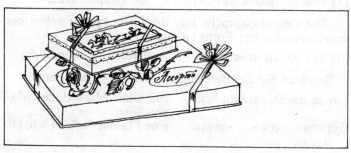

ДИАЛОГИ ● DIALOGE

I

— Скажи́те, пожа́луйста, бу́лочки све́жие?
— То́лько что привезли́. (1)
— Да́йте, пожа́луйста, три бу́лочки и полови́ну чёрного (2).

II

— Ско́лько сто́ит э́та коро́бка?
— Оди́н рубль.
— Бу́дьте добры́, да́йте мне коро́бку конфе́т, па́чку ко́фе и торт. Ско́лько всё э́то сто́ит?
— Семь рубле́й девяно́сто копе́ек.

III

— У вас есть моско́вская колбаса́?
— Да, есть.
— Да́йте, пожа́луйста, три́ста грамм колбасы́, деся́ток яи́ц и две́сти грамм ма́сла.
— Пожа́луйста. Плати́те в ка́ссу два рубля́ се́мьдесят три копе́йки.

IV

— Скажи́те, пожа́луйста, в како́м отде́ле продаю́т сыр?
— В моло́чном.
— Спаси́бо.

V

— Скажи́те, э́то молда́вские я́блоки?
— Да, я́блоки молда́вские, виногра́д грузи́нский, а лимо́ны и апельси́ны — из Маро́кко.
— Бу́дьте добры́, да́йте кило́ я́блок и два лимо́на.

VI

У ка́ссы

— Два рубля́ во́семьдесят копе́ек.
— В како́й отде́л?
— В моло́чный.
— Возьми́те чек и сда́чу — два́дцать копе́ек.

КОММЕНТАРИИ ● ERLÄUTERUNGEN

(1) То́лько что привезли́. (Es wurde) eben erst geliefert.

(2) полови́ну чёрного ein halbes Schwarzbrot
бе́лый хлеб Weißbrot
чёрный хлеб Schwarzbrot

Запомните! Merken Sie sich!

Ско́лько сто́ит буты́лка молока́ (ры́ба, ма́сло)?
Was kostet eine Flasche Milch (diese Fischsorte, die Butter)?

Ско́лько сто́ят сигаре́ты (конфе́ты, я́блоки)?
Was kosten die Zigaretten (Bonbons, Äpfel)?

Скажи́те, пожа́луйста, есть конфе́ты «Весна́»?
Sagen Sie bitte, haben Sie die Pralinen „Wesna"?

Кака́я ры́ба есть сего́дня?
Welche Fische gibt es heute (zu kaufen)?

Да́йте, пожа́луйста, полкило́ са́хару и па́чку ко́фе.
Geben Sie (mir) bitte ein halbes Kilo Zucker und ein Päckchen Kaffee.

Бу́дьте добры́, да́йте кило́ я́блок и два лимо́на.
Bitte ein Kilo Äpfel und zwei Zitronen.

Поре́жьте, пожа́луйста, сыр.
Schneiden Sie den Käse, bitte.

Сколько плати́ть за всё?
Was zahle ich fürs Ganze?

УПРАЖНЕНИЯ ● ÜBUNGEN

I. Отве́тьте на вопро́сы. Beantworten Sie die folgenden Fragen.

1. Что вы покупа́ете в магази́не?
2. Что вы покупа́ете на ры́нке?
3. В како́м магази́не вы покупа́ете проду́кты?
4. Где нахо́дится э́тот магази́н?
5. Далеко́ ли магази́н от ва́шего до́ма?
6. Далеко́ ли от ва́шего до́ма ры́нок?
7. Где вы покупа́ете хлеб?
8. Где вы покупа́ете мя́со, ры́бу, о́вощи?
9. Вы ча́сто хо́дите в магази́н?
10. Вы ча́сто хо́дите на ры́нок?
11. Когда́ вы хо́дите в магази́н — у́тром, днём и́ли ве́чером?
12. Ско́лько сто́ит са́хар?
13. Ско́лько сто́ит литр молока́?

14. Ско́лько сто́ит килогра́мм мя́са?
15. Что продаю́т в моло́чном отде́ле?
16. Что продаю́т в конди́терском магази́не?
17. В како́м отде́ле продаётся ры́ба?
18. В како́м отде́ле продаётся мя́со?
19. Где мо́жно купи́ть сигаре́ты и спи́чки?

II. Зако́нчите предложе́ния, поста́вив слова́, стоя́щие спра́ва, в ну́жной фо́рме. Ergänzen Sie die Sätze durch die rechts angegebenen Wörter in der erforderlichen Form.

1. Вчера́ я купи́л килогра́мм	хлеб, сыр, са́хар, ма́сло, мя́со, ры́ба, конфе́ты, я́блоки, виногра́д
2. Да́йте, пожа́луйста, буты́лку	молоко́, ма́сло, сок
3. На витри́не лежа́т па́чки	соль, чай, ко́фе, са́хар, сигаре́ты

III. Отве́тьте на вопро́сы, поста́вив слова́, стоя́щие спра́ва, в ну́жной фо́рме. Beantworten Sie die Fragen, gebrauchen Sie dabei die rechts angegebenen Wörter in der erforderlichen Form.

1. Где вы покупа́ете молоко́?	магази́н «Молоко́» и́ли моло́чный отде́л «Гастроно́ма»
2. Где я могу́ купи́ть о́вощи?	овощно́й магази́н и ры́нок
3. Где продаю́т мя́со?	мясно́й отде́л и́ли магази́н «Мя́со»
4. Где мо́жно купи́ть ры́бу?	ры́бный отде́л и́ли ры́бный магази́н
5. Где продаю́т конфе́ты, пече́нье, то́рты?	конди́терские магази́ны
6. Где вы покупа́ете хлеб?	бу́лочная

IV. Скажи́те, как называ́ется по-ру́сски. Nennen Sie die entsprechenden Bezeichnungen für folgende Geschäfte auf russisch.

1. Магази́н, в кото́ром продаю́т молоко́. 2. Магази́н, в кото́ром продаю́т хлеб. 3. Магази́н, в кото́ром продаю́т о́вощи. 4. Магази́н, в кото́ром продаю́т мя́со. 5. Магази́н, в кото́ром продаю́т ры́бу.

V. Вме́сто то́чек вста́вьте глаго́лы, да́нные ни́же, в ну́жной фо́рме. Setzen Sie anstelle der Punkte die unten angegebenen Verben in der erforderlichen Form ein.

Вчера́ по доро́ге домо́й я ... в магази́н. Я ... все отде́лы и ... то, что мне на́до купи́ть. Снача́ла я ... в отде́л, где ... сыр, ма́сло, молоко́. Како́й сыр мне взять? Я ... голла́ндский. Пото́м я ... в отде́л, где ... фру́кты. Там я ... килогра́мм виногра́да и два лимо́на. За всё я ... два рубля́ три́дцать копе́ек.

(пойти́, зайти́, вы́брать, купи́ть, заплати́ть, продава́ть, обойти́)

VI. Вме́сто то́чек вста́вьте глаго́лы соверше́нного и несоверше́нного ви́да, да́нные в ско́бках. Setzen Sie anstelle der Punkte die vollendeten und unvollendeten Verben, die in Klammern stehen.

1. Обы́чно мы ... все проду́кты в сосе́днем магази́не. Когда́ я ... сигаре́ты, к кио́ску подошёл челове́к и спроси́л, есть ли спи́чки. Я ... две па́чки сигаре́т и пошёл домо́й. (покупа́ть — купи́ть) 2. За ко́фе и са́хар я ... 3 рубля́. Де́ньги на́до ... в ка́ссу. Ско́лько вы ... за все проду́кты? Когда́ я ... де́ньги, касси́рша переспроси́ла: «Два рубля́ за конфе́ты?» (плати́ть — заплати́ть) 3. Я до́лго ... сок и, наконе́ц, ... виногра́дный. (выбира́ть — вы́брать) 4. Ка́ждое у́тро нам ... газе́ту. За́втра нам ... газе́ту ра́ньше, чем обы́чно. (приноси́ть — принести́)

VII. Вме́сто то́чек вста́вьте оди́н из да́нных глаго́лов движе́ния. Fügen Sie je eines der angegebenen Verben der Bewegung ein.

А. *идти́ (пойти́) — ходи́ть*

1. Обы́чно я ... в магази́н у́тром. Сейча́с я ... в магази́н. Из магази́на я ... на ры́нок. 2. — Куда́ вы сейча́с ...? — Я ... на ры́нок. Обы́чно я ... на ры́нок ра́но у́тром, но сего́дня я не ... .

В. *приноси́ть — принести́*

3. Она́ хо́дит на ры́нок и ... отту́да молоко́, ма́сло, я́йца. Вы пришли́ из магази́на? Что вы ...? 4. — Здра́вствуйте! Я ... вам письмо́. — Спаси́бо. Обы́чно нам ... пи́сьма друго́й почтальо́н.

VIII. Вме́сто то́чек вста́вьте подходя́щие по смы́слу слова́, да́нные в конце́ упражне́ния. Setzen Sie anstelle der Punkte die unten angegebenen Wörter ein.

1. Да́йте, пожа́луйста, ... са́хара, ... конфе́т, ... варе́нья. 2. Сходи́ в магази́н и купи́ ... майоне́за, ... со́ли и пять ... спи́чек. 3. Сего́дня я купи́ла ... ко́фе, ... пече́нья и ... сарди́н. 4. Получи́те де́ньги за две ... молока́.

(ба́нка, буты́лка, па́чка, коро́бка)

IX. Отве́тьте на вопро́сы, употреби́в числи́тельные, да́нные в ско́бках. Beantworten Sie die Fragen, gebrauchen Sie dabei die eingeklammerten Zahlwörter.

1. Ско́лько сто́ит па́чка ко́фе? (3 руб [1]. 85 коп [2].) 2. Ско́лько стоя́т э́ти конфе́ты? (33 коп.) 3. Ско́лько сто́ит коро́бка спи́чек (1 коп.) 4. Ско́лько сто́ит торт? (1 руб. 22 коп.) 5. Ско́лько сто́ит са́хар? (94 коп.) 6. Ско́лько плати́ть за всё? (3 руб. 56 коп.) 7. Ско́лько вы заплати́ли за лимо́ны? (1 руб. 50 коп.) 8. Ско́лько вы заплати́ли за фру́кты? (2 руб. 15 коп.)

X. Вста́вьте сою́зы (г д е, к у д а́, к о м у́, с к о́ л ь к о, ч т о). Setzen Sie anstelle der Punkte die passende Konjunktion ein.

1. Скажи́те, пожа́луйста, ... вы купи́ли э́тот торт? 2. Скажи́те, пожа́луйста, ... плати́ть де́ньги, вам и́ли в ка́ссу? 3. Скажи́те, пожа́луйста, ... продаю́т в э́том магази́не? 4. Скажи́те, пожа́луйста, ... сто́ит кило́ я́блок? 5. Скажи́те, пожа́луйста, ... мо́жно купи́ть све́жую ры́бу?

XI. Соста́вьте вопро́сы, на кото́рые отвеча́ли бы сле́дующие предложе́ния. Sagen Sie, wie die Fragen zu den folgenden Antworten lauten.

А. 1. — ...?
— Я хожу́ в магази́н у́тром.

2. — ...?
— Магази́н нахо́дится недалеко́ от на́шего до́ма.

3. — ...?
— Обы́чно мы покупа́ем проду́кты в э́том магази́не.

4. — ...?
— В э́том магази́не мо́жно купи́ть мя́со, молоко́, ры́бу, пти́цу.

5. — ...?
— Я́блоки продаю́т в магази́не «Овощи — фру́кты».

6. — ...?
— Этот магази́н рабо́тает с восьми́ часо́в утра́ до десяти́ часо́в ве́чера.

---

[1] руб. = рубль
[2] коп. = копейка

B. 7. — ...?
— Бато́н бе́лого хле́ба сто́ит два́дцать во́семь копе́ек.

8. — ...?
— Две́сти грамм ко́фе сто́ят три рубля́ шестьдеся́т копе́ек.

9. — ...?
— За всё вы должны́ заплати́ть два рубля́ со́рок четы́ре копе́йки.

XII. Переведи́те на ру́сский язы́к. Übersetzen Sie ins Russische.

A. Unweit von unserem Haus gibt es ein großes Lebensmittelgeschäft. Dort kann man alles kaufen: Fleisch, Fisch, Butter, Milch, Tee, Kaffee, Zucker und andere Lebensmittel. Das Geschäft ist von 8 Uhr früh bis 9 Uhr abends geöffnet. Neben ihm befindet sich eine Obst- und Gemüsehandlung, wo wir Kartoffeln, Kohl, Zwiebeln, Mohrrüben, Äpfel, Apfelsinen und Pflaumen kaufen.

B. 1. — Wollen Sie nicht in das Geschäft hineingehen? Vielleicht brauchen Sie etwas (müssen Sie etwas kaufen)?
— Ja, ich muß Zigaretten und Streichhölzer kaufen.

2. — Geben Sie mir bitte die Zigaretten „Kosmos" und Streichhölzer.
— Bitte, einundsiebzig Kopeken.

3. — Wo kann man Grusinischen Tee kaufen?
— In einem beliebigen „Gastronom"-Geschäft oder in einer Konditorei.

4. — Was kosten diese Pralinen?
— Ein Kilogramm kostet 4 Rubel 50 Kopeken.

5. — Sagen Sie bitte, was kostet Krasnodarer Tee?
— 48 Kopeken das Päckchen.

6. — Sagen Sie bitte, ist das Brot frisch?
— Ja, eben erst geliefert.
— Geben Sie (mir) drei Semmeln und ein halbes Schwarzbrot.
— Bitte. Neunundzwanzig Kopeken.

7. — Geben Sie bitte 300 Gramm Butter und eine Flasche Milch.

8. — Welche Wurst haben Sie heute?
— Wir haben mehrere Sorten Wurst.

9. — Was kostet das Fleisch?
— Zwei Rubel das Kilogramm.
— Zeigen Sie bitte dieses Stück.

XIII. Прочита́йте и перескажи́те. Lesen Sie und erzählen Sie nach.

Не́сколько лет наза́д, когда́ я жил в ма́леньком ю́жном городке́, ка́ждый день по пути́ на рабо́ту я покупа́л па́ру апельси́нов у же́нщины, кото́рая сиде́ла с корзи́нкой апельси́нов на углу́ у́лицы.

Одна́жды я пригласи́л к себе́ на ве́чер друзе́й. В э́тот день я реши́л купи́ть у же́нщины всю корзи́ну, в кото́рой бы́ло о́коло двух деся́тков апельси́нов.

Услы́шав э́то, она́ серди́то посмотре́ла на меня́:

— Вот ва́ши два апельси́на!

— Но я хочу́ купи́ть все, — сказа́л я.

— Я не могу́ прода́ть все.

— Почему́?

— А что я бу́ду де́лать це́лый день без апельси́нов?

8

В УНИВЕРМАГЕ

Вчера́ за у́жином (1) Мари́на напо́мнила мне:

— Ско́ро Но́вый год. До пра́здника оста́лось всего́ две неде́ли. (2) Пора́ поду́мать о пода́рках. Если мы хоти́м купи́ть ве́щи по вку́су, сле́дует сде́лать э́то сейча́с, за две неде́ли до пра́здника, потому́ что пе́ред са́мым Но́вым го́дом (3) у нас бу́дет мно́го дел.

«Она́, как всегда́, права́», — поду́мал я и отве́тил:

— Успе́ем, у нас ещё мно́го вре́мени, до Но́вого го́да це́лых две неде́ли (4).

Но всё же сего́дня по́сле рабо́ты я отпра́вился в универма́г. Пре́жде всего́ мне на́до купи́ть пода́рок жене́. Но что? Су́мку уже́ дари́л, ко́фточку — то́же, духи́ — не оди́н раз... Что же мне купи́ть ей? Мне хоте́лось бы подари́ть (5) что́-нибудь осо́бенное.

В универма́ге в галантере́йном отде́ле я уви́дел больши́е мя́гкие шерстяны́е ша́рфы. Это я куплю́ ма́ме. Я вы́брал бе́жевый шарф. Одна́ поку́пка есть! Отцу́ на

днях (6) Мари́на купи́ла тёплые ко́жаные перча́тки. Никола́ю, мла́дшему бра́ту, я реши́л подари́ть лы́жи: я зна́ю, что он собира́лся купи́ть себе́ хоро́шие фи́нские лы́жи. За лы́жами на́до идти́ в спорти́вный магази́н. Это я сде́лаю за́втра.

Да, так что же купи́ть жене́? Я обошёл все отде́лы пе́рвого этажа́: «Парфюме́рия», «Галантере́я», «Ювели́рные изде́лия», «Фототова́ры», «Электроприбо́ры», «Посу́да» — и ничего́ не смог вы́брать. Пото́м я подня́лся на второ́й эта́ж, где продаю́т пла́тье, о́бувь, меха́, тка́ни.

Таки́е ве́щи покупа́ть без жены́ я не риску́ю. Я сно́ва спусти́лся вниз и ещё раз бо́лее внима́тельно осмотре́л витри́ны. Мо́жет быть, купи́ть ска́терть?.. А вдруг она́ Мари́не не понра́вится? (7) Или краси́вые бу́сы, наприме́р, из янтаря́? Мари́на о́чень лю́бит янта́рь. (8) Нет, таки́е у неё, ка́жется, есть... Кака́я краси́вая ку́хонная посу́да! Мо́жет быть, купи́ть набо́р кастрю́ль, вот таки́х, бе́лых? Оби́дится ещё... В про́шлом году́ я подари́л ей в день рожде́ния стира́льную маши́ну, а пото́м она́ неде́лю почти́ не разгова́ривала со мной: «Не мог приду́мать ничего́ бу́дничней!» (9) Пожа́луй, лу́чше посове́товаться с ма́мой о том, что подари́ть жене́. Всё-таки (10) на́до призна́ться, что покупа́ть что́-нибудь одному́, без жены́,— нелёгкое де́ло.

КОММЕНТА́РИИ ● ERLÄUTERUNGEN

(1) Вчера́ за у́жином...   Gestern beim Abendessen...

за за́втраком	= во вре́мя за́втрака
за обе́дом	= во вре́мя обе́да
за у́жином	= во вре́мя у́жина

(2,4) До пра́здника оста́лось всего́ две неде́ли.   Bis zum Feiertag sind nur zwei Wochen geblieben.

Das Adverb **всего́** bedeutet „nur", „nicht mehr als". Es wird nur in dieser Form gebraucht.

До пра́здника оста́лось це́лых две неде́ли.   Bis zum Feiertag sind noch ganze zwei Wochen geblieben.

Це́лый dagegen bedeutet „voll, ganz".

Сравните! Vergleichen Sie!

У меня́ **всего́** *час* свобо́дного вре́мени.	Ich habe nur eine Stunde frei.
У меня́ **це́лый** *час* свобо́дного вре́мени.	Ich habe eine ganze Stunde frei.
(3) пе́ред са́мым Но́вым го́дом	kurz (gerade) vor Neujahr

Das Pronomen **са́мый** wird gebraucht:

a) zur Bildung des Superlativs:

Покажи́те, пожа́луйста, **са́мые** *ма́ленькие* часы́.	Zeigen Sie bitte *die kleinste* Uhr.
Это был **са́мый** *интере́сный* фильм в э́том году́.	Das war der *interessanteste* Film in diesem Jahr.

b) zur genaueren Orts- bzw. Zeitangabe:

Магази́н нахо́дится в **са́мом** це́нтре Москвы́.	Das Geschäft befindet sich *direkt im Zentrum* von Moskau.
Он прие́хал в **са́мом** *нача́ле* ме́сяца.	Er kam *gleich am Anfang* des Monats.

c) zur Bezeichnung der Gleichartigkeit, und zwar mit den Wörtern **тот же, та же, те же**:

Я купи́л *те же* **са́мые** ве́щи.	Ich habe *die gleichen* Sachen gekauft.
(5) Мне хоте́лось бы подари́ть ей (что́-нибудь).	Ich möchte ihr etwas schenken.

Die Verbindung eines unpersönlichen Verbs (auf **-ся, -сь**) und des Dativs ist sehr häufig im Russischen. Im Unterschied zu der persönlichen Konstruktion (**Я хочу́...**) ist die unpersönliche (**Мне хо́чется...**) nicht so kategorisch:

Я хочу́ сде́лать ей пода́рок.	*Ich will* ihr ein Geschenk machen.
Мне хо́чется сде́лать ей пода́рок.	*Ich möchte* ihr gern ein Geschenk machen.
Она́ не хоте́ла рабо́тать.	*Sie wollte* nicht arbeiten.
Ей не хоте́лось рабо́тать.	*Sie hatte keine Lust* zu arbeiten.

Im Konjunktiv (Vergangenheit + **бы**) hat der Satz eine andere Schattierung. Er drückt Unentschlossenheit, Zweifel aus:

Я хоте́л *бы* сде́лать ей пода́рок.	*Ich möchte* ihr ein Geschenk machen.

Мне хоте́лось *бы* сде́лать ей пода́рок.	*Ich möchte* ihr gern ein Geschenk machen (aber ich weiß nicht genau, ob ich es wirklich tun werde).
(6) на днях	dieser Tage
на э́тих днях	dieser Tage (*aber auch:* in den nächsten Tagen)
на друго́й день	am Tag darauf, am nächsten Tag
в на́ши дни	heutzutage
(7) А вдруг она́ Мари́не не понра́вится?	Was, wenn es Marina nicht gefällt?
(8) Мари́на о́чень лю́бит янта́рь.	Marina hat Bernstein sehr gern.
(9) «Не мог приду́мать ничего́ бу́дничней!»	„(Du) konntest wohl auf nichts Prosaischeres kommen?“
(10) всё-таки	doch, immerhin

ДИАЛОГИ ● DIALOGE

I

— Скажи́те, пожа́луйста, где я могу́ купи́ть чемода́н?
— Чемода́н? В отде́ле кожгалантере́и. Этот отде́л нахо́дится здесь же, на пе́рвом этаже́.
— Спаси́бо.
— Бу́дьте добры́, покажи́те мне чемода́н.
— Како́й? Большо́й и́ли ма́ленький?
— Мне ну́жен не о́чень большо́й лёгкий чемода́н.
— Посмотри́те вот э́ти. Мо́жет быть, что́-нибудь вам подойдёт (1).
— Да, э́тот чемода́н мне нра́вится. Я возьму́ его́.

II

— Де́вушка! Бу́дьте добры́, помоги́те мне вы́брать пода́рок.
— Для кого́? Для мужчи́ны и́ли же́нщины?
— Для мужчи́ны.
— Молодо́го и́ли пожило́го?
— Сре́дних лет. (2) Это о́чень тру́дное де́ло — купи́ть пода́рок для мужчи́ны.

— Сейча́с посмо́трим. Мо́жете купи́ть ему́ хоро́ший портсига́р и́ли тру́бку.

— Это не подхо́дит. Он не ку́рит. (3)

— Есть ша́хматы из ко́сти, о́чень то́нкой рабо́ты.

— По-мо́ему, у него́ есть хоро́шие ша́хматы.

— Посмотри́те изде́лия из ко́жи. У нас есть хоро́шие па́пки и бума́жники.

— О, вот что я куплю́. Я подарю́ ему́ па́пку. Покажи́те, пожа́луйста, вот э́ту, тёмную.

III

— Това́рищ продаве́ц, покажи́те, пожа́луйста, шерстяно́й костю́м для де́вочки.

— Како́й разме́р вас интересу́ет?

— Я не зна́ю то́чно, ду́маю, три́дцать второ́й.

— На ско́лько лет?

— На пять-шесть лет. (4)

— Пожа́луйста. В костю́ме четы́ре ве́щи: ко́фточка, брю́ки, ша́пка и шарф.

— У вас таки́е костю́мы то́лько си́него цве́та?

— Нет, есть и други́е — кра́сные, зелёные, се́рые, бе́жевые, голубы́е.

— Мо́жно посмотре́ть зелёный?

IV

— Покажи́те, пожа́луйста, чёрные ту́фли.

— Вам како́й разме́р?

— Три́дцать шесто́й.

— Пожа́луйста.

— Спаси́бо. Мо́жно приме́рить?

— Коне́чно. Проходи́те сюда́.

— Они́ мне немно́го свобо́дны (велики́). (5) Да́йте мне, пожа́луйста, три́дцать пя́тый разме́р.

— Вот, пожа́луйста.

— Спаси́бо. Эти, ка́жется, мне хоро́ши. Я их возьму́.

V

— Ско́лько сто́ит э́та ткань?

— Де́сять рубле́й метр.

— Скажи́те, ско́лько ме́тров мне ну́жно на костю́м?

— Я ду́маю, вам на́до взять ме́тра три.

— Спаси́бо. Я возьму́ три ме́тра.

— Плати́те в ка́ссу три́дцать рубле́й.

КОММЕНТАРИИ ● ERLÄUTERUNGEN

(1, 3)	Что́-нибудь вам подойдёт.	Sie werden schon etwas Passendes finden.
	Это не подхо́дит. Он не ку́рит.	Das geht (taugt) nicht. Er ist Nichtraucher.
(2)	(мужчи́на) сре́дних лет	(ein Mann) in mittleren Jahren
	челове́к *сре́днего ро́ста*	ein Mann von mittlerem Wuchs
	костю́м *си́него цве́та*	ein (dunkel)blauer Anzug
(4)	на пять-шесть лет	Für ein fünf- bis sechsjähriges Kind.
(5)	Они́ (ту́фли) мне немно́го свобо́дны (велики́).	Sie (die Schuhe) sind mir etwas zu groß.

Die Kurzformen der Adjektive **мал, мала́, мало́, малы́; вели́к, велика́, велико́, велики́; у́зок, узка́, у́зко, у́зки; широ́к, широка́, широко́, широки́; свобо́ден, свобо́дна, свобо́дно, свобо́дны** werden in der Bedeutung von „zu klein", „zu kurz", „zu groß", „zu eng", „zu weit" mit Substantiven gebraucht, die Kleidungsstücke und Schuhwerk bezeichnen:

Ту́фли мне **малы́**.	Die Schuhe sind mir *zu klein*.
Костю́м вам **вели́к**.	Der Anzug ist Ihnen *zu groß* (zu weit).
Эти брю́ки ему́ **широки́**.	Diese Hose ist ihm *zu weit*.
Это пальто́ вам немно́го **свобо́дно**.	Dieser Mantel ist Ihnen etwas *zu weit*.

На ней широ́кая ю́бка.

Ю́бка широка́ ей в по́ясе.

Сравните! Vergleichen Sie!

Я купил красивые **узкие** брюки.	Ich habe mir eine schöne enge Hose gekauft.
Эти брюки мне **узки**.	Diese Hose ist mir *zu eng.*
Какая **широкая** юбка!	Was für *ein weiter* Rock!
Я боюсь, юбка будет мне **широка** в талии.	Ich fürchte, dieser Rock wird mir in der Taille *zu weit* sein.

Запомните! Merken Sie sich!

— Вам нравится этот костюм?	— Gefällt Ihnen dieser Anzug?
— Да, он мне нравится.	— Ja, er gefällt mir.
— Вам понравилась эта книга?	— Hat dieses Buch Ihnen gefallen?
— Нет, мне она не понравилась.	— Nein, es hat mir nicht gefallen.
Вам идёт голубой цвет.	Blau steht Ihnen (gut).
Ей не идёт эта шляпа.	Dieser Hut steht ihr nicht.
Это платье мне мало (узко).	Dieses Kleid ist mir zu klein (zu eng).
Этот костюм вам велик (широк, свободен).	Dieser Anzug ist Ihnen zu groß (zu weit).

УПРАЖНЕНИЯ ● ÜBUNGEN

I. Ответьте на вопросы. Beantworten Sie die folgenden Fragen.

1. Где можно купить платье, бельё, туфли?
2. Как называется магазин, где можно купить разные вещи: пальто, портфель, галстук, авторучку?
3. В каком отделе продаются духи?
4. В каком отделе продаются часы?
5. Где вы покупаете рубашки и галстуки?
6. Что вы говорите продавцу, если хотите посмотреть какую-нибудь вещь?
7. Как (в какие часы) работают магазины в вашем городе?
8. Работают ли магазины по воскресеньям?
9. Сколько стоит портфель?
10. Сколько стоят эти часы?
11. Сколько вы заплатили за ваше пальто?
12. В каком магазине вы покупаете вещи для своих детей?

II. Закончите предложения, употребляя слова, стоящие справа. Ergänzen Sie die folgenden Sätze durch die rechts angegebenen Wörter.

1. В магази́не я купи́л не́сколько	кни́га, тетра́дь, ру́чка, каранда́ш
2. В э́том магази́не всегда́ большо́й вы́бор	пальто́, пла́тье, костю́мы, плащи́, блу́зки
3. Мне на́до купи́ть	су́мка и чемода́н
4. Я до́лжен купи́ть	руба́шку и га́лстук

III. Вме́сто то́чек вста́вьте глаго́л с т о́ и т ь в еди́нственном и́ли мно́жественном числе́. Слова́ р у б л ь, к о п е́ й к а поста́вьте в ну́жной фо́рме. Fügen Sie anstelle der Punkte das Verb с т о́ и т ь im Singular bzw. im Plural ein. Setzen Sie die Wörter р у б л ь, к о п е́ й к а in die erforderliche Form.

1. Пальто́...	со́рок пять	
	пятьдеся́т четы́ре	рубль
	девяно́сто оди́н	
2. Перча́тки...	два	
	пять	рубль
	оди́н	
3. Костю́м...	пятьдеся́т оди́н	
	шестьдеся́т три	рубль
	девяно́сто семь	
4. Брю́ки...	трина́дцать	
	два́дцать два	рубль
	девятна́дцать	
5. Ру́чка...	три рубля́ пятьдеся́т	
	рубль пятьдеся́т пять	копе́йка
	три́дцать пять	
6. Носки́...	рубль два́дцать две	
	девяно́сто три	копе́йка
	рубль пятна́дцать	
7. Мы́ло...	три́дцать	
	два́дцать одна́	копе́йка
	со́рок четы́ре	

IV. Поста́вьте слова́ из ско́бок в ну́жном падеже́. Setzen Sie die eingeklammerten Wörter in den erforderlichen Fall.

1. В магази́н вошёл мужчи́на ... (сре́дний рост). 2. Здесь продаю́т оде́жду для дете́й ... (шко́льный во́зраст). 3. Я люблю́ ве́щи ... (я́ркие цвета́). 4. Наш учи́тель — челове́к ... (больши́е зна́ния). 5. Мне ну́жно купи́ть су́мку ... (си́ний и́ли голубо́й цвет).

V. Отве́тьте на вопро́сы, поста́вив слова́ из ско́бок в ну́жном падеже́. Beantworten Sie die folgenden Fragen. Gebrauchen Sie bei der Antwort die eingeklammerten Wörter im erforderlichen Fall.

1. Чья э́то ко́мната? (мои́ роди́тели)
2. Чьи э́то ве́щи? (мой ста́рший брат)
3. Чьё э́то письмо́ лежи́т в кни́ге? (моя́ мла́дшая сестра́)
4. Чьи де́ти гуля́ют в саду́? (на́ши сосе́ди)
5. Чей слова́рь лежи́т на столе́? (наш преподава́тель)
6. Чьи э́то слова́? (оди́н изве́стный неме́цкий писа́тель)

VI. Отве́тьте на вопро́сы, поста́вив в ну́жной фо́рме слова́, стоя́щие спра́ва. По́мните об употребле́нии местоиме́ния с в о й. Beantworten Sie die nachstehenden Fragen. Gebrauchen Sie dabei die rechts angegebenen Wörter in der erforderlichen Form. Beachten Sie den Gebrauch des Pronomens с в о й.

1. Кому́ вы да́ли свой уче́бник?	наш но́вый студе́нт
2. Кому́ вы купи́ли цветы́?	одна́ моя́ знако́мая де́вушка

3. Кому́ вы подари́ли велосипе́д?	мой мла́дший сын
4. Кому́ он обеща́л э́ту кни́гу?	его́ друг
5. Кому́ они́ пока́зывали фотогра́фии?	их го́сти
6. Кому́ она́ рассказа́ла э́ту исто́рию?	её това́рищи по рабо́те

VII. Прочита́йте предложе́ния. Обрати́те внима́ние на ра́зницу в употребле́нии глаго́лов любить и нра́виться. Lesen Sie die nachstehenden Sätze. Beachten Sie den Unterschied im Gebrauch der Verben любить und нра́виться.

Вы лю́бите таку́ю му́зыку?
Я не люблю́ кни́ги э́того писа́теля.

Вам нра́вится така́я му́зыка?
Мне не нра́вятся кни́ги э́того писа́теля.

VIII. Отве́тьте на вопро́сы, употреби́в вме́сто глаго́ла любить глаго́л нра́виться. Beantworten Sie die folgenden Fragen. Gebrauchen Sie dabei das Verb нра́виться anstatt des Verbs любить.

Образе́ц: } — Вы лю́бите стихи́ э́того поэ́та?
Muster: } — Да, *мне нра́вятся* стихи́ э́того поэ́та.
— Нет, *мне не нра́вятся* стихи́ э́того поэ́та.

1. Вы лю́бите таки́е фи́льмы?
2. Вы лю́бите таку́ю му́зыку?
3. Вы лю́бите рома́ны э́того писа́теля?
4. Вы лю́бите таку́ю пого́ду?
5. Вы лю́бите гуля́ть по у́лицам го́рода?
6. Вы лю́бите отдыха́ть в гора́х?

IX. Зако́нчите предложе́ния, употреби́в глаго́лы (по)нра́виться и любить. Ergänzen Sie die folgenden Sätze. Gebrauchen Sie die Verben (по)нра́виться bzw. любить.

А. 1. Ле́том мы бы́ли в Москве́. Москва́ ... . 2. Я прочита́л рома́н Льва Толсто́го. Кни́га ... . 3. Вчера́ мы бы́ли на конце́рте. Конце́рт ... . 4. После́дняя ле́кция на́шего профе́ссора была́ о́чень интере́сной. Всем студе́нтам ... . 5. Жена́ купи́ла мне га́лстук, но он ... .

В. 1. Я о́чень ... мо́ре. 2. Студе́нты ... своего́ профе́ссора. 3. Я ча́сто хожу́ в Ма́лый теа́тр, потому́ что я о́чень ... э́тот теа́тр. 4. Ива́н — еди́нственный сын у свои́х роди́телей. Они́ о́чень ... его́. 5. Мы ... свой го́род. 6. Вы ... кни́ги э́того писа́теля?

X. Прочита́йте предложе́ния. Сравни́те употребле́ние ли́чных и безли́чных глаго́лов. Lesen Sie die Sätze. Vergleichen Sie den Gebrauch der persönlichen und der unpersönlichen Verben.

Она́ хо́чет купи́ть э́ту ла́мпу.
Я ду́маю, что э́то пра́вильно.

Ей хо́чется купи́ть э́ту ла́мпу.
Мне ду́мается, что э́то пра́вильно.

XI. Замени́те безли́чные предложе́ния ли́чными. Ersetzen Sie die unpersönlichen Sätze durch persönliche.

1. *Мне по́мнится,* что я брал э́ту кни́гу у своего́ бра́та. 2. *Бра́ту давно́ хо́чется* купи́ть фи́нские лы́жи. 3. *Мне не ве́рится,* что он придёт. 4. *Мне не хоте́лось* говори́ть об э́том. 5. Сего́дня *мне пло́хо рабо́талось.* 6. *Вам не хо́чется* пойти́ пообе́дать? 7. *Ему́ всегда́ жило́сь* легко́ и про́сто.

XII. Вмéсто тóчек встáвьте оди́н из глагóлов, дáнных в скóбках, в нýжной фóрме. Setzen Sie anstelle der Punkte jeweils eines der eingeklammerten Verben in der erforderlichen Form ein.

1. Что вы дéлали вчерá? — Вчерá я ... кни́гу. Вы ... кни́гу? — Нет, я ещё не ... её. (читáть — прочитáть) 2. Это моё нóвое пальтó. Я ... егó в Дрéздене. Моя́ сестрá помоглá мне, когдá я ... пальтó. Онá сказáла, что пальтó идёт мне, поэ́тому я ... егó. (покупáть — купи́ть) 3. Сегóдня ýтром я ... пи́сьма. Я ... три письмá (писáть — написáть) 4. Мы смотрéли совéтский фильм «Карнавáл». Фильм нам óчень ... . Вам ... фи́льмы о дéтях? (нрáвиться — понрáвиться) 5. Обы́чно наканýне Нóвого гóда мы чтó-нибудь ... друг дрýгу. В прóшлом годý женá ... мне портсигáр. (дари́ть — подари́ть) 6. В магази́не я дóлго ..., что купи́ть женé. Я уви́дел на витри́не бýсы и ...: «Нáдо купи́ть ей таки́е бýсы». (дýмать — подýмать) 7. Я ... подари́ть брáту лы́жи. Мы дóлго ..., что подари́ть отцý. (решáть — реши́ть)

XIII. Переведи́те на немéцкий язы́к. Übersetzen Sie ins Deutsche.

1. Шáпка мне малá. 2. Эти тýфли мне велики́. 3. Костю́м тебé вели́к. 4. Плáтье ей широкó. 5. Пальтó тебé малó. 6. Рубáшка вам широкá. 7. Брю́ки ýзки.

XIV. Переведи́те на немéцкий язы́к. Übersetzen Sie ins Deutsche.

1. У неё зелёные глазá. Ей идёт зелёный цвет. 2. Емý идёт э́тот костю́м. 3. Вам идёт э́та шля́па. 4. Мне не идёт голубóй цвет. 5. Вам не идёт э́то плáтье. 6. Ей не идёт э́тот цвет.

XV. Состáвьте вопрóсы, на котóрые отвечáли бы слéдующие предложéния. Sagen Sie, wie die Fragen zu den folgenden Antworten lauten.

1. — ...?
— Сýмки и чемодáны продаю́т на пéрвом этажé.
2. — ...?
— Вы мóжете купи́ть часы́ в э́том магази́не.
3. — ...?
— Этот костю́м стóит двáдцать семь рублéй.
4. — ...?
— Перчáтки стóят три рубля́.
5. — ...?
— Я хочý купи́ть свéтлые тýфли.
6. — ...?
— Я купи́ла э́ту сýмку сестрé.
7. — ...?
— Пáвел подари́л Николáю портсигáр.
8. — ...?
— Да, мне нрáвится э́то плáтье.

XVI. Напиши́те антóнимы к дáнным сочетáниям. Ersetzen Sie die Adjektive in den angegebenen Wortverbindungen durch solche von entgegengesetzter Bedeutung.

Образéц: }
Muster: } ýзкие брю́ки — ширóкие брю́ки

тёмный костю́м, бéлые тýфли, лёгкий чемодáн, краси́вая вещь, дорогóе плáтье, тóнкая рабóта, пожилóй человéк, зи́мнее пальтó, мя́гкая ткань.

XVII. Переведи́те на рýсский язы́к. Übersetzen Sie ins Russische.

1. — Wann werden die Geschäfte morgens geöffnet? Ich will in ein Kaufhaus gehen. Ich muß einige Sachen kaufen.

2. — Sagen Sie, in welchem Stock verkauft man Anzüge für Jungen?
3. — Sagen Sie bitte, wo kann ich eine Wintermütze kaufen?
4. — Was kostet diese Krawatte?
   — Zwei Rubel 20 Kopeken.
5. — Mir gefällt dieses Kleid. Was kostet es?
6. — Gefällt Ihnen diese Tasche?
   (Sie gefällt mir) sehr.
7. — Mir gefällt dieser Mantel, er ist mir aber zu groß.
8. — Zeigen Sie mir bitte Damenhandschuhe. Welche Größe ist das?
9. — Darf ich die weißen Damenschuhe anprobieren?
   — Welche Größe?
   — Fünfunddreißig.
   — Bitte.
10. — Diese (Halb-)Schuhe sind mir zu klein. Geben Sie bitte ein anderes Paar.
11. — Geben Sie (mir) bitte drei Meter Wollstoff.

XVIII. Соста́вьте расска́з, озагла́вленный «Посеще́ние универма́га», испо́льзуя сле́дующие выраже́ния. Sprechen Sie zum Thema «Посеще́ние универма́га», gebrauchen Sie dabei folgende Ausdrücke.

мне на́до купи́ть; что вы́брать; я хоте́л бы подари́ть; покажи́те, пожа́луйста; мне нра́вится ...; ско́лько сто́ит ...; у меня́ всего́ ... рубле́й; вам идёт ...; мне мало́ (велико́, широко́) ... .

9

В РЕСТОРАНЕ

Мы вошли́ в зал и осмотре́лись. Все места́ бы́ли за́няты, и то́лько и́з-за одного́ сто́лика поднима́лись дво́е (1).

— Нам, ка́жется, повезло́ (2),— сказа́ла Мари́на. И мы напра́вились туда́.

— Эти места́ свобо́дны? — спроси́ли мы официа́нта.

— Да, свобо́дны,— отве́тил он.

Мы се́ли за стол. (3) Официа́нт принёс меню́ и прибо́ры. Мари́на приняла́сь изуча́ть дли́нный спи́сок (4) заку́сок, а я тем вре́менем осмотре́л зал. Недалеко́ от нас я заме́тил знако́мых. Мы поздоро́вались. В друго́м конце́ за́ла игра́л орке́стр, не́сколько пар танцева́ли.

К нам подошёл официа́нт:

— Что вы хоти́те заказа́ть?

— Что мы возьмём? — спроси́л я Мари́ну.

— Сала́т «весе́нний» и сыр.

— И что́-нибудь горя́чее? — подсказа́л официа́нт.

— Я бы с удово́льствием съел (5) котле́ту по-ки́евски. А ты? — спроси́л я Мари́ну.

— Нет, я не хочу́ есть.

— Ита́к,— обрати́лся я к официа́нту,— принеси́те, пожа́луйста, сала́т «весе́нний», котле́ту по-ки́евски, ма́сло и сыр.

Че́рез не́сколько мину́т официа́нт принёс и поста́вил на стол холо́дные заку́ски.

За у́жином мы поговори́ли, пото́м потанцева́ли. (6) По́зже мы попроси́ли принести́ нам ещё моро́женого и ко́фе.

Постепе́нно зал пусте́ет. Собира́емся уходи́ть и мы.

— Получи́те с нас,— говорю́ я официа́нту.

— Вот счёт.

— Пожа́луйста, возьми́те де́ньги. До свида́ния.

— Всего́ до́брого. Споко́йной но́чи.

КОММЕНТАРИИ ● ERLÄUTERUNGEN

(1, 3) Из-за сто́лика подни-
ма́лись дво́е.

Ein Paar erhob sich gerade
vom Tisch.

Мы се́ли за стол.

Wir setzten uns an den
Tisch.

Запомните! Merken Sie sich!

сиде́ть (*где?*) **за столо́м**

am Tisch sitzen (wo?)

сесть (*ку-
да́?*) ⎫
⎬ **за стол**
сади́ться ⎭

sich zu Tisch (*auch*: an einen
Tisch) setzen (wohin?)

встать —
вставать ⎫
⎬ **из-за
подня́ться — ⎭ .стола́**
поднима́ться
(*отку́да?*)

aufstehen, sich erheben
sich vom Tisch erheben,
aufstehen

---

(2) Нам, ка́жется, повез-
ло́.

Ich glaube, wir haben
Glück.

Das Verb **везти́ — повезти́** bedeutet in unpersönlichen
Sätzen wie: **мне** (D a t i v) **везёт, моему́ бра́ту** (D a t i v)
повезло́ soviel wie „Glück haben":

Ему́ обы́чно **везёт** на экза́-
менах.

Er hat bei den Prüfungen
gewöhnlich *Glück.*

Вчера́ мне не повезло́:
я зашёл к това́рищу,
а его́ не́ было до́ма.

Gestern *hatte ich Pech*: ich
kam zu meinem Freund,
er war aber nicht zu Hau-
se.

(4) Мари́на приняла́сь
изуча́ть... спи́сок...

Marina nahm sich die... Liste... vor.

(5) **Я бы** с удово́льствием
съел...

Ich *würde* gern ... *essen.*

Я бы ещё раз **посмо-
тре́ла** э́тот фильм.

Ich *würde* mir diesen Film
noch einmal *ansehen.*

In Verbindung mit der Verneinung **не** drückt die Kon-
junktivform eine sehr höfliche Bitte aus.

Сравните! Vergleichen Sie!

Позвони́те мне, пожа́луй-
ста, за́втра.
Rufen Sie mich bitte morgen
an.

**Вы не могли́ бы позвони́ть
мне** за́втра?
Könnten Sie mich bitte morgen *anrufen?*

(6) За у́жином мы погово-	Beim Abendessen plauder-
ри́ли, пото́м потан-	ten wir miteinander, dann
цева́ли.	tanzten wir ein wenig.

Die Vorsilbe **по-** verleiht manchen Verben die Bedeutung von kurzer Dauer der Handlung, schränkt die Zeit der Handlung ein:

Мы (немно́го) погуля́ли.	Wir machten einen kleinen Spaziergang.
Они́ покури́ли, побесе́довали и сно́ва приняли́сь за рабо́ту.	Sie rauchten eine Zigarette, unterhielten sich ein wenig und machten sich wieder an die Arbeit.

ДИАЛОГИ ● DIALOGE

I

— Где здесь мо́жно пообе́дать?

— Недалеко́ отсю́да есть хоро́ший рестора́н. Там прекра́сно гото́вят и всегда́ большо́й вы́бор блюд.

— Мо́жет быть, пообе́даем сейча́с? Я что́-то проголода́лся.

— С удово́льствием.

II

— Здесь не за́нято?

— Нет, свобо́дно, сади́тесь, пожа́луйста. Вот меню́. Что вы хоти́те заказа́ть?

— Что есть из заку́сок?

— Сала́т мясно́й, сала́т с кра́бами, икра́, осетри́на...

— Пожа́луй, я возьму́ сала́т с кра́бами.

— А я осетри́ну.

— Каки́е супы́ есть в меню́?

— Овощно́й суп, ри́совый, борщ украи́нский, щи, суп фрукто́вый.

— Я бу́ду есть борщ. А вы?

— А я — овощно́й суп.

— Что возьмём на второ́е? (1)

— Здесь прекра́сно гото́вят ры́бные блю́да. Я посове́товал бы вам заказа́ть судака́ по-по́льски.

— Спаси́бо. Так я и сде́лаю.

III

— О, вы уже́ здесь! Прия́тного аппети́та.

— Спаси́бо. Сади́тесь. Вот свобо́дное ме́сто.

— Что вы посове́туете мне заказа́ть? Сего́дня так жа́рко. Хоте́лось бы съесть чего́-нибудь холо́дного.

— Мо́жете взять холо́дный овощно́й суп. Это о́чень вку́сно.

— Пожа́луйста, принеси́те буты́лку минера́льной воды́, овощно́й суп, ку́рицу с ри́сом и моро́женое.

IV

— Вы уже́ обе́дали?

— Нет ещё. Я как раз собира́юсь пойти́ (2) в столо́вую. Вы то́же идёте?

— Да. Вы всегда́ обе́даете в столо́вой?

— Да, за́втракаю и у́жинаю я до́ма, а обе́даю здесь.

КОММЕНТАРИИ ● ERLÄUTERUNGEN

(1) Что возьмём на вто-
ро́е?

Was bestellen wir als zweiten Gang? (als Hauptge-
richt?)

брать взять	на пе́рвое на второ́е на тре́тье	als ersten, zweiten Gang als Nachtisch	nehmen bestellen

(2) Я как раз собира́юсь
пойти́...

Ich will gerade ... gehen.

Запомните! Merken Sie sich!

Это ме́сто свобо́дно (не за́нято)?	Ist dieser Platz frei (nicht besetzt?)
Этот сто́лик свобо́ден.	Dieser Tisch ist frei.
Да́йте, пожа́луйста, меню́.	Geben Sie bitte die Speise-karte.
Бу́дьте добры́, принеси́те ещё оди́н прибо́р.	Bitte, bringen Sie noch ein Besteck.
Каки́е заку́ски у вас есть?	Welche Vorspeisen haben Sie?
Что у вас есть из ры́бных блюд?	Was für Fischspeisen haben Sie?

Что мы закажем?	Was wollen wir bestellen?
Передайте, пожалуйста, хлеб (соль, масло).	Reichen Sie mir bitte das Brot (das Salz, die Butter).
Приятного аппетита!	Guten Appetit!
Дайте, пожалуйста, счёт!	Die Rechnung bitte!
Сколько я должен (мы должны)?	Was zahle ich (zahlen wir)?
Получите с нас, пожалуйста.	Wir möchten zahlen.

УПРАЖНЕНИЯ ● ÜBUNGEN

I. Ответьте на следующие вопросы. Beantworten Sie die folgenden Fragen.

1. Где вы обычно завтракаете, обедаете, ужинаете?
2. В котором часу вы завтракаете?
3. Что вы едите утром за завтраком?
4. Что вы пьёте во время завтрака?
5. Где вы предпочитаете обедать — дома, в столовой, в ресторане?
6. Когда вы обедаете?
7. Что вы пьёте во время обеда — минеральную воду, сок или компот?
8. Что вы едите за обедом?
9. Что вы обычно берёте на первое, на второе, на третье?
10. Какое ваше любимое блюдо?
11. Вы любите мясные (рыбные) блюда?
12. Какие блюда вашей национальной кухни вы любите больше всего?
13. Какие русские национальные блюда вы знаете?
14. Какие блюда русской кухни вам нравятся?
15. Где можно пообедать или закусить в вашем городе?

II. Слова из скобок поставьте в нужной форме. Fügen Sie die eingeklammerten Wörter in der erforderlichen Form ein.

Образец: ⎫ Возьмите суп ... (мясо). —
Muster: ⎭ Возьмите суп с мясом.

1. Я люблю кофе ... (молоко). 2. Утром я ем хлеб ... (масло и сыр). 3. Вы любите салат ... (мясо)? 4. На второе мы возьмём курицу ... (рис или картошка). 5. Обычно утром мы пьём чай ... (молоко). 6. Дайте, пожалуйста, сосиски ... (капуста).

III. Вместо точек вставьте один из глаголов, данных ниже, в нужной форме. Setzen Sie anstelle der Punkte eines der unten angegebenen Verben in der erforderlichen Form ein.

1. На столе ... ваза с фруктами. 2. На тарелке ... яблоки. 3. Официант ... на стол бутылку воды, ... ножи и вилки. 4. Пожалуйста, ... стакан на стол. 5. Пожалуйста, ... свою сумку на тот столик.

(*стоять, лежать, поставить, положить*)

IV. Отве́тьте на вопро́сы, поста́вив слова́, стоя́щие спра́ва, в ну́жной фо́рме. Beantworten Sie die Fragen, gebrauchen Sie dabei die rechts angegebenen Wörter in der erforderlichen Form.

1. Где лежа́т ви́лки? Куда́ официа́нт положи́л ви́лки? — стол

2. Куда́ вы положи́ли свой портфе́ль? Где лежи́т ваш портфе́ль? — стул

3. Где стоя́т ча́шки для ко́фе? Куда́ вы поста́вили ча́шки для ко́фе? — буфе́т

4. Куда́ вы поста́вили ва́зу с цвета́ми? Где стои́т ва́за с цвета́ми? — окно́

5. Где виси́т моё пальто́? Куда́ вы пове́сили моё пальто́? — шкаф

V. Из да́нных словосочета́ний соста́вьте предложе́ния. Gebrauchen Sie die angegebenen Wortverbindungen in Sätzen.

Образе́ц:
Muster: } дать меню́ — Да́йте, пожа́луйста, меню́.

1. принести́ нож, ви́лку, ещё оди́н прибо́р; 2. переда́ть хлеб, соль, нож; 3. дать меню́, счёт.

VI. Зако́нчите предложе́ния, употребля́я слова́, стоя́щие спра́ва. Ergänzen Sie die Sätze durch die rechts angegebenen Wörter.

1. Официа́нт принёс ... . — одна́ котле́та, холо́дная ры́ба, о́стрый сыр, ча́шка ко́фе

2. На второ́е мо́жно взять ... . — мя́со с гарни́ром, котле́та с капу́стой

3. Я хочу́ взять ... . — буты́лка воды́, таре́лка су́па, у́тка с ри́сом, ча́шка ко́фе

4. Принеси́те, пожа́луйста, стака́н ... . — вода́, молоко́, лимона́д, сок

VII. Зако́нчите предложе́ния, употребля́я слова́, да́нные спра́ва, с ну́жными предло́гами. Ergänzen Sie die Sätze durch die rechts angegebenen Wörter. Gebrauchen Sie dabei passende Präpositionen.

1. Мо́жно пойти́ ... . Мо́жно пообе́дать ... . — э́тот рестора́н

2. Вы ещё не́ были ... . Я хочу́ пойти́ обе́дать ... . — но́вая столо́вая

3. Мы мо́жем поу́жинать ... . Дава́йте зайдём ... . — э́то ма́ленькое кафе́

VIII. Проспряга́йте глаго́лы. Konjugieren Sie die folgenden Verben.

есть, пить, брать, взять, заказа́ть

IX. Отве́тьте на вопро́сы, замени́в глаго́л люби́ть глаго́лом нра́виться. Beantworten Sie die nachstehenden Fragen, ersetzen Sie dabei das Verb люби́ть durch das Verb нра́виться.

Образе́ц:
Muster: } — Вы лю́бите ко́фе с лимо́ном?
— Да, *мне нра́вится* ко́фе с лимо́ном.
— Нет, *мне не нра́вится* ко́фе с лимо́ном.

1. Вы лю́бите чай с молоко́м? 2. Како́й сок вы лю́бите? 3. Каки́е фру́кты вы лю́бите бо́льше всего́? 4. Вы лю́бите ры́бные блю́да? 5. Вы лю́бите о́стрый сыр? 6. Вы лю́бите ру́сскую ку́хню?

X. Замени́те вы́деленные выраже́ния синоними́чными. Ersetzen Sie die kursivgedruckten Ausdrücke durch gleichbedeutende.

Образе́ц: }   *Во вре́мя обе́да* мы говори́ли о после́дних новостя́х.—
Muster: За обе́дом мы говори́ли о после́дних новостя́х.

1. *Во вре́мя за́втрака* мы сиде́ли мо́лча. 2. *Во вре́мя у́жина* он ни с кем не разгова́ривал. 3. *Во вре́мя обе́да* он расска́зывал о свои́х дела́х.

XI. Соста́вьте вопро́сы, на кото́рые отвеча́ли бы сле́дующие предложе́ния. Sagen Sie, wie die Fragen zu den folgenden Antworten lauten.

1. — ...?
  — Мы за́втракаем в во́семь часо́в утра́.
2. — ...?
  — Обы́чно я обе́даю до́ма.
3. — ...?
  — Сего́дня мы обе́дали в рестора́не.
4. — ...?
  — Да, э́тот сто́лик свобо́ден.
5. — ...?
  — На второ́е я хочу́ взять ры́бу.
6. — ...?
  — Я люблю́ минера́льную во́ду.
7. — ...?
  — Нет, я не люблю́ чай с молоко́м.

XII. Переведи́те на ру́сский язы́к. Übersetzen Sie ins Rissische.

1. —Wollen Sie nicht (Mittag) essen gehen?
  — Aber gern. Ich wollte gerade gehen.
  — Wo gehen wir hin?
  — Man kann ins Café „Kosmos" gehen. Dort kocht man nicht schlecht. Um diese Zeit sind dort nur wenige Leute.
2. — Was nehmen wir als ersten Gang? Wollen Sie eine Suppe bestellen? Was werden Sie trinken? Mineralwasser „Borgomi" oder „Narsan"?
  — Ich möchte „Narsan" probieren.
3. — Mir hat dieser Wein sehr gut geschmeckt. Wie heißt er?
  — Das ist „Zinandali".
4. — Ich weiß nicht, was ich als zweiten Gang nehmen soll.
  — Ich würde Ihnen raten, ein Kiewer Kotelett zu bestellen. Das schmeckt sehr gut.
5. — Bringen Sie bitte Salat und kaltes Fleisch.
6. — Bitte die Rechnung.
7. — Reichen Sie mir bitte die Butter. Danke.
8. — Ist dieser Platz frei?
  — Ja, nehmen Sie bitte Platz.
9. — Zu Hause frühstücke ich gewöhnlich und esse Abendbrot. Im Betrieb esse ich zu Mittag. Bei uns ist eine gute Kantine. Dort kocht man gut, und es gibt immer eine große Auswahl an Fleisch- und Fischgerichten.

XIII. Расскажи́те: 1) что вы еди́те у́тром и ве́чером; 2) из чего́ состои́т ваш обе́д. Sagen Sie: a) was Sie am Morgen und am Abend essen; b) woraus Ihr Mittagessen besteht.

XIV. Составьте диалоги. Stellen Sie Dialoge zusammen:

1) между друзьями, идущими в кафе, сидящими в кафе; zwischen Freunden, die in eine Gaststätte gehen bzw. in einer Gaststätte sitzen;

2) между посетителями кафе (ресторана) и официантом; zwischen den Gästen einer Gaststätte (eines Restaurants) und dem Kellner.

XV. Прочитайте и перескажите. Lesen Sie und erzählen Sie nach.

Как-то раз известный французский писатель Александр Дюма путешествовал по Германии. Дюма совсем не говорил по-немецки. Однажды он остановился в маленьком городке. Дюма очень хотел есть и зашёл в ресторан. Он хотел заказать грибы, но не знал, как это сказать по-немецки. Он долго показывал жестами, чего он хочет, но хозяин ресторана так и не понял его. Тогда Дюма взял бумагу и карандаш, нарисовал большой гриб и показал рисунок хозяину. Хозяин посмотрел на рисунок и понимающе улыбнулся.

Дюма был очень доволен собой. Теперь он мог спокойно сидеть и ждать, когда ему принесут его любимое блюдо. Каково же было его удивление, когда он увидел в руках вошедшего хозяина... зонтик!

* * *

Один человек обедал у очень экономной дамы. Он встал из-за стола совершенно голодный. Хозяйка любезно сказала ему:

— Прошу вас как-нибудь ещё прийти ко мне пообедать.

— С удовольствием, — ответил гость, — хоть сейчас.

10

НА ПОЧТЕ

Я получаю и сам пишу очень много писем. Друзья, с которыми я учился, разъехались по всему свету (1). Одни живут в разных городах Советского Союза, другие работают за границей (2). Я переписываюсь со многими из них. (3) Почти каждый день почтальон приносит мне вместе с газетами несколько писем от друзей. В свою очередь и я часто посылаю им письма (4), открытки, телеграммы, посылки.

Письма я обычно пишу вечером, а на другой день утром опускаю их в почтовый ящик недалеко от нашего дома. Телеграммы, бандероли и посылки мы отправляем в ближайшем почтовом отделении.

Неделю назад, перед новогодним праздником, я написал несколько писем, приготовил нужные книги и вещи для посылок и пошёл на почту. Сначала я подошёл к окошку, где принимают бандероли, подал в окошко книги и попросил упаковать их. Потом я написал адрес и заплатил деньги за марки, которые девушка, работница почты, наклеила на бандероль.

В отделе «Приём и выдача посылок» я заполнил бланк для посылки. На бланке я написал адрес, фамилию, полное имя и отчество адресата и обратный адрес. Работник почты проверил, всё ли в порядке (5), взвесил посылку и выписал мне квитанцию. Я заплатил деньги и направился к другому отделению.

Мелкие вещи — галстук, перчатки, авторучку и электробритву — я послал ценной бандеролью.

Итак, осталось отправить только новогодние поздравления. В окне «Приём телеграмм» я взял несколько бланков и тут же на почте написал около пятнадцати поздравительных телеграмм и открыток своим родителям, родственникам и друзьям.

КОММЕНТАРИИ ● ERLÄUTERUNGEN

(1) Друзья́ ... разъе́хались по всему́ све́ту.

Die Freunde ... sind in alle Winde zerstreut.

Das Präfix **раз-** verleiht den Verben der Fortbewegung u. a. die Bedeutung einer Bewegung vom Zentrum nach verschiedenen Seiten hin. Solche bekommen zugleich mit dem Präfix **раз-** die Partikel **-ся (-сь)**:

Го́сти разошли́сь по́здно.

Die Gäste gingen spät auseinander.

Де́ти разбежа́лись по па́рку.

Die Kinder liefen im Park auseinander.

Die Vorsilbe **с-** verleiht, zusammen mit der Partikel **-ся** bzw. **-сь**, die entgegengesetzte Bedeutung, die einer Bewegung von verschiedenen Seiten nach dem Zentrum:

сошли́сь, съе́хались сбежа́лись

kamen zusammen liefen zusammen

Mit anderen Verben gebraucht, hat das Präfix **раз-** die Bedeutung der Teilung, Zerteilung, Verteilung:

разда́ть кни́ги

Bücher vergeben, verschenken

разре́зать я́блоко разби́ть стака́н

einen Apfel zerschneiden ein Glas zerbrechen

(2) рабо́тают за грани́цей быть, рабо́тать (*где?*) за грани́цей

sie arbeiten im Ausland im Ausland (*wo?*) sein, arbeiten

пое́хать (*куда́?*) за грани́цу

ins Ausland (*wohin?*) gehen, fahren

прие́хать, верну́ться (*отку́да?*) из-за грани́цы

aus dem Ausland (*woher?*) kommen, zurückkehren

(3) Я перепи́сываюсь со мно́гими из них.

Ich stehe mit vielen von ihnen im Briefwechsel.

Перепи́сываться с ке́м-либо heißt einander schreiben, mit jemandem korrespondieren:

Вы перепи́сываетесь с бра́том?

Stehen Sie mit Ihrem Bruder im Briefwechsel?

Merken Sie sich folgende Verben auf **-ся**, die eine gegenseitige Handlung bezeichnen.

боро́ться (с ке́м-либо) ви́деться

kämpfen (gegen) sich sehen

встреча́ться	sich treffen, ab und zu sehen
дели́ться	einander etwas mitteilen, vertrauen
догова́риваться	sich verständigen, verabreden
здоро́ваться	einander grüßen
знако́миться	sich bekannt machen
обме́ниваться	(aus)tauschen
обнима́ться	einander umarmen
проща́ться	sich verabschieden
расстава́ться	voneinander scheiden, sich trennen
ссо́риться	sich streiten
сове́товаться	jemanden um Rat bitten, sich mit jemandem beraten
целова́ться	sich küssen

Nach diesen Verben steht das Substantiv gewöhnlich im Instrumental und antwortet auf die Frage *с кем?* (*mit wem?*):

Мне на́до *посове́товаться* **с роди́телями**.	Ich muß das *mit meinen Eltern* besprechen.
Мы *договори́лись* **с Андре́ем** пойти́ в воскресе́нье на лы́жах.	Ich habe mich *mit Andrej verabredet*, am Sonntag eine Skitour zu unternehmen.
(4) В свою́ о́чередь и я ча́сто посыла́ю им пи́сьма.	Ich meinerseits schicke ihnen ebenfalls oft Briefe.

Neben den besitzanzeigenden Pronomen **мой, твой, его́, её, наш, ваш, их** hat das Russische noch ein besonderes **свой**. Es zeigt, daß ein Gegenstand der handelnden Person gehört, die zugleich als Subjekt des Satzes auftritt:

Сравните! Vergleichen Sie!

Я давно́ не ви́дел **сво- его́** бра́та.	(*брат мой*)	Ich habe *meinen* Bruder lange nicht gesehen.
Вы давно́ не ви́дели **мо- его́** бра́та?		Ist es lange her, daß Sie *meinen* Bruder gesehen haben?
Оте́ц взял **свою́** газе́ту.	(*газе́та отца́*)	Der Vater nahm *seine* Zeitung.
Я взял **его́** газе́ту.		Ich nahm *seine* Zeitung.

91

Zu betonen ist, daß die besitzanzeigenden Pronomen im Russischen viel seltener als im Deutschen gebraucht werden.

Сравните! Vergleichen Sie!

Он поéхал на вокзáл встречáть сы́на.	Er fuhr zum Bahnhof, um *seinen* Sohn abzuholen.
Вчерá мы с женóй бы́ли в теáтре.	Gestern war ich mit *meiner* Frau im Theater.
Ни́на всегдá совéтуется с мáтерью.	Nina berät sich immer mit *ihrer* Mutter.
(5) ... провéрил, всё ли в поря́дке	... prüfte, ob alles in Ordnung war

Merken Sie sich die Stelle der Partikel **ли** im russischen Satz. Sie steht im Nebensatz stets nach dem logisch betonten Wort:

Я не знáю, *говори́т* **ли** он по-рýсски.	Ich weiß nicht, *ob* er russisch *spricht.*
Он провéрил, *прáвильно* **ли** я написáл áдрес.	Er prüfte, *ob* ich die Adresse *richtig* aufgeschrieben hatte.
Мать посмотрéла, *спят* **ли** дéти.	Die Mutter sah nach, *ob* die Kinder *schliefen.*
Вы не пóмните, *есть* **ли** эта кни́га в магази́не?	Erinnern Sie sich vielleicht, *ob* es dieses Buch in der Buchhandlung *gibt*?
Я спроси́л егó, *был* **ли** он рáньше в Москвé.	Ich fragte ihn, *ob* er früher einmal in Moskau *war.*
Провéрьте, *всё* **ли** вы написáли прáвильно.	Prüfen Sie, *ob* Sie *alles* richtig aufgeschrieben haben.

Die Partikel **ли** drückt einen gewissen Zweifel aus und kann durch die Verbindung **и́ли нет** ersetzt werden.

Я не пóмню, *читáл* **ли** я э́ту кни́гу.	Ich weiß nicht mehr, *ob* ich dieses Buch *gelesen habe* oder nicht.
Я не пóмню, *читáл* я э́ту кни́гу **и́ли нет**.	

⊕ **ДИАЛОГИ ● DIALOGE**

I

— Мне нáдо послáть телегрáмму.
— Телегрáммы принимáют в трéтьем окнé.
— Дáйте, пожáлуйста, бланк для телегрáммы.

— Для какóй телегрáммы — простóй и́ли срóчной?

— Для срóчной.

— Пожáлуйста, вот бланк.

— Скóлько врéмени идёт срóчная телегрáмма в Еревáн?

— Два часá.

— Спаси́бо.

II

— Скажи́те, пожáлуйста, могý я отпрáвить э́ти кни́ги в Ленингрáд?

— Конéчно. Вы мóжете послáть их бандерóлью. Давáйте я их упакýю. А тепéрь напиши́те на бандерóли áдрес.

— Скóлько стóит бандерóль?

— Как вы бýдете посылáть — простóй и́ли заказнóй бандерóлью?

— Простóй.

— Э́то бýдет стóить три́дцать пять копéек.

III

— Скажи́те, пожáлуйста, как мóжно послáть по пóчте дáмскую сýмочку, перчáтки и духи́?

— Мéлкие вéщи, таки́е, как духи́, очки́, перчáтки, гáлстуки, мóжно послáть цéнной бандерóлью. Вес такóй бандерóли не дóлжен быть бóльше однóго килогрáмма.

— Как всё э́то должнó быть упакóвано?

— Я упакýю самá, а вы запóлните бланк и напиши́те áдрес.

— Благодарю́ вас.

IV

— Посмотри́те, пожáлуйста, есть ли пи́сьма на моё и́мя. Моя́ фами́лия Сóмов.

— Ваш докумéнт, пожáлуйста.

— Вот пáспорт.

— Сóмов? Однý минýту. Вáши инициáлы А. Н.? Вам откры́тка и дéнежный перевóд. Вот вáша откры́тка. Дéньги полýчите в сосéднем окнé.

— Спаси́бо.

— Дáйте, пожáлуйста, дéсять конвéртов.
— С мáрками и́ли без мáрок?
— Без мáрок. И два конвéрта с мáрками.
— Пожáлуйста. 22 копéйки.

Запомните! Merken Sie sich!

посы-
лáть—
послáть
{ письмó
посы́лку
телегрáмму
откры́тку
} einen Brief
ein Paket
ein Tele-
gramm
eine Postkarte
} schicken
senden

посылáть, послáть чтó-либо цéнным письмóм
etwas als Wertbrief aufgeben

опускáть—
опусти́ть
бросáть—
брóсить
{ письмó
откры́тку
в я́щик
}
einen Brief, eine Karte einwerfen

отвечáть, отвéтить на письмó
einen Brief beantworten

приноси́ть—
принести́
доставля́ть—
достáвить
{ письмó
посы́лку
откры́тку
}
einen Brief
ein Paket
eine Postkarte
} bringen
zustellen

вручáть, вручи́ть телегрáмму
ein Telegramm aushändigen

— Скóлько врéмени идёт письмó (телегрáмма) в Москвý?
— Wie lange geht ein Brief (ein Telegramm) nach Moskau?

— Письмó идёт два дня.
— Der Brief kommt in zwei Tagen an.

— Телегрáмма идёт четы́ре часá.
— Das Telegramm geht vier Stunden.

Auf Russisch schreibt man die Adresse so:

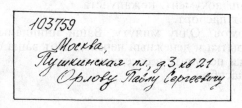

*103759
Москва,
Пушкинская пл., д 3 кв 21
Орлову Павлу Сергеевичу*

Образцы́ пи́сем ● Briefe (Muster)

15 ма́я 1988 г., Ленингра́д

Дорого́й Па́вел!

Неда́вно получи́л твоё письмо́. Большо́е спаси́бо. Про́сьбу твою́ вы́полнил — позвони́л в институ́т и узна́л о твое́й рабо́те. Секрета́рь обеща́л обо всём подро́бно написа́ть тебе́.

У нас до́ма всё по-ста́рому. Ле́том всей семьёй пое́дем в Крым, я на ме́сяц, а Ле́на с детьми́ на всё ле́то.

Приве́т Мари́не.

До свида́ния. Никола́й.

Дорога́я Ни́на Ива́новна!

Поздравля́ем Вас с юбиле́ем. Жела́ем Вам до́лгих лет жи́зни, здоро́вья, успе́хов в рабо́те и сча́стья.

Мы ча́сто вспомина́ем Вас, Ва́ши интере́сные уро́ки, Ва́шу забо́ту о нас. Большо́е спаси́бо за всё.

Ва́ши ученики́.

17 января́ 1988 г., Москва́

Образцы́ обраще́ния в нача́ле письма́	Muster für Anredeformen im Brief
Многоуважа́емая Анна Ива́новна!	Sehr geehrte Anna Iwanowna!
Уважа́емый това́рищ Петро́в!	Werter Genosse Petrow!
Дорого́й Васи́лий Никола́евич!	Lieber Wassili Nikolajewitsch!
Ми́лая Ни́на!	Teure Nina!
Уважа́емый господи́н Шмидт!	(Sehr) geehrter Herr Schmidt!
Многоуважа́емый господи́н дире́ктор!	Sehr geehrter Herr Direktor!

УПРАЖНЕНИЯ ● ÜBUNGEN

I. Отве́тьте на вопро́сы. Beantworten Sie die folgenden Fragen.

1. У вас больша́я перепи́ска?
2. С кем вы перепи́сываетесь?
3. Кому́ вы пи́шете пи́сьма?
4. Вы ча́сто пи́шете свои́м друзья́м?
5. Вы лю́бите писа́ть пи́сьма?
6. Вы лю́бите получа́ть пи́сьма?
7. Что вы предпочита́ете писа́ть — пи́сьма и́ли откры́тки?
8. Что вы получа́ете кро́ме пи́сем?

9. Где вы отправля́ете посы́лки и бандеро́ли?
10. Что мо́жно посыла́ть бандеро́лью?
11. Как мо́жно посла́ть кни́ги?
12. Как мо́жно посла́ть в друго́й го́род очки́?
13. Где нахо́дится ближа́йшее от вас почто́вое отделе́ние?
14. Где мо́жно купи́ть ма́рки и конве́рты?
15. Что ну́жно име́ть при себе́, что́бы получи́ть посы́лку и́ли де́нежный перево́д?

II. Замени́те ли́чные предложе́ния безли́чными. Ersetzen Sie die persönlichen Sätze durch unpersönliche.

Образе́ц: } Где *я могу́* купи́ть   Где *мо́жно* купи́ть конве́рт
Muster: } конве́рт с ма́ркой?   с ма́ркой?

        Я *до́лжен* написа́ть   Мне *на́до (ну́жно)* написа́ть пись-
        письмо́ друзья́м.   мо́ друзья́м.

1. Конве́рты и откры́тки *вы мо́жете* купи́ть на по́чте. 2. *Я до́лжен* посла́ть сро́чную телегра́мму. 3. Здесь *вы мо́жете* отпра́вить зака́зно́е письмо́. 4. *Я до́лжен* пойти́ в магази́н. 5. *Они́ должны́* быть на вокза́ле в семь часо́в. 6. Где *я могу́* позвони́ть? 7. Как *мы мо́жем* посла́ть докуме́нты в друго́й го́род?

III. Вме́сто то́чек вста́вьте оди́н из глаго́лов, да́нных ни́же, в ну́жной фо́рме. Setzen Sie anstelle der Punkte eines der unten angegebenen Verben ein.

1. Сего́дня я ... письмо́ в Ки́ев. Как вы ду́маете, когда́ его́ там ...? 2. Мне на́до ... телегра́мму в Ленингра́д. 3. Вы уже́ ... поздрави́тельные откры́тки? 4. Где здесь по́чта и́ли почто́вый я́щик? Мне на́до ... пи́сьма. 5. У́тром мы ... письмо́ и бандеро́ль от отца́. 6. Вчера́ почтальо́н ... нам два письма́. 7. Бу́дьте добры́, ... мой пи́сьма в почто́вый я́щик. 8. Большинство́ люде́й не лю́бит ... пи́сьма, но лю́бит ... их. 9. Ка́ждое у́тро почтальо́н ... нам газе́ты, журна́лы, пи́сьма.

(*отправля́ть — отпра́вить, посыла́ть — посла́ть, опуска́ть — опусти́ть, броса́ть — бро́сить, получа́ть — получи́ть, писа́ть — написа́ть, приноси́ть — принести́*)

IV. Зако́нчите предложе́ния, употреби́в слова́, да́нные спра́ва, в ну́жной фо́рме с ну́жным предло́гом. Ergänzen Sie die nachstehenden Sätze durch die rechts angegebenen Wörter in der erforderlichen Form. Gebrauchen Sie die passende Präposition.

Образе́ц: }
Muster: } Андре́й показа́л мне письмо́ из Дре́здена от Ка́рла.

1. Это письмо́	Ленингра́д, мой друг
2. Я ча́сто получа́ю откры́тки	Москва́, мой сове́тские друзья́
3. Неда́вно я получи́л кни́гу	Ки́ев, оди́н знако́мый студе́нт
4. Вчера́ пришла́ посы́лка	родна́я дере́вня, мой роди́тели
5. В письме́ оте́ц переда́л мне приве́т	родны́е места́, друзья́, ро́дственники и знако́мые

V. В сле́дующих фра́зах вста́вьте вме́сто то́чек ну́жные предло́ги. Слова́ из ско́бок поста́вьте в ну́жном падеже́. Fügen sie anstelle der Punkte passende Präpositionen ein. Setzen Sie die eingeklammerten Wörter in den erforderlichen Fall.

1. Вчера́ мой друг получи́л письмо́ ... (брат) ... (Ки́ев). 2. У́тром я посла́л (сро́чная телегра́мма) (сестра́) ... (Оде́сса). 3. Накле́йте (ма́рка) ... (конве́рт) и положи́те (письмо́) ... (конве́рт). 4. У́тром я был ...

(по́чта). 5. Я ча́сто получа́ю пи́сьма ... (дом) ... (роди́тели). 6. Почтальо́н принёс мне (телегра́мма) ... (Ленингра́д) ... (мой мла́дший брат).

VI. Отве́тьте на вопро́сы, испо́льзуя слова́, стоя́щие спра́ва. Обрати́те внима́ние на употребле́ние местоиме́ния **с в о й**. Beantworten Sie die nachstehenden Fragen, gebrauchen Sie dabei die rechts angegebenen Wörter. Beachten Sie das besitzanzeigende Pronomen **с в о й**.

1. С кем вы перепи́сываетесь?	Мой мла́дший брат, друзья́ по институ́ту, мои́ роди́тели
2. С кем вы ча́сто ви́дитесь?	Ни́на и Ми́ша, мои́ това́рищи
3. С кем она́ поздоро́валась?	одна́ знако́мая же́нщина
4. С кем она́ познако́милась на ве́чере?	оди́н интере́сный молодо́й челове́к
5. С кем вы сове́туетесь на рабо́те?	инжене́р и рабо́чие, други́е рабо́тники

VII. Вы́берите ну́жный глаго́л из да́нных спра́ва. Setzen Sie das passende der rechts angegebenen Verben ein.

1. Мы договори́лись ... у теа́тра в шесть часо́в. У теа́тра я ... своего́ това́рища.	встре́тить — встре́титься
2. Когда́ мне тру́дно, я иду́ ... к своему́ ста́ршему бра́ту. Мы не зна́ли, как дое́хать до теа́тра. Милиционе́р ... нам е́хать на метро́.	посове́товать — посове́товаться
3. Я не ... мать три го́да. Мы не ... три го́да. Вы ча́сто ... с друзья́ми?	ви́деть — ви́деться
4. На вокза́ле пе́ред отхо́дом по́езда мы ... и попроща́лись. Мать ... сы́на и запла́кала от ра́дости.	обня́ть — обня́ться

VIII. Прочита́йте предложе́ния. Объясни́те употребле́ние притяжа́тельных местоиме́ний. Lesen Sie die Sätze. Erklären Sie den Gebrauch der besitzanzeigenden Pronomen.

1. *Мои́* роди́тели ча́сто пи́шут мне. Я то́же ча́сто пишу́ *свои́м* роди́телям.	Её роди́тели ча́сто пи́шут *ей*. Она́ то́же ча́сто пи́шет *свои́м* роди́телям.
2. Это *моя́* ко́мната. В *мое́й* ко́мнате ма́ло ме́бели. Я люблю́ сиде́ть оди́н в *свое́й* ко́мнате. Мари́на вошла́ в *мою́* ко́мнату.	Это ко́мната *Мари́ны*. В *её* ко́мнате мно́го цвето́в. Сейча́с Мари́на в *свое́й* ко́мнате.

IX. Прочита́йте предложе́ния. Объясни́те употребле́ние местоиме́ния **с в о й**. Lesen Sie die Sätze. Erklären Sie den Gebrauch des Pronomens **с в о й**.

1. Где *мой* портфе́ль? Вы не ви́дели *мой* портфе́ль? Ка́жется, я забы́л *свой* портфе́ль в гардеро́бе. 2. Это *ва́ша* кни́га? Я нашёл *ва́шу* кни́гу в аудито́рии. Вы забы́ли там *свою́* кни́гу. 3. Это письмо́ я получи́л от *своего́* дру́га. Вы ведь зна́ете *моего́* дру́га Андре́я Гро́мова? 4. Я ничего́ не зна́ю о *ва́шей* рабо́те. Расскажи́те, пожа́луйста, о *свое́й* рабо́те. Пото́м я расскажу́ вам о *свое́й*. 5. Ско́ро *мои́* роди́тели прие́дут в Москву́. Вы знако́мы с *мои́ми* роди́телями? Я хочу́ познако́мить вас со *свои́ми* роди́телями.

97

X. Вместо точек вставьте слова, данные справа. Там, где необходимо, замените местоимения м о й, е ё, и х местоимением с в о й. Fügen Sie die rechts angegebenen Wörter ein. Ersetzen Sie die Pronomen м о й, е ё, и х, wenn nötig, durch das Pronomen с в о й.

1. Я разговаривал .... В саду играют дети	мой сосед
2. Я хорошо знаком ... ... живёт в Ленинграде. Она часто пишет	её младшая дочь
3. Мои друзья очень довольны ... . Мы показали свои сочинения на русском языке	их преподаватель
4. Эту книгу мне дал .... Эту книгу я взял	один мой знакомый
5. Марина получила посылку .... Эту посылку Марине прислала	её старшая сестра

XI. Переделайте предложения, употребляя вместо словосочетания и́ли н е т частицу л и. Verändern Sie folgende Sätze, indem Sie anstelle der Wortverbindung и́ли н е т die Partikel л и setzen.

Образец: ⎱ Я не помню, есть у меня эта книга или нет.—
Muster: ⎰ Я не помню, *есть ли* у меня эта книга.

1. Я не помню, писал я вам об этом или нет. 2. Мы ещё не знаем, поедем мы летом на юг или нет. 3. Нам ещё не сказали, будут у нас экзамены или нет. 4. Посмотрите, правильно я написал это предложение или нет. 5. Скажите, пожалуйста, можно так сказать по-русски или нет. 6. Мне бы хотелось знать, понятно вам то, что я говорю, или нет. 7. Я не знаю, интересно вам то, что я рассказываю, или нет. 8. Он не знает, есть эта книга в нашей библиотеке или нет. 9. Меня интересует, есть жизнь на других планетах или нет.

XII. Вместо точек вставьте один из глаголов, данных в скобках, в нужной форме. Setzen Sie anstelle der Punkte das passende Verb in der erforderlichen Form ein.

1. Родители часто ... мне. Вчера я ... им письмо. (писать — написать) 2. Обычно я ... посылки в нашем почтовом отделении. Недавно я ... ещё одну посылку. (получать — получить) 3. Несколько раз она ... писать своё письмо, но ей всё время кто-нибудь мешал. Она ... писать письмо вечером, после ужина. (начинать — начать) 4. В воскресенье я ... брату посылку. Когда я ... посылку, на почте было мало народу. (отправлять — отправить) 5. Несколько лет мы ... друг другу письма, ... книги. На прошлой неделе я ... другу письмо и ... книги. (писать — написать, посылать — послать) 6. Много раз он ... мой адрес, но, очевидно, каждый раз терял его. В последнюю нашу встречу он опять ... мой адрес. (записывать — записать) 7. Простите, я ... ваш адрес. У него плохая память: он всегда ... адреса и номера телефонов. (забывать — забыть)

XIII. Составьте вопросы, на которые отвечали бы следующие предложения. Sagen Sie, wie die Fragen zu den folgenden Antworten lauten.

1. — ...?
   — Я спешу на почту.
2. — ...?
   — Я должен отправить телеграмму сестре.
3. — ...?
   — Вчера мы получили письмо от брата.

4. — ...?
— Мари́на получи́ла посы́лку из Оде́ссы.
5. — ...?
— Нет, по́чта недалеко́ отсю́да.
6. — ...?
— Конве́рт с ма́ркой сто́ит пять копе́ек.
7. — ...?
— Нам прино́сят газе́ты в во́семь часо́в утра́.

XIV. Переведи́те на ру́сский язы́к. Übersetzen Sie ins Russische.
1. — Sagen Sie bitte, wo befindet sich das nächste Postamt?
— Das Postamt befindet sich nicht weit von hier, in der Kirowstraße.
— Wissen Sie nicht, wann das Postamt geöffnet ist?
— Ich nehme an, von acht Uhr morgens bis acht Uhr abends.
2. — Wo kann man Briefumschläge und -marken kaufen?
— Am Schalter nebenan.
— Geben Sie mir bitte einen Umschlag mit Marke und zwei Postkarten.
3. — Was kostet ein Briefumschlag?
— Sechs Kopeken.
— Wieviel Tage geht ein Brief von Moskau nach Kiew?
— Zwei Tage.
4. — Ich muß einige Glückwunschtelegramme abschicken. Wo ist die Telegrammannahme?
— In der Halle nebenan.
— Wie lange geht ein Telegramm von Moskau nach Leningrad?
— Zwei Stunden.
5. Jeden Morgen bringt der Briefträger uns Zeitungen und Briefe. Heute morgen hat er mir einige Briefe gebracht. Ein Brief war aus Kiew von meinem alten Freund. Ich muß auf diesen Brief antworten. Ich schreibe nicht gern lange Briefe. Gewöhnlich schreibe ich Postkarten.

XV. Расскажи́те о ва́шей перепи́ске, испо́льзуя сле́дующие слова́ и выраже́ния. Sprechen Sie zum Thema „Meine Briefpartner". Gebrauchen Sie dabei folgende Wörter und Wortverbindungen.
перепи́сываться, получа́ть пи́сьма от ..., отвеча́ть на пи́сьма, письмо́ идёт ..., поздрави́тельная телегра́мма, бандеро́ль, откры́тка.

🔒 **XVI. Прочита́йте и перескажи́те. Lesen Sie den Text und geben Sie den Inhalt wieder.**
Оди́н молодо́й челове́к получа́л пи́сьма до востре́бования. Одна́жды он зашёл на по́чту, что́бы получи́ть заказно́е письмо́. Письмо́ лежа́ло на по́чте, но рабо́тник по́чты не хоте́л отдава́ть его́ молодо́му челове́ку, так как у того́ не́ было с собо́й докуме́нта.
— Я не уве́рен, что э́то письмо́ для вас. Отку́да я зна́ю, что вы— э́то вы?
Молодо́й челове́к доста́л из карма́на свою́ фотогра́фию.
— Наде́юсь, тепе́рь вы зна́ете, что я—э́то я.
Рабо́тник по́чты до́лго смотре́л на фотогра́фию.
— Да, э́то вы,—сказа́л он наконе́ц.— Вот ва́ше письмо́.

———————————

до востре́бования—postlagernd (poste restante)

11

В ГОСТИНИЦЕ

Москва
5 июля 1988 г.

Дорого́й Курт!

В после́днем письме́ я подро́бно описа́л тебе́ наш путь от Ле́йпцига до Бре́ста. Ита́к, три дня наза́д на́ша гру́ппа прибыла́ в Москву́. Нас помести́ли в гости́нице «Бухаре́ст».

Гости́ница занима́ет дово́льно большо́е ста́рое шестиэта́жное зда́ние на на́бережной Москвы́-реки́ в са́мом це́нтре го́рода.

За реко́й, почти́ напро́тив на́шей гости́ницы, нахо́дится Кремль, храм Васи́лия Блаже́нного и за ним Кра́сная пло́щадь. Мой но́мер на пя́том этаже́. Окна ко́мнаты выхо́дят как раз в э́ту сто́рону — на Кремль и Москву́-реку́. Ка́ждое у́тро я любу́юсь чуде́сной карти́ной (1) — разноцве́тными купола́ми хра́ма Васи́лия Блаже́нного, дре́вними сте́нами и ба́шнями Кремля́.

В гости́нице нас при́няли о́чень хорошо́. Ко́мнаты, в кото́рых нас размести́ли, небольши́е, но удо́бные (2), чи́стые и све́тлые. В ка́ждом но́мере есть телефо́н.

Ежедневно в гостинице останавливается пятьсот человек, но в коридорах, холлах, лифтах гостиницы всегда тихо (3), толпу можно увидеть только во время приезда или отъезда какой-нибудь группы туристов или делегатов.

На первом этаже гостиницы находится ресторан, где мы завтракаем, обедаем и ужинаем. Обычно мы заказываем завтрак, обед и ужин накануне. Выбор блюд в ресторане богатый и разнообразный. В первое время русский обед казался нам очень обильным, а русская пища — жирной и острой, но мы постепенно привыкаем к ней и с удовольствием едим всё, что нам предлагают.

На первом этаже расположены также гардероб, камера хранения, почта, парикмахерская, газетный киоск и киоск, где продают сувениры.

Здесь же находится администратор, который принимает и размещает приезжающих. Когда мы приехали, администратор сказал нам: «Если вы хотите пойти или поехать на экскурсию, пойти в кино или в театр, встретиться с кем-либо из советских учёных, писателей или общественных деятелей, вам следует обратиться в бюро обслуживания. Работники бюро закажут вам билеты, организуют экскурсию или встречу. Если вам нужно погладить платье (4), почистить костюм, починить обувь, обратитесь к горничной или поднимитесь на шестой этаж в комбинат обслуживания».

Я думаю, «Бухарест» не самая первоклассная из московских гостиниц, но мне нравится здесь, потому что гостиница удачно расположена, в ней всегда тихо и спокойно, потому что здесь хорошо обслуживают приезжающих.

На днях напишу ещё.

Привет твоим родителям и Максу.

Твой Филипп

КОММЕНТАРИИ ● ERLÄUTERUNGEN

(1) Я любуюсь чудесной   Ich bewundere die schöne
картиной.   Aussicht.

любоваться (полюбоваться) + I n s t r u m e n t a l (*чём-либо*)

Nach folgenden Verben, die Gefühle ausdrücken, steht das Substantiv bzw. das Pronomen im I n s t r u m e n t a l:

интересова́ться нау́кой	sich für die Wissenschaft interessieren
увлека́ться спо́ртом	sich für Sport begeistern
любова́ться карти́ной	ein Bild bewundern
восхища́ться красото́й	die Schönheit bewundern
горди́ться успе́хами	auf Erfolge stolz sein

(2) Ко́мнаты небольши́е, но удо́бные.	Die Zimmer sind nicht groß, aber bequem.
(3) Ежедне́вно в гости́нице остана́вливается пятьсо́т челове́к, но в коридо́рах... всегда́ ти́хо.	Täglich werden im Hotel 500 Gäste untergebracht, aber in den Korridoren ist es ... immer still.

Die Konjunktion **но** bezeichnet eine sehr starke Entgegenstellung zweier Tatsachen und verbindet Sätze, von denen der zweite das Gegenteil von dem enthält, was erwartet wird:

Я хоте́л позвони́ть вам, **но** не нашёл ва́шего телефо́на.	Ich wollte Sie anrufen, fand aber Ihre Telefonnummer nicht.
Весь ве́чер я ждал това́рища, **но** он не пришёл.	Den ganzen Abend wartete ich auf meinen Freund, aber er kam nicht.

Die Konjunktion **a** wird bei Gegenüberstellung zweier ungleicher Faktoren gebraucht:

Я уже́ был в Сове́тском Сою́зе, **а** мой колле́га не́ был.	Ich war bereits in der Sowjetunion, mein Kollege aber war dort nicht.
Вчера́ ве́чером я писа́л письмо́, **а** жена́ смотре́ла телеви́зор.	Gestern abend schrieb ich einen Brief, und meine Frau sah fern.
Все уе́хали на экску́рсию, **а** я оста́лся в гости́нице.	Alle waren zur Stadtrundfahrt, ich aber blieb im Hotel.

Сравни́те! Vergleichen Sie!

Он говори́т по-ру́сски бы́стро, **но** с оши́бками.	Er spricht russisch schnell, aber nicht fehlerfrei.
Он говори́т по-ру́сски бы́стро **и** без оши́бок.	Er spricht russisch schnell und fehlerfrei.
Он говори́т по-ру́сски бы́стро, **а** я ме́дленно.	Er spricht russisch schnell, ich aber langsam.

Сестра́ звони́ла мне, **но** ничего́ не сказа́ла об э́том.	Meine Schwester rief mich an, sagte aber nichts davon.
Сестра́ звони́ла мне **и** сказа́ла об э́том.	Meine Schwester rief mich an und sagte (mir) davon.
Сестра́ звони́ла мне, **а** брат не звони́л.	Meine Schwester rief mich an, mein Bruder aber nicht.
(4) Если вам ну́жно погла́дить пла́тье...	Wenn Sie ein Kleid bügeln wollen ... .

Auf der S. 83 wurde bereits darauf hingewiesen, daß einige Verben mit dem Präfix **по-** (**покури́ть, поговори́ть, погуля́ть**) eine zeitlich eingeschränkte Handlung bezeichnen.

Anderen Verben verleiht das Präfix **по-** keine neue Bedeutung, es verändert lediglich die Form der betreffenden Verben, indem es auf eine vollendete Handlung hinweist:

почи́стить костю́м	einen Anzug reinigen (lassen)
погла́дить пла́тье	ein Kleid bügeln (lassen)
почини́ть о́бувь, часы́	Schuhe, eine Uhr reparieren (lassen)
позвони́ть по телефо́ну	telefonieren, anrufen
посмотре́ть фильм	sich einen Film ansehen
подари́ть что́-либо	etwas schenken
поблагодари́ть за по́мощь	für die Hilfe danken

 ## ДИАЛОГИ ● DIALOGE

I. Разгово́р с администра́тором

— Скажи́те, пожа́луйста, у вас есть свобо́дные номера́?

— Да, есть. Како́й но́мер вам ну́жен—на одного́ и́ли на двои́х?

— Мне нужна́ ко́мната на одного́ челове́ка, жела́тельно с ва́нной и телефо́ном.

— У нас все номера́ с удо́бствами. Как до́лго вы пробу́дете здесь? (1)

— Две неде́ли.

— Запо́лните, пожа́луйста, листо́к для приезжа́ющих. Ва́ша ко́мната на тре́тьем этаже́. Мо́жете подня́ться на ли́фте. Вот ключ от но́мера.

— Спаси́бо.

II. Разгово́р с го́рничной

— Скажи́те, пожа́луйста, где но́мер три́ста девя́тый?

— Я провожу́ вас. Это тре́тья дверь нале́во. Вот ваш но́мер. Это ва́нная. Здесь туале́т. Телефо́н на столе́. Здесь звоно́к. Если вам бу́дет что́-нибудь ну́жно, позвони́те.

— Хорошо́, спаси́бо. Мне ну́жно погла́дить костю́м и руба́шки.

— Я возьму́ их. Всё бу́дет гото́во че́рез час.

— Сейча́с я ухожу́ в го́род. Если кто́-нибудь бу́дет спра́шивать меня́, скажи́те, что я бу́ду ве́чером по́сле девяти́ часо́в.

— Хорошо́, я переда́м. Бу́дут ещё каки́е-нибудь поруче́ния?

— Нет, ка́жется, всё. Спаси́бо. За́втра разбуди́те меня́ в полови́не восьмо́го.

— Хорошо́. Всё бу́дет сде́лано. (2) Когда́ бу́дете уходи́ть, оставля́йте ключ у дежу́рного, что́бы я могла́ убира́ть ваш но́мер.

КОММЕНТА́РИИ ● ERLÄUTERUNGEN

(1) Как до́лго вы пробу́дете здесь?   Wie lange bleiben Sie hier?

Beachten Sie den Gebrauch der Verben mit dem Präfix **про-**, die eine dauernde Handlung anzeigen. In der Regel werden mit solchen Verben Adverbialbestimmungen gebraucht, die die Dauer der Handlung angeben (**весь день** „den ganzen Tag", **це́лый час** „eine ganze Stunde" usw.):

Он прозанима́лся всю ночь.	Er hat die ganze Nacht hindurch gearbeitet.
Мы прожда́ли вас весь ве́чер.	Wir haben den ganzen Abend auf Sie gewartet.
Эта семья́ прожила́ в Москве́ два́дцать лет.	Diese Familie hat 20 Jahre lang in Moskau gelebt.
Он прорабо́тал в институ́те де́сять лет.	Er hat im Institut 10 Jahre lang gearbeitet.

Andere Verben mit ähnlicher Bedeutung:

просиде́ть це́лый час	eine ganze Stunde (da)sitzen
проговори́ть весь ве́чер	den ganzen Abend verplaudern

104

проспо́рить три часа́	drei Stunden lang streiten
пробе́гать весь день	den ganzen Tag herum-laufen

(2) Всё бу́дет сде́лано. — (Alles) wird erledigt.

Сде́лано ist die Kurzform des vom Verb **сде́лать** abge-leiteten Partizips des Passivs.

Эта гости́ница постро́ена два го́да наза́д.	Dieses Hotel ist vor zwei Jahren gebaut worden.
Но́мер был зака́зан по те-лефо́ну.	Das Zimmer war telefonisch vorbestellt.
Это пальто́ ку́плено в Москве́.	Dieser Mantel ist in Mos-kau gekauft worden.

Kurzformen der Partizipien des Passivs können nur von zielenden vollendeten Verben abgeleitet werden:

прочита́ть кни́гу — кни́га прочи́тана	das Buch lesen — das Buch ist gelesen worden
пригласи́ть госте́й — го́сти приглашены́	Gäste einladen — Gäste sind eingeladen worden
организова́ть экску́р-сию — экску́рсия орга-низо́вана	einen Ausflug (eine Füh-rung) organisieren — ein Ausflug (eine Führung) ist organisiert worden
написа́ть письмо́ — письмо́ напи́сано	den Brief schreiben — der Brief ist geschrieben wor-den

---

Запомните! Merken Sie sich!

привыка́ть — привы́кнуть (*к кому́? к чему́?*)	sich gewöhnen (*an j-n, et-was*)
Я привы́к к ру́сской ку́хне.	Ich habe mich an die russi-sche Küche gewöhnt.
Мы привыка́ем к моско́в-скому кли́мату.	Wir gewöhnen uns an das Moskauer Klima.
обраща́ться — обрати́ться *к кому́-либо* *куда́-либо* *за че́м-либо*	sich wenden *an jemanden* *an eine Stelle* *wegen...*
Обрати́тесь к { дежу́р-ному врачу́.	Wenden Sie sich { an den Diensttha-benden, an den Arzt.

УПРАЖНЕНИЯ ● ÜBUNGEN

I. Отве́тьте на вопро́сы. Beantworten Sie die folgenden Fragen.

1. Где вы остана́вливаетесь, когда́ быва́ете в чужо́м го́роде?
2. Вам ча́сто прихо́дится е́здить и остана́вливаться в гости́ницах?
3. Мо́жно заказа́ть но́мер в гости́нице по телефо́ну?
4. В како́й гости́нице вы остана́вливались в после́дний раз?
5. Где нахо́дится э́та гости́ница?
6. Далеко́ ли она́ от це́нтра го́рода?
7. Каки́е удо́бства в э́той гости́нице?
8. На како́м этаже́ был ваш но́мер?
9. Куда́ выходи́ли о́кна ва́шей ко́мнаты (ва́шего но́мера)?
10. Кто убира́ет ко́мнаты в гости́нице?
11. Кому́ вы отдава́ли ключ от ва́шего но́мера, когда́ уходи́ли из гости́ницы?
12. Где вы обе́дали, когда́ жи́ли в гости́нице?
13. Ско́лько сто́ил ваш но́мер?
14. Ско́лько вре́мени вы прожи́ли в гости́нице?

II. Замени́те ли́чные предложе́ния безли́чными, употреби́в на́до (ну́жно) вме́сто до́лжен. Formen Sie die persönlichen Sätze in unpersönliche um, gebrauchen Sie dazu на́до (ну́жно) statt до́лжен.

Образе́ц: ⎫ Вы *должны́* пойти́ к врачу́.
Muster: ⎭ Вам *на́до* пойти́ к врачу́.

1. Я до́лжен заказа́ть но́мер в гости́нице. 2. Мы должны́ верну́ться в гости́ницу к у́жину. 3. Вы должны́ запо́лнить листо́к для прие́зжающих. 4. Я до́лжен взять ключ у дежу́рного. 5. За́втра я должна́ встать о́чень ра́но.

III. Вме́сто то́чек вста́вьте местоиме́ния е г о́, е ё, м о й, т в о й, и х и́ли с в о й. Setzen Sie anstelle der Punkte die Pronomen е г о́, е ё, м о й, т в о й, и х bzw. с в о й ein.

1. Это ... но́мер. Где ключ от ... но́мера? Я оста́вил ключ от ... но́мера у дежу́рной. 2. Фили́пп присла́л из Москвы́ письмо́. В ... письме́ он пи́шет о Москве́. Он о́чень дово́лен ... путеше́ствием в Сове́тский Сою́з. Я получи́л ... письмо́ два дня наза́д. 3. Москвичи́ лю́бят ... го́род. Они́ с го́рдостью говоря́т о ... исто́рии, о ... но́вых райо́нах. 4. В теа́тре мы встре́тили ... знако́мого. Вме́сте с ним была́ ... жена́. Он познако́мил нас со ... жено́й. 5. Этот челове́к ... друг. Он писа́тель. Неда́вно он дал мне ... расска́зы. Я прочита́л ... расска́зы и вы́сказал ему́ ... мне́ние о них.

IV. Вме́сто то́чек вста́вьте глаго́лы соверше́нного и́ли несоверше́нного ви́да, да́нные ни́же. Сравни́те те́ксты и объясни́те ра́зницу в их значе́нии. Setzen Sie anstelle der Punkte das vollendete bzw. das unvollendete Verb von jedem der unten angegebenen Aspektpaare ein. Vergleichen Sie die Texte und erklären Sie den Unterschied in der Bedeutung.

Обы́чно, когда́ я ... в э́тот го́род, я ... в гости́нице «Во́лга». Я ... к администра́тору, и он ... мне но́мер на второ́м этаже́.

Как пра́вило, я ... но́мер зара́нее по телефо́ну.
Я ... на второ́й эта́ж, где дежу́рная ... мне мой но́мер.

Не́сколько дней наза́д я ... в э́тот го́род и ... в гости́нице «Во́лга». Я ... к администра́тору, и он ... мне но́мер на второ́м этаже́.

Я ... но́мер зара́нее по телефо́ну.
Я ... на второ́й эта́ж, где дежу́рная ... мне мой но́мер.

(приезжа́л — прие́хал, остана́вливался — останови́лся, обраща́лся — обрати́лся, дава́л — дал, зака́зывал — заказа́л, поднима́лся — подня́лся, пока́зывала — показа́ла)

V. Поста́вьте глаго́лы в настоя́щем вре́мени. Setzen Sie die Verben in die Gegenwart.

1. Наш сын хорошо́ рисова́л. 2. Игра́ла му́зыка, но никто́ не танцева́л. 3. О́бщество герма́но-сове́тской дру́жбы организова́ло пое́здку в Сове́тский Сою́з. 4. Тури́сты ночева́ли в гора́х. 5. Молодо́го худо́жника справедли́во критикова́ли в газе́те. 6. Профе́ссор бесе́довал со свои́ми студе́нтами. 7. Я всегда́ волнова́лся пе́ред экза́менами. 8. Мой друг интересова́лся ру́сской литерату́рой.

VI. Употреби́те глаго́лы с приста́вкой по- и́ли про-. Ergänzen Sie die Verben durch das Präfix по- bzw. про-.

1. Мы -говори́ли весь ве́чер. 2. В переры́ве мы -говори́ли, -кури́ли. 3. По́сле тру́дной рабо́ты он -спал де́сять часо́в. 4. Он немно́го -спал и сно́ва приня́лся за рабо́ту. 5. Вчера́ дочь -гуля́ла весь ве́чер и не сде́лала уро́ки. 6. Иди́, -гуля́й в саду́. 7. Больно́й -лежа́л в больни́це не́сколько ме́сяцев. 8. Мы -сиде́ли в кафе́ весь ве́чер. 9. Мы -сиде́ли в кафе́, пото́м пошли́ в кино́.

VII. Вста́вьте глаго́лы, да́нные ни́же, в ну́жной фо́рме. Setzen Sie die unten angegebenen Verben in der erforderlichen Form ein.

Не́сколько дней наза́д в Москву́ ... гру́ппа неме́цких тури́стов. Они́ ... из Ле́йпцига 4 а́вгуста ... в Брест, а 6 в Москву́. Вчера́ э́та гру́ппа ... на экску́рсию в колхо́з. Там они́ про́были не́сколько часо́в. Гру́ппа ... из Москвы́ в 9 часо́в утра́ и ... обра́тно в 3 часа́ дня. Ве́чером они́ ... в теа́тр. Сего́дня у́тром тури́сты ... в Кремль. Там они́ пробу́дут недо́лго, они́ ... к обе́ду.

(прие́хать, вы́ехать, е́здить, ходи́ть, пойти́, прийти́)

VIII. Замени́те акти́вные констру́кции пасси́вными. Formen Sie die Aktivkonstruktionen in die Passivkonstruktionen um.

Образе́ц: ⎫ После́днее письмо́ оте́ц написа́л в феврале́.— После́днее
Muster: ⎭ письмо́ напи́сано отцо́м в феврале́.

1. Наш дом постро́или пять лет наза́д. 2. В журна́ле напеча́тали мои́ стихи́. 3. Магази́н уже́ закры́ли. 4. Телегра́мму уже́ посла́ли? 5. Э́то письмо́ получи́ли на про́шлой неде́ле. 6. Госте́й пригласи́ли к семи́ часа́м. 7. На ве́чере нам показа́ли сове́тский фильм. 8. Э́ту кни́гу купи́ли в кио́ске. 9. Но́мер в гости́нице ещё не заказа́ли.

IX. Прочита́йте предложе́ния и переведи́те на неме́цкий язы́к. Объясни́те ра́зницу в значе́нии сою́зов и, а, но. Lesen Sie die nachstehenden Sätze und übersetzen Sie sie ins Deutsche. Erklären Sie den Unterschied in der Bedeutung der Konjunktionen и, а, но.

1. Рабо́та была́ тру́дная, и мы бы́стро уста́ли. Рабо́та была́ тру́дная, но мы не уста́ли. 2. Шёл дождь, и на у́лице никого́ не́ было. Шёл дождь, но на у́лице бы́ло мно́го наро́ду. 3. За три го́да сестра́ о́чень измени́лась, и я не сра́зу узна́л её. За три го́да сестра́ о́чень измени́лась, но я сра́зу узна́л её. За три го́да сестра́ о́чень измени́лась, а мать не измени́лась. 4. Вчера́ я получи́л письмо́ и написа́л отве́т. Вчера́ я получи́л письмо́, но ещё не написа́л отве́т. Вчера́ я получи́л письмо́, а сего́дня посы́лку.

X. Соедини́те предложе́ния сою́зами **а, и, но** (слова́ в ско́бках при э́том вы́падут). Verbinden Sie die Sätze durch die Konjunktionen **и, а, но** (die eingeklammerten Wörter fallen dabei weg).

1. Ле́кция ко́нчилась.	Все ушли́ из за́ла.
	Все оста́лись в за́ле.
2. Я внима́тельно прочита́л статью́.	(Я) всё по́нял.
	(Я) не всё по́нял в ней.
	Мой това́рищ то́лько просмотре́л её.
3. Ле́том я хочу́ пое́хать в Ита́лию.	У меня́ нет де́нег на пое́здку.
	Мой друг (хо́чет пое́хать) в Болга́рию.
4. Он изуча́ет ру́сский язы́к.	(Он) свобо́дно чита́ет литерату́ру на ру́сском языке́.
	(Он) пока́ не мо́жет говори́ть по-ру́сски.
	Его́ сестра́ (изуча́ет) по́льский (язы́к).
5. По́сле рабо́ты мы хоте́ли пойти́ в кино́.	Они́ реши́ли пое́хать на стадио́н.
	Мы пошли́ в ка́ссу за биле́тами.
	В ка́ссе не́ было биле́тов.

XI. Соедини́те предложе́ния сою́зом **е́сли**. Verbinden Sie die Sätze durch die Konjunktion **е́сли**.

1. У вас бу́дет вре́мя. Позвони́те мне. 2. Я зайду́ к вам. Я ра́но ко́нчу рабо́ту. 3. Вы хоти́те посмотре́ть э́тот фильм. Поезжа́йте в кинотеа́тр «Москва́». 4. Ле́том я пое́ду в По́льшу. У меня́ бу́дут де́ньги. 5. В воскресе́нье бу́дет тепло́. Мы пое́дем за́ город. 6. Вы уви́дите где́-нибудь э́тот уче́бник. Купи́те его́, пожа́луйста, мне. 7. Ва́ши часы́ спеша́т. Покажи́те их ма́стеру.

XII. Прочита́йте предложе́ния. Сравни́те значе́ния части́цы **ли** и сою́за **е́сли**. Lesen Sie die nachstehenden Sätze. Vergleichen Sie die Bedeutung der Partikel **ли** und der Konjunktion **е́сли**.

1. Я не зна́ю, есть ли в гости́нице свобо́дные номера́. Если в гости́нице есть свобо́дные номера́, мы остано́вимся в ней. 2. Я не зна́ю, понра́вятся ли вам э́ти стихи́. Если они́ вам понра́вятся, я могу́ подари́ть вам э́ту кни́гу. 3. Вы не зна́ете, откры́т ли газе́тный кио́ск? Если кио́ск откры́т, на́до спусти́ться вниз и купи́ть газе́ты. 4. Меня́ интересу́ет, по́няли ли вы мой расска́з. Если вы не по́няли мой расска́з, я повторю́ его́ ещё раз. 5. Я не по́мню, есть ли у меня́ её а́дрес. Если у меня́ есть её а́дрес, я сего́дня же напишу́ ей письмо́. Если у меня́ нет её а́дреса, я узна́ю его́ за́втра в а́дресном бюро́.

XIII. Соста́вьте вопро́сы, на кото́рые отвеча́ли бы сле́дующие предложе́ния. Sagen Sie, wie die Fragen zu den folgenden Antworten lauten.

1. — ...?
— Тури́сты останови́лись в гости́нице «Москва́».
2. — ...?
— Эта гости́ница нахо́дится в це́нтре го́рода.
3. — ...?
— Ваш но́мер на тре́тьем этаже́.
4. — ...?
— Но́мер сто́ит два рубля́ в су́тки.
5. — ...?
— Ключ от ко́мнаты вы мо́жете взять у дежу́рной.

6. — ...?
— Мы пробу́дем здесь неде́лю.

XIV. Переведи́те на ру́сский язы́к. Übersetzen Sie ins Russische.

1. Unsere Gruppe wurde im Hotel „Ukraina" untergebracht. In der Halle empfing uns der Empfangschef. Wir gaben ihm unsere Pässe ab und füllten die Anmeldeformulare aus. Er nannte uns unsere Zimmernummern.
2. Mein Hotelzimmer war im achten Stock. Ich fuhr mit dem Aufzug in den achten Stock. Die Etagenaufsicht gab mir den Schlüssel zu meinem Zimmer und sagte: „Wenn Sie fortgehen, lassen Sie den Schlüssel bei mir". Sie begleitete mich und zeigte mir mein Zimmer.
3. Die Fenster meines Zimmers gehen auf die Moskwa hinaus. Vom Fenster aus sehe ich Straßen, Häuser und eine Brücke über die Moskwa. Mein Zimmer ist groß, hell und warm.
4. Man sagte uns, daß wir in dem Restaurant, das sich im Erdgeschoß des Hotels befindet, frühstücken, zu Mittag und zu Abend essen werden.
5. — Sagen Sie bitte, haben Sie freie Zimmer?
   — Ja. Brauchen Sie ein Zweibettzimmer?
   — Ja. Ich bin mit meiner Frau hier.
   — Füllen Sie bitte das Anmeldeformular aus. Ihr Zimmer ist im zweiten Stock. Sie können im Aufzug hinaufsteigen. Die Etagenaufsicht wird Ihnen den Schlüssel zu Ihrem Zimmer geben.
   — Danke.

XV. Соста́вьте диало́г ме́жду челове́ком, прие́хавшим в гости́ницу, и администра́тором. Stellen Sie einen Dialog zwischen dem Empfangschef eines Hotels und einem eben angekommenen Gast zusammen.

XVI. a) Опиши́те каку́ю-нибудь гости́ницу. Beschreiben Sie ein Hotel.

b) Опиши́те но́мер, в кото́ром вы останови́лись. Beschreiben Sie Ihr Hotelzimmer.

XVII. Прочита́йте и перескажи́те. Lesen Sie und erzählen Sie nach.

Оди́н челове́к впервы́е прие́хал в Пари́ж. На вокза́ле он взял такси́ и пое́хал в одну́ из гости́ниц. Он немно́го отдохну́л в своём но́мере, переоде́лся и пошёл осма́тривать Пари́ж. По пути́ он зашёл на телегра́ф и дал жене́ телегра́мму, в кото́рой сообщи́л ей свой пари́жский а́дрес.

В э́тот день он мно́го ходи́л по го́роду, был в музе́ях, заходи́л в магази́ны, а ве́чером пошёл в теа́тр. Когда́ спекта́кль ко́нчился и все вы́шли из теа́тра, наш знако́мый реши́л, что пора́ возвраща́ться в гости́ницу. Но тут он обнару́жил, что не по́мнит ни а́дреса, ни назва́ния гости́ницы. Це́лый час он ходи́л по у́лицам, не зна́я, что ему́ де́лать. Наконе́ц, он пошёл на телегра́ф и посла́л жене́ ещё одну́ телегра́мму: «Неме́дленно сообщи́ до востре́бования мой пари́жский а́дрес».

* * *

Испа́нский аристокра́т, гости́вший в Пари́же, по́здно но́чью возврати́лся в гости́ницу. Он позвони́л. Со́нный портье́ вы́глянул в окно́ и спроси́л:
— Кто вы?
— Хуа́н Родри́гес Кара́мба-де Пепе́то-и-Гонза́лес.
— Хорошо́, хорошо́,—сказа́л портье́,—входи́те. То́лько пусть после́дний из вас не забу́дет закры́ть дверь.

12

РАЗГОВОР ПО ТЕЛЕФОНУ

Неде́лю наза́д мой друг — по профе́ссии он журнали́ст — верну́лся из туристи́ческой пое́здки по Евро́пе. В э́ту суббо́ту он обеща́л прийти́ к нам рассказа́ть о свои́х впечатле́ниях, показа́ть фотогра́фии. Мы с жено́й пригласи́ли на э́тот ве́чер свои́х друзе́й. В пя́тницу у́тром я позвони́л Петро́вым. (1) Я снял тру́бку, набра́л но́мер и услы́шал дли́нные гудки́. Никто́ не подходи́л к телефо́ну. Неуже́ли ещё спят? А мо́жет быть, уже́ ушли́ на рабо́ту? Наконе́ц я услы́шал:

— Я слу́шаю...

— Ли́за?

— Вы оши́блись, — отве́тил мне серди́то незнако́мый же́нский го́лос.

— Прости́те, — я положи́л тру́бку. Неуже́ли я непра́вильно набра́л но́мер? Я позвони́л ещё и на э́тот раз уда́чно.

— Ли́за? До́брое у́тро! Это говори́т Па́вел. Как у вас дела́? Всё хорошо́? У нас то́же ничего́, спаси́бо. (2) Мари́на чу́вствует себя́ прекра́сно. Ли́за, в э́ту суббо́ту у нас бу́дет Никола́й. Он бу́дет расска́зывать о свое́й пое́здке. Приходи́те с Ю́рой часо́в в семь.

— Хорошо́. Спаси́бо. Па́вел, а мо́жно пригласи́ть одного́ на́шего това́рища? Он интересу́ется теа́тром «Берли́нер анса́мбль», и ему́ бы́ло бы о́чень интере́сно послу́шать о ГДР (3).

— Коне́чно. Приглас́и его́!

— Хорошо́, спаси́бо. Тогда́ я позвоню́ ему́ сего́дня.

— Ну, до за́втра.

Днём я позвони́л Ви́ктору на рабо́ту.

— Ви́ктор, здра́вствуй!

И услы́шал в тру́бке:

— Прости́те, вам кого́?

— Позови́те, пожа́луйста, Ви́ктора Ива́новича.

— Его́ нет. Он бу́дет че́рез час-полтора́. Что ему́ переда́ть?

— Ничего́, спаси́бо. Я позвоню́ ему́ ещё раз, попо́зже. Извини́те за беспоко́йство.

— Ничего́, пожа́луйста.

К ве́черу я пригласи́л всех. Оста́лось позвони́ть то́лько Алекса́ндру, моему́ ста́рому дру́гу ещё по институ́ту. К телефо́ну подошла́ Ва́ля, его́ сестра́.

— Алло́...

— Ва́ля? Здра́вствуй. Это говори́т Па́вел Андре́евич. Са́шу мо́жно?

— Его́ нет до́ма. Обеща́л прийти́ часо́в в де́сять. Ведь сего́дня футбо́л, на́ши игра́ют со сбо́рной ГДР. Он с рабо́ты пое́хал пря́мо на стадио́н. А что ему́ переда́ть?

— Ва́ля, скажи́ ему́, что́бы он позвони́л мне сего́дня. (4) Как то́лько придёт домо́й, пусть сра́зу позвони́т мне. (5) Хорошо́? Не забу́дешь?

— Нет, обяза́тельно скажу́.

— Спаси́бо. Ну, а как твои́ дела́ в шко́ле? Всё отли́чно? Молоде́ц. Жела́ю успе́хов.

— Спаси́бо. До свида́ния.

КОММЕНТАРИИ ● ERLÄUTERUNGEN

(1) Я позвони́л Петро́вым.　Ich habe die Petrows angerufen.

Im Russischen werden oft Familiennamen im Plural gebraucht (**Соколо́вы** — die Sokolows, **Мали́нины** — die Malinins, **Нико́льские** — die Nikolskis usw.), wenn ein Ehepaar bzw. die ganze Familie gemeint ist:

Вы знако́мы с Бори́совыми?	Kennen Sie die Borissows?
(2) — Как у вас дела́? Всё хорошо́?	— Wie geht es? (Ist) alles gut?
— У нас то́же ничего́, спаси́бо.	— Bei uns auch alles soweit in Ordnung, danke.
— Ничего́, спаси́бо.	— Es geht, danke.

Ничего́ (Genitiv des Pronomens **ничто́**) wird in der Umgangssprache als verneintes Pronomen, als Adverb und als Partikel gebraucht.

a) Als verneintes Pronomen bedeutet **ничего́** „nichts":

— Что ему передáть?

— Was soll ich ihm ausrichten?

— **Ничегó** (не передавáйте).

— Nichts (ist auszurichten).

— Вы слы́шали об э́том?

— Haben Sie davon gehört?

— Нет, я **ничегó** не слы́шал об э́том.

— Nein, ich habe nichts davon gehört.

b) Als Adverb hat **ничегó** die Bedeutung von **хорошó, довóльно хорошó** und entspricht etwa den deutschen Ausdrücken „es geht", „leidlich gut", „nicht schlecht (übel)":

— Как у вас делá?
— Как вы поживáете?
— **Ничегó**, спаси́бо.

— Wie geht es?
— Danke, es geht.

c) Als verneinende Partikel hat **ничегó** die Bedeutung von: „macht nichts", „nein", „nicht doch":

— Извини́те за беспокóйство.

— Entschuldigen Sie die Störung.

— **Ничегó**, пожáлуйста.

— Bitte, das macht nichts.

— Вы не успéете сегóдня закóнчить рабóту, вы óчень устáли.

— Sie werden heute mit der Arbeit nicht fertig werden, Sie sind sehr müde.

— **Ничегó**, я успéю.

— Nein, (macht nichts), ich werde es schaffen.

(3) Емý бы́ло бы интерéсно послýшать о ГДР.

Es wäre für ihn interessant, etwas über die DDR zu hören.

Beachten Sie, daß in solchen Sätzen der D a t i v gebraucht wird:

Вам не скýчно здесь?

Langweilen Sie sich hier nicht?

Мне бы́ло прия́тно познакóмиться с вáми.

Es war mir angenehm, Ihre Bekanntschaft zu machen.

Die Konstruktion Substantiv bzw. Pronomen (im D a t i v) + Adverb + Verb (im Infinitiv) ist im Russischen sehr gebräuchlich:

Мне трýдно рабóтать по вечерáм.

Es fällt mir schwer, abends zu arbeiten.

Сли́шком пóздно говори́ть об э́том.

Es ist zu spät, davon zu reden.

Смешно́ ссо́риться из-за э́того.	(Es ist) lächerlich, sich deswegen zu streiten.
Остава́ться здесь опа́сно.	Es ist gefährlich, hier zu bleiben.
Жа́лко броса́ть э́ту рабо́ту.	Es ist schade, diese Arbeit aufzugeben.
Оби́дно слы́шать э́то.	Es ist beleidigend, dies zu hören.
(4) Скажи́ ему́, чтобы он позвони́л мне сего́дня.	Sage ihm, er soll mich heute anrufen.

Сравните! Vergleichen Sie!

Я сказа́л ему́, **что** Ви́ктор звони́л мне сего́дня.	Ich sagte ihm, daß Viktor mich heute angerufen hat.
Я сказа́л, **чтобы** Ви́ктор позвони́л мне сего́дня.	Ich sagte, Viktor soll mich heute anrufen.

Im ersten Satz (dem mit der Konjunktion **что**) wird eine Tatsache mitgeteilt.

Im zweiten Satz (dem mit der Konjunktion **чтобы**) wird eine indirekte Bitte ausgesprochen.

Сравните! Vergleichen Sie!

Я сказа́л Ви́ктору: «Позвони́ мне».	Ich sagte zu Viktor: „Ruf mich an".
Я сказа́л Ви́ктору, чтобы он позвони́л мне.	Ich sagte zu Viktor, er möchte mich anrufen.

Die **чтобы**-Sätze stehen sehr oft nach Verben wie **сказа́ть, передава́ть, сообща́ть, повторя́ть, предлага́ть, жела́ть, хоте́ть,** d. h. nach Verben, die eine Bitte, einen Befehl, einen Wunsch ausdrücken.

In solchen Nebensätzen steht das Verb immer in der Vergangenheit.

Der Haupt- und der Nebensatz haben verschiedene Subjekte:

Мари́на сказа́ла, чтобы я *купи́л* биле́ты в кино́.	Marina sagte, ich soll Kinokarten kaufen.

Сравните! Vergleichen Sie!

Мари́на сказа́ла, что ку́пит биле́ты в кино́.	Marina sagte, daß sie Kinokarten kaufen wird.
Мари́на сказа́ла, что биле́ты в кино́ ку́пит Со́ня.	Marina sagte, daß Sonja die Kinokarten kaufen wird.

Die **чтобы**-Sätze sind auch nach den Verben **проси́ть, сове́товать, разреша́ть, предлага́ть, тре́бовать, прика́зывать** möglich.

| Преподава́тель *попроси́л* нас, **что́бы** мы *принесли́* но́вые кни́ги. | Der Lehrer bat uns, die neuen Bücher mitzubringen. |

Viel flüssiger und gebräuchlicher aber ist nach diesen Verben auch im Russischen die Infinitiv-Konstruktion:

Преподава́тель *попроси́л* нас *принести́* но́вые кни́ги.	Der Lehrer bat uns, die neuen Bücher mitzubringen.
Мать *посове́товала* сы́ну *пое́хать* ле́том на юг.	Die Mutter riet ihrem Sohn, im Sommer nach dem Süden zu fahren.
Врач *запрети́л* мне *кури́ть*.	Der Arzt hat mir das Rauchen verboten.
Я *жела́ю* вам ве́село *провести́* кани́кулы.	Ich wünsche Ihnen frohe Ferien.
(5) Пусть он позвони́т мне.	Er soll mich anrufen.

Neben den Befehlsformen **позвони́** und **позвони́те**, die sich auf die 2. Person, d. h. auf den Gesprächspartner, beziehen, wird eine Bitte bzw. ein Befehl im Russischen auch auf folgende Weise wiedergegeben:

1. Mit Hilfe des Wortes **пусть** für die 3. Person:

Пусть они́ приду́т.	Sie mögen kommen.
(Скажи́те им, что́бы они́ пришли́.)	(Sagen Sie ihnen, daß sie kommen sollen.)
Пусть Мари́я ку́пит биле́ты.	Maria soll die Eintrittskarten kaufen.
(Скажи́те, что́бы Мари́я купи́ла биле́ты.)	(Sagen Sie, daß Maria die Eintrittskarten kaufen soll.)

2. Mit Hilfe des etwas familiär wirkenden Wortes **дава́йте** für die 1. und die 2. Person:

| **Дава́йте** пойдём ве́чером в кино́! | Gehen wir doch abends ins Kino! |
| **Дава́йте** позвони́м Смирно́вым! | Laßt uns die Smirnows anrufen! |

ДИАЛОГИ ● DIALOGE

I

— Вы не зна́ете, где здесь побли́зости телефо́н-автома́т?

— В магази́не, в сосе́днем до́ме.

— Помоги́те мне, пожа́луйста. Я иностра́нец и не зна́ю, как звони́ть по ва́шему телефо́ну.

— На́до опусти́ть двухкопе́ечную моне́ту и́ли две моне́ты по копе́йке, снять тру́бку и ждать гудка́, пото́м набра́ть ну́жный но́мер. Е́сли по́сле э́того вы услы́шите коро́ткие ча́стые гудки́, э́то зна́чит, что но́мер за́нят. Е́сли услы́шите дли́нные гудки́, жди́те отве́та.

— Спаси́бо.

II

— Алло́!

— Позови́те, пожа́луйста, Ни́ну.

— Подожди́те мину́ту, сейча́с она́ подойдёт. Ни́на, вас (про́сят) к телефо́ну.

III

— Ива́н Никола́евич? Э́то говори́т ваш аспира́нт Игорь Гро́мов. Здра́вствуйте!

— Здра́вствуйте, Игорь.

— Извини́те за беспоко́йство. Я позвони́л вам, что́бы узна́ть, когда́ я могу́ прийти́ к вам на консульта́цию.

— За́втра я бу́ду в университе́те с 11 до 3. Мо́жете прийти́ в любо́е вре́мя.

— Хорошо́, я приду́ к 11.

— Договори́лись.

IV

— Бу́дьте добры́, позови́те к телефо́ну Игоря.

— Его́ нет до́ма.

— А когда́ он бу́дет?

— Ве́чером, по́сле шести́ часо́в. Что ему́ переда́ть?

— Переда́йте, пожа́луйста, что звони́л Влади́мир. Пусть он позвони́т мне ве́чером.

— Хорошо́. Я скажу́ ему́.

— Спаси́бо. До свида́ния.

Запо́мните! Merken Sie sich!

| звони́ть | } кому́-либо | jemanden | } anrufen |
| позвони́ть | } куда́-либо | irgendwohin | |

Я позвони́л дру́гу. Ich habe meinen Freund angerufen.

Я позвони́л в институ́т.	Ich habe im Institut angerufen.
Позови́те, пожа́луйста, к телефо́ну Ни́ну Ива́новну.	Rufen Sie bitte Nina Iwanowna ans Telefon!
Ва́лю, пожа́луйста.	Ich möchte Walja sprechen.
Вы оши́блись.	Sie haben sich in der Nummer geirrt.
Вы не туда́ попа́ли!	Sie sind falsch verbunden!
Вы непра́вильно набра́ли но́мер.	Sie haben falsch gewählt.
Что ему́ (ей) переда́ть?	Was soll ich ihm (ihr) ausrichten?
Скажи́те Игорю, **что** ему́ звони́л Влади́мир.	Sagen Sie Igor, daß Wladimir angerufen hat.
Скажи́те Игорю, **что́бы** он позвони́л Влади́миру.	Sagen Sie Igor bitte, er möchte Wladimir anrufen.

УПРАЖНЕНИЯ ● ÜBUNGEN

I. Отве́тьте на вопро́сы. Beantworten Sie die folgenden Fragen.

1. У вас до́ма есть телефо́н?
2. Како́й у вас но́мер телефо́на?
3. Вы ча́сто звони́те по телефо́ну?
4. Вам ча́сто прихо́дится звони́ть по телефо́ну?
5. Кому́ вы звони́ли сего́дня?
6. Куда́ вы звони́ли дру́гу — домо́й и́ли на рабо́ту?
7. Кто подошёл к телефо́ну, когда́ вы звони́ли дру́гу?
8. Этот телефо́н рабо́тает?
9. Почему́ вы положи́ли тру́бку?
10. Каки́е гудки́ слы́шали вы, когда́ набра́ли но́мер?
11. Где здесь побли́зости телефо́н-автома́т?

II. Отве́тьте на вопро́сы, поста́вив в ну́жной фо́рме слова́, стоя́щие спра́ва. Beantworten Sie die folgenden Fragen; setzen Sie dabei die rechts angegebenen Wörter in die erforderliche Form.

1. С кем вы ре́дко ви́дитесь?	
2. Кого́ вы давно́ не ви́дели?	
3. У кого́ вы бы́ли в суббо́ту в гостя́х?	
4. О ком вы говори́ли вчера́ ве́чером?	a) мой ста́рый друг Никола́й и его́ жена́
5. Кому́ вам на́до бы́ло позвони́ть сего́дня?	b) мои́ роди́тели и моя́ мла́дшая сестра́
6. Кому́ вы звони́ли сего́дня у́тром?	

116

7. С кем вы говори́ли сего́дня по телефо́ну?
8. Кого́ вы пригласи́ли к себе́ в го́сти?
9. Кто до́лжен прийти́ к вам в воскресе́нье?

c) Петро́вы

III. Из сле́дующих сочета́ний сде́лайте предложе́ния, выража́ющие про́сьбу. Bilden Sie mit den folgenden Wortverbindungen Sätze, die eine Bitte ausdrücken.

Образе́ц: ⎱ дать биле́т —
Muster: ⎰ Да́йте, пожа́луйста, биле́т.

1. позва́ть к телефо́ну; 2. позвони́ть че́рез час; 3. переда́ть приве́т; 4. подожда́ть мину́тку; 5. приходи́ть в суббо́ту ве́чером.

IV. Вме́сто то́чек вста́вьте оди́н из да́нных ни́же глаго́лов в проше́дшем и́ли бу́дущем вре́мени. Setzen Sie anstelle der Punkte eines der unten angegebenen Verben in der Vergangenheit bzw. in der Zukunft ein.

Вчера́ ве́чером, когда́ я ... домо́й, я реши́л позвони́ть свое́й знако́мой. Я ... в телефо́нную бу́дку и набра́л но́мер. «Позови́те, пожа́луй-ста, И́ру!» — попроси́л я. — «Её нет до́ма». Это ... к телефо́ну Ири́на ма́ма. Я поздоро́вался с ней. «И́ра давно́ ...?» — спроси́л я. — «Нет, совсе́м неда́вно, мину́т два́дцать наза́д. За ней ... её подру́га Ле́на, и они́ ... в кино́». — «А вы не зна́ете, когда́ она́ ... домо́й?» — «Она́ сказа́ла, что ... часо́в в де́вять».

(идти́, пойти́, войти́, подойти́, зайти́, прийти́, уйти́)

V. Слова́ из ско́бок поста́вьте в ну́жной фо́рме. Setzen Sie die einge-klammerten Wörter in die erforderliche Form.

Образе́ц: ⎱ (Я) гру́стно вспомина́ть об э́том. —
Muster: ⎰ Мне гру́стно вспомина́ть об э́том.

1. Я ду́маю, (вы) бу́дет ску́чно с э́тим челове́ком. 2. (Я) бы́ло не-интере́сно чита́ть э́ту статью́. 3. (Они́) тру́дно понима́ть друг дру́га. 4. (Ма́ша) интере́сно быва́ть с друзья́ми. 5. (Я) смешно́ вспомина́ть э́ту исто́рию.

VI. Вста́вьте вме́сто то́чек глаго́лы, да́нные ни́же. Setzen Sie an-stelle der Punkte die unten angegebenen Verben ein.

1. Сего́дня ве́чером я бу́ду до́ма, ... мне, пожа́луйста. 2. Это оши́бка, вы непра́вильно ... но́мер. 3. Никола́я Петро́вича нет, ..., пожа́луйста, по́зже. 4. Никто́ не отве́тил, и я ... тру́бку. 5. Что́бы позвони́ть, на́до снять тру́бку, ... ну́жный но́мер и ждать гудка́. 6. Не ... тру́бку, я сейча́с узна́ю, здесь ли Ни́на.

(звони́ть — позвони́ть,   класть — положи́ть,   набира́ть — на-бра́ть)

VII. Вста́вьте вме́сто то́чек слова́ **пусть** и́ли **дава́йте**. Setzen Sie anstelle der Punkte das Wort **пусть** bzw. **дава́йте** ein.

1. ... пое́дем в воскресе́нье на да́чу. ... они́ пое́дут на маши́не, а мы пое́дем по́ездом. 2. ... позвони́м И́ре. ... Ли́да позвони́т И́ре. 3. Вы зна́ете, у нас в клу́бе идёт но́вый фильм, ... посмо́трим его́. ... Ива́н ку́пит биле́ты для всех.

VIII. Поста́вьте глаго́лы, да́нные в ско́бках, в ну́жной фо́рме. Set-zen Sie die eingeklammerten Verben in die erforderliche Form.

1. Дава́йте (пое́хать) на вы́ставку вме́сте. 2. Дава́йте (написа́ть)

Ни́не письмо́. 3. Пусть э́то письмо́ (написа́ть) Ива́н. 4. Дава́йте (взять) такси́. 5. Пусть Серге́й (взять) такси́. 6. Дава́йте (попроси́ть) преподава́теля объясни́ть нам э́то. 7. Пусть Ни́на (попроси́ть) преподава́теля повтори́ть э́то.

IX. Замени́те пряму́ю речь ко́свенной, употребля́я сою́з что́бы. Formen Sie die direkte Rede mit Hilfe der Konjunktion что́бы in die indirekte Rede um.

Образе́ц: ⎫ Мать сказа́ла сы́ну: «Дай мне, пожа́луйста, газе́ту».
Muster: ⎭ Мать сказа́ла сы́ну, *что́бы* он дал ей газе́ту.

1. Ни́на сказа́ла мне: «Купи́, пожа́луйста, биле́ты в кино́». 2. Я сказа́ла сестре́: «Приди́ сего́дня в 6 часо́в ве́чера». 3. Мать написа́ла нам в письме́: «Пришли́те мне свои́ фотогра́фии». 4. Па́вел сказа́л Мари́не: «Позвони́ мне ве́чером». 5. Я сказа́ла бра́ту: «Подожди́ меня́ здесь». 6. Мой друг написа́л мне: «Пришли́ мне, пожа́луйста, журна́л «Ра́дио». 7. Преподава́тель сказа́л нам: «Повтори́те восьмо́й уро́к». 8. Това́рищ сказа́л мне: «Обяза́тельно прочита́й э́ту кни́гу».

X. Вме́сто то́чек вста́вьте сою́зы что и́ли что́бы. Setzen Sie anstelle der Punkte die Konjunktion что bzw. что́бы ein.

1. Преподава́тель сказа́л нам, ... мы прочита́ли э́ту кни́гу. Он сказа́л, ... он мо́жет дать э́ту кни́гу одному́ из студе́нтов. 2. Мать сказа́ла сы́ну, ... он шёл гуля́ть. Она́ сказа́ла, ... её сы́на нет до́ма. Он пошёл гуля́ть. 3. Я написа́л свои́м роди́телям, ... ле́том мы прие́дем к ним. Оте́ц написа́л нам, ... ле́том мы прие́хали к ним. 4. Ли́да сказа́ла мне, ... она́ звони́ла Петро́вым. Ли́да сказа́ла мне, ... я позвони́л Петро́вым. 5. Мы сказа́ли друзья́м, ... они́ приходи́ли к нам в суббо́ту. 6. Я позвони́л домо́й и сказа́л жене́, ... ве́чером у нас бу́дут го́сти. Я попроси́л её, ... она́ пригото́вила у́жин челове́к на во́семь.

XI. Переведи́те на неме́цкий язы́к. Übersetzen Sie ins Deutsche.

1. Мне на́до позвони́ть домо́й. Где здесь побли́зости телефо́н-автома́т? 2. — Позови́те, пожа́луйста, Ве́ру. — Её нет до́ма. Она́ бу́дет по́сле шести́. Что переда́ть ей? — Спаси́бо, ничего́. Я позвоню́ ещё раз. 3. Позвони́те мне за́втра у́тром. Мой телефо́н 225-20-40. 4. Вчера́ я звони́л тебе́, но снача́ла телефо́н был за́нят, а по́зже никто́ не подходи́л к телефо́ну. 5. — Попроси́те, пожа́луйста, Ива́на Никола́евича. — Вы оши́блись. — Извини́те.

XII. Вме́сто то́чек вста́вьте е́сли и́ли ли. Setzen Sie anstelle der Punkte е́сли oder ли ein.

1. — Позвони́те мне сего́дня ве́чером.
— Я не уве́рен, есть ... у меня́ ваш телефо́н.
— Запиши́те: 229-60-99
2. — Вы не мо́жете принести́ мне журна́л, о кото́ром вы говори́ли?
— Я не зна́ю, прочита́ла ... его́ жена́. ... она́ прочита́ла, я принесу́ его́ за́втра.
3. — ... у вас бу́дет свобо́дное вре́мя, приходи́те к нам сего́дня ве́чером.
— Спаси́бо, но я не зна́ю, бу́дет ... муж свобо́ден сего́дня ве́чером.
4. — Алло́, Ви́ктор? ... ты уви́дишь сего́дня Андре́я, скажи́ ему́, что́бы он позвони́л нам.
— Хорошо́, скажу́. То́лько я не зна́ю, уви́жу ... я его́ сего́дня. ... уви́жу, обяза́тельно скажу́.

XIII. Составьте вопросы, на которые отвечали бы следующие предложения. Sagen Sie, wie die Fragen zu folgenden Antworten lauten.

1. — ...?
— Да, вам звонил брат.
2. — ...?
— Он звонил полчаса назад.
3. — ...?
— Нет, этот телефон не работает.
4. — ...?
— Телефон гостиницы можно узнать в справочном бюро.
5. — ...?
— Нет, у нас дома нет телефона.
6. — ...?
— Позвоните по телефону 295-76-54.

XIV. Составьте рассказ или диалог, используя следующие выражения. Stellen Sie eine kurze Erzählung bzw. einen kurzen Dialog mit folgenden Ausdrücken zusammen.

поговорить по телефону; попросите, пожалуйста, к телефону; простите, кто говорит?; никто не отвечает; телефон занят; его (её) нет дома; когда можно ему (ей) позвонить?; что ему (ей) передать?

XV. Переведите на русский язык. Übersetzen Sie ins Russische.

1. Als ich nach Hause kam, sagte meine Frau, daß mein alter Freund Sergej bei mir angerufen hatte. Er sagte, daß er noch einmal anrufen würde.
2. — Gestern wollte ich Sie anrufen, ich kenne aber Ihre Telefonnummer nicht.
   — Schreiben Sie sie auf: 253-80-85. Das ist meine Privatnummer.
3. — Können Sie mich nicht morgen früh, gegen 9 Uhr anrufen?
   — Ja, ich kann. Unter welcher Nummer?
   — 291-22-11.
4. — Wann darf ich bei Ihnen anrufen?
   — Jederzeit nach 5 Uhr nachmittags.
5. Gestern habe ich bei Ihnen angerufen, niemand kam aber ans Telefon (niemand meldete sich).
6. — Falls mich jemand anruft, sagen Sie, daß ich nach 7 Uhr abends zu Hause sein werde.
7. — Ist Walja am Apparat?
   — Nein, Walja ist nicht zu Hause.
   — Können Sie nicht sagen, wann sie da sein wird?
   — Warten Sie einen Augenblick, ich werde gleich fragen. Hallo, sind Sie noch da? Walja wird nach 12 zu Hause sein.
8. — Bitten Sie Olga Iwanowna ans Telefon.
   — Das bin ich.
   — Guten Tag, Olga Iwanowna, hier spricht Ihr Student Petrow. Entschuldigen Sie, daß ich Sie störe. Ich bin mit meiner Arbeit fertig und möchte sie Ihnen zeigen.
   — Morgen früh werde ich in der Universität sein. Kommen Sie und bringen Sie Ihre Arbeit mit.
   — Danke. Auf Wiederhören.
9. Ich sagte Olga Iwanowna, daß ich mit meiner Arbeit fertig bin. Olga Iwanowna sagte, daß ich meine Arbeit mitbringen soll.

XVI. Прочитайте и перескажите текст. Lesen Sie und geben Sie den Inhalt kurz wieder.

ТОНКАЯ МЕСТЬ

Однажды среди ночи в квартире профессора раздался телефонный звонок. Профессор подошёл к телефону, взял трубку и услышал сердитый женский голос:

— Ваша собака лает и не даёт мне спать.

— А кто это говорит?

Женщина назвала свою фамилию. На следующую ночь в тот же час в квартире этой женщины зазвонил телефон.

— Я позвонил, чтобы сказать вам, что у меня нет собаки,— раздался в трубке голос профессора.

лаять — bellen

13

ВИЗИТ ВРАЧА

— Ты зна́ешь, где я была́ сего́дня? — спроси́ла меня́ Мари́на.— У Моро́зовых. Утром я принима́ла больны́х в поликли́нике, а по́сле двена́дцати пошла́ по вы́зовам (1). Пе́рвый больно́й — Игорь Моро́зов, де́вять лет, Донска́я у́лица, 3. Звоню́ в кварти́ру. Открыва́ет дверь же́нщина. Смотрю́, а э́то Зо́я, жена́ Серге́я Моро́зова.

— Здра́вствуйте,— говорю́.— Где ваш больно́й?

А она́ мне: «Здра́вствуйте! Как хорошо́, что вы зашли́. Раздева́йтесь, проходи́те, сади́тесь. Как ва́ши дела́? Как Па́вел?»

Ви́жу, она́ не поняла́, что я тот са́мый врач, кото́рого они́ вызыва́ли из де́тской поликли́ники.

— Спаси́бо,— говорю́ я,— у нас всё хорошо́. Па́вел неда́вно е́здил в Ки́ев в командиро́вку. Ну, а где же ваш больно́й? Игорь Моро́зов? — спра́шиваю я и достаю́ из портфе́ля хала́т и стетоско́п. Ви́дел бы ты её лицо́ (2), Па́вел!

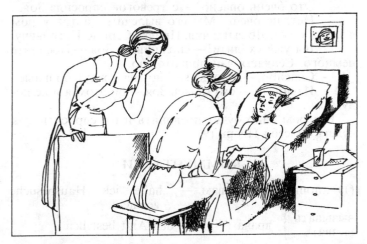

— Так вы к Игорю (3) из поликли́ники? Как же я сра́зу не догада́лась?! Ведь муж говори́л мне, что вы де́тский врач. Вы рабо́таете у нас в райо́не? Пожа́луйста, проходи́те. Сын лежи́т в сосе́дней ко́мнате.

— Что с ним? (4) — спра́шиваю я.

— Я ду́маю, он простуди́лся. Вчера́ ве́чером он жа́ловался на головну́ю боль (5). А сего́дня у́тром сказа́л, что у него́ боли́т го́рло (6).

— А кака́я у него́ температу́ра?

— Вчера́ была́ 38,3 (три́дцать во́семь и три), сего́дня у́тром — 37,5 (три́дцать семь и пять).

— Ну что же, сейча́с посмо́трим.

Я се́ла о́коло ма́льчика.

— Что у тебя́ боли́т, Игорь? — спроси́ла я его́.

— Голова́. И го́рло боли́т.

— Откро́й рот. Скажи́ «а-а-а...». Хорошо́, спаси́бо. Закро́й. Глота́ть бо́льно? Нет? А дыша́ть тру́дно?

— Дыша́ть тру́дно.

— На́сморк есть?

— Нет, на́сморка нет.

Я осмотре́ла и вы́слушала ма́льчика, прове́рила пульс.

— Похо́же, что у Игоря воспале́ние лёгких (7), — сказа́ла я Зо́е. — Неде́ли две ему́ придётся полежа́ть в посте́ли. Я вы́пишу ему́ пеницилли́н. Вот реце́пт. Два ра́за в день к вам бу́дет приходи́ть медсестра́ и де́лать ему́ уко́лы. А э́то реце́пт на лека́рство от головно́й бо́ли. Дава́йте два ра́за в день по одно́й табле́тке (8). Это лека́рство есть в ка́ждой апте́ке.

— Это о́чень опа́сно? — с трево́гой спроси́ла Зо́я.

— Нет, не о́чень. Мы его́ вы́лечим. За́втра у́тром я зайду́ к вам. До свида́ния. Приве́т Серге́ю Петро́вичу.

— Вы уже́ ухо́дите? — спра́шивает Зо́я. — Посиди́те немно́го. Сейча́с я чай пригото́влю.

— Спаси́бо, — говорю́ я, — но меня́ ждут больны́е.

— Извини́те, — смути́лась Зо́я, — об э́том я и не поду́мала...

Ве́чером на́до бу́дет позвони́ть им и спроси́ть, как чу́вствует себя́ Игорь (9).

КОММЕНТАРИИ

(1) ...пошла́ по вы́зовам.	...habe ich Hausbesuche gemacht.
вызыва́ть } вы́звать } врача́	den Arzt bestellen

(2) Ви́дел бы ты её лицо́! — Du hättest ihr Gesicht sehen sollen!

(3) Так вы к Игорю? — Sie kommen also zu Igor?

(4) Что с ним? — Was hat er (was fehlt ihm)?

Запомните!

Что с ва́ми? (Вы больны́? Вам нехорошо́?) — Was fehlt Ihnen? (Sind Sie krank? Ist Ihnen nicht wohl?)

Что с ма́льчиком? (Почему́ он не хо́дит в шко́лу?) — Was ist mit dem Jungen? (Warum geht er nicht zur Schule?)

Что с ним бы́ло? — Was hatte er?

Что с ним тепе́рь бу́дет? — Was soll jetzt mit ihm werden?

(5) Он жа́ловался на головну́ю боль. — Er klagte über Kopfschmerzen.

жа́ловаться — пожа́ловаться на
+ Akkusativ (*на кого́? на что?*) } klagen j-m über, wegen etwas
+ Dativ (*кому́?*) }

Де́вочка жа́луется на боль в ноге́. — Das Mädchen klagt über Schmerzen im Bein.

Мать жа́ловалась врачу́ на бессо́нницу. — Die Mutter beklagte sich beim Arzt über Schlaflosigkeit.

— На что вы жа́луетесь? — Was fehlt Ihnen?

— У меня́ боля́т зу́бы. — Ich habe Zahnschmerzen.

(6) У него́ боли́т го́рло. — Er hat Halsschmerzen.

Das russische Verb **боле́ть (заболе́ть)** bedeutet: 1. weh tun, 2. krank sein (erkranken). Es sind eigentlich zwei verschiedene Verben.

1. боле́ть — заболе́ть
У меня́ (у бра́та и т.д.) боли́т... — Mir (meinem Bruder usw.) tut... weh.

Dieses Verb wird nur in der 3. Person Singular und Plural mit Bezeichnungen der Körperteile (**голова́** „der Kopf", **у́ши** „die Ohren", **го́рло** „der Hals" usw.) gebraucht:

— Что у вас боли́т?	— Was tut Ihnen weh? (Wo haben Sie Schmerzen?)
— У меня́ боля́т у́ши.	— Ich habe Ohrenschmerzen.
— Не пей холо́дную во́ду: у тебя́ заболи́т го́рло.	— Trink kein kaltes Wasser, sonst bekommst du Halsschmerzen.

2. Das zweite Verb wird folgendermaßen konjugiert:

Singular	Plural
боле́ю	боле́ем
боле́ешь	боле́ете
боле́ет	боле́ют

Es wird gewöhnlich mit Bezeichnungen verschiedener Krankheiten gebraucht. Das Substantiv steht im Instrumental:

— Чем вы **боле́ли** в де́тстве?	— Welche Krankheiten hatten Sie in der Kindheit?
— В де́тстве я **боле́л** дифтери́*ей*, скарлати́н*ой*, воспале́ни*ем* лёгких.	— In der Kindheit hatte ich Diphterie, Scharlach und Lungenentzündung.
Он **боле́ет** гри́ппом уже́ дней пять.	Er hat schon seit etwa fünf Tagen Grippe.
(7) У И́горя воспале́ние лёгких.	Igor hat Lungenentzündung.

Die Konstruktion **у меня́ (у тебя́, у него́)** + Nominativ wird mit Krankheitsbezeichnungen gebraucht:

| У бра́та грипп. | Mein Bruder hat Grippe. |
| У меня́ была́ маля́ри́я. | Ich hatte Malaria. |

Ist die Rede von Anzeichen einer Krankheit — Fieber, Schmerzen, Schnupfen, Husten —, so gebraucht man ebenfalls die Konstruktion **у меня́ (у тебя́** usw.) + Nominativ:

У бра́та на́сморк, а у меня́ ка́шель.	Mein Bruder hat Schnupfen, und ich habe Husten.
— Кака́я у вас температу́ра?	— Wie ist Ihre Temperatur?
— Сего́дня у меня́ норма́льная температу́ра.	— Heute habe ich normale Temperatur.

Сравни́те!

| Брат бо́лен гри́ппом. | Mein Bruder hat Grippe. |

Брат боле́л гри́ппом две неде́ли.	Mein Bruder hatte zwei Wochen lang Grippe.
В де́тстве я боле́ла маляри́ей.	Als Kind hatte ich Malaria.
(8) Дава́йте ... по одно́й табле́тке.	Geben Sie ihm ... je eine Tablette.

Die Präposition **по** wird bei Mengenangaben gebraucht.

a) mit dem Zahlwort **оди́н, одна́, одно́** im D a t i v:

| Де́тям купи́ли **по** *одному́* карандашу́, **по** *одно́й* ру́чке и **по** *одно́й* тетра́ди. | Man kaufte den Kindern je einen Bleistift, einen Füller und ein Heft. |

b) mit allen anderen Zahlwörtern im A k k u s a t i v:

| Де́тям купи́ли **по** *семь* карандаше́й, **по** *две* ру́чки и **по** *де́сять* тетра́дей. | Man kaufte den Kindern je sieben Bleistifte, zwei Füller und zehn Hefte. |

Die veraltete Form **по семи́, по десяти́** wird selten gebraucht.

| (9) Как чу́вствует себя́ Игорь? | Wie fühlt sich Igor? |

Beachten Sie den Gebrauch des Verbs **чу́вствовать**:

1. **чу́вствовать** **почу́вствовать**	+ Akkusativ (*что?*) etwas fühlen, empfinden
Я чу́вствовал боль.	Ich spürte Schmerzen.
Я почу́вствовал боль.	Ich spürte plötzlich Schmerzen.
2. **чу́вствовать** **почу́вствовать**	себя́ + Adverb sich fühlen *(как?) (wie?)*
— Как вы себя́ чу́вствуете?	— Wie fühlen Sie sich?
— Я чу́вствую себя́ отли́чно (хорошо́, пло́хо, прекра́сно).	— Ich fühle mich sehr wohl (gut, schlecht, ausgezeichnet).

ДИАЛОГИ

I

— Что у вас боли́т?
— Ничего́ не боли́т.
— А на что вы жа́луетесь?

— Я плохо сплю и быстро устаю. У меня плохой аппетит.

— Может быть, вы недавно чём-нибудь болели?

— Нет, я уже давно ничём не болел.

— Ну что же, надо сделать анализы. Вот вам направление в лабораторию. А пока я выпишу два рецепта. Это рецепт на лекарство от бессонницы, а это на витамины. Придите ко мне через два дня, когда будут результаты анализов.

— Хорошо, спасибо.

II

— Здравствуйте!

— Здравствуйте, доктор!

— Как вы себя чувствуете? Лучше?

— Спасибо. Лучше. Голова больше не болит. Температура понизилась.

— Продолжайте принимать лекарство. И не вставайте. Полежите ещё дня два-три. Завтра я зайду к вам после обеда.

III

У зубного врача

— Пожалуйста, садитесь в кресло. Откройте рот. Так. Какой зуб вас беспокоит?

— Вот этот.

— Так. Шестой нижний слева. Давно он болит?

— Нет, он начал болеть вчера вечером.

— Ну что же, посмотрим, что с ним можно сделать. Может быть, можно ещё вылечить, а возможно, придётся его удалить.

— Может быть, можно поставить пломбу?

— Да, можно. Сегодня я почищу зуб, положу в него лекарство и поставлю временную пломбу.

— А-а-а!

— Что, больно? Ну, вот и всё. На сегодня довольно.

— Когда мне прийти к вам в следующий раз?

— Завтра в два часа.

Запомните!

Что с ва́ми?	Was fehlt Ihnen?
Что у вас боли́т?	Was tut Ihnen weh? (Wo haben Sie Schmerzen?)
На что вы жа́луетесь?	
принима́ть ⎫ лека́рство приня́ть ⎭	eine ⎧ ständig ⎫ (ein-) Arznei ⎨ einmal ⎬ neh- ⎩ ⎭ men
лека́рство **от** головно́й бо́ли	eine Arznei gegen Kopf- schmerzen
сре́дство **от** бессо́нницы	ein Mittel gegen Schlaflosig- keit
табле́тки **от** ка́шля	Tabletten gegen Husten
У меня́ грипп. ⎫ Я боле́ю гри́ппом. ⎬ Я бо́лен гри́ппом. ⎭	Ich habe Grippe.

УПРАЖНЕНИЯ

I. Отве́тьте на вопро́сы.

1. Как вы себя́ чу́вствуете?
2. Что вас беспоко́ит?
3. На что вы жа́луетесь?
4. Когда́ вы почу́вствовали себя́ пло́хо?
5. Кака́я у вас температу́ра?
6. Что у вас боли́т?
7. У вас боли́т го́рло?
8. У вас на́сморк?
9. Давно́ вы больны́?
10. Давно́ вы боле́ете?
11. Где вы лечи́лись ра́ньше?
12. Кто вас лечи́л ра́ньше?
13. Вы ча́сто боле́ете анги́ной?
14. Чем вы боле́ли в де́тстве?
15. Лежа́ли ли вы когда́-нибудь в больни́це?
16. Куда́ и к кому́ на́до обрати́ться, е́сли вы почу́вствовали себя́ пло́хо?
17. В каки́х слу́чаях вызыва́ют врача́ на́ дом?
18. В каки́х слу́чаях врач сове́тует больно́му лежа́ть в посте́ли?

II. Вме́сто то́чек вста́вьте ну́жный глаго́л.

1. С утра́ Ма́ша ... на головну́ю боль. 2. Ты бо́лен и до́лжен ... лека́рство от ка́шля. 3. Я ча́сто ... гри́ппом. 4. У него́ ... голова́. 5. Вы больны́? На что вы ...? 6. Врач ... мне реце́пт на лека́рство. 7. Како́й врач ... вас? 8. Больно́й ... на боль в нога́х. 9. Врач сове́тует ему́ ... витами́ны. 10. У него́ ... глаза́. 11. Чем ... ваш сын?

(боле́ть [боли́т], боле́ть [боле́ет], бо́лен, лечи́ть, принима́ть, вы́писать, жа́ловаться)

127

III. Переделайте следующие предложения, используя конструкции у меня, у него, у вас + именительный падеж.

Образец: Я болею ангиной.— У меня ангина.

1. Он болеет гриппом. 2. Давно она болеет гриппом? 3. Мой брат болел воспалением лёгких. 4. Я не работал три дня, так как болел ангиной.

IV. Замените личные предложения безличными, используя слова надо, нужно, можно, нельзя.

Образец: Вы *должны* принимать лекарство.—
Вам *надо* принимать лекарство.

1. После операции вы должны лежать в постели. 2. Если у вас болят зубы, вы должны идти к врачу? 3. Сегодня холодно, она должна тепло одеться. 4. У него плохое здоровье, поэтому он не может заниматься спортом. 5. У меня хорошее сердце, и я могу ехать на юг. 6. У него плохое сердце, и он не может ехать на юг. 7. У моего отца плохое зрение, и он не может много читать. 8. Он должен лечить глаза. 9. Недавно ей сделали операцию, и теперь она не может много ходить.

V. Вставьте глагол болеть (болит) и болеть (болеет) в нужной форме.

1. Мальчик часто ... . 2. Он никогда не ... ангиной. 3. У меня ... голова. 4. У мальчика ... зубы. 5. На прошлой неделе я ... гриппом. 6. Что у вас ...? 7. Чем вы ...? 8. Дочь говорит, что у неё ... горло.

VI. Соедините предложения с помощью союзов, данных ниже.

Образец: Человек тяжело болен. Врач приходит к нему домой.—
Если человек тяжело болен, врач приходит к нему домой.

1. У вас болит голова. Надо принять лекарство от головной боли. 2. Вы больны. Вы должны лежать в постели. 3. Я почувствовал себя плохо. Я пошёл к врачу. 4. Вам нельзя выходить на улицу. У вас грипп. 5. Николай не пришёл на работу. Он простудился и заболел. 6. Моей сестре нельзя ехать на юг. У неё плохое сердце. 7. Вы почувствуете себя хуже. Позвоните врачу. 8. Он почувствовал себя хуже. Он позвонил врачу.

(если, когда, так как, потому что)

VII. Ответьте на вопросы, поставив в нужной форме с нужным предлогом слова, данные справа.

Образец: Куда вы ездили летом? | дача, друзья
Летом мы ездили к друзьям на дачу.

1. Куда он идёт?	поликлиника, зубной врач
2. Куда вы едете?	больница, моя больная подруга
3. Куда вы поедете летом?	деревня, мои родители
4. Куда мать ведёт сына?	кабинет, медицинская сестра
5. Куда вы обратились за помощью?	медицинский институт, известный профессор

VIII. Замените прямую речь косвенной.

Образец: Петя сказал: «Завтра я пойду к зубному врачу».— Петя сказал, что завтра он пойдёт к зубному врачу.

1. Вечером Нина сказала: «У меня болит голова». 2. Отец спросил сына: «Когда придёт врач?» 3. Сын ответил: «Врач придёт завтра». 4. Профессор сказал моей сестре: «Вы должны лечь в больницу». 5. Врач спросил меня: «Как вы себя чувствуете?». 6. Она сказала

мне: «Че́рез неде́лю вы смо́жете вы́йти на рабо́ту». 7. Мать сказа́ла сы́ну: «Ты до́лжен принима́ть э́то лека́рство два ра́за в день».

IX. Соста́вьте вопро́сы, на кото́рые отвеча́ли бы сле́дующие предложе́ния.

1. — ...?
   — Он заболе́л три дня наза́д.
2. — ...?
   — У́тром у него́ была́ температу́ра 37,5.
3. — ...?
   — Сейча́с он чу́вствует себя́ хорошо́.
4. — ...?
   — Да, он принима́л лека́рство.
5. — ...?
   — У меня́ боли́т го́рло.
6. — ...?
   — Нет, я не была́ у врача́.

X. Расскажи́те по-ру́сски, как чу́вствует себя́ челове́к, е́сли он простуди́лся, и как бы вы его́ лечи́ли.

XI. Переведи́те на ру́сский язы́к.

1. — Wie fühlen Sie sich?
   — Danke, gut.
   — Man sagt, Sie waren krank?
   — Ja, ich war krank.
   — Waren Sie in einem Krankenhaus?
   — Nein, ich mußte zu Hause Bett liegen.
2. — Sie sehen krank aus. Sie müssen zum Arzt gehen.
   — Gestern war ich beim Arzt.
   — Was hat er gesagt?
   — Er hat gesagt, daß ich im Bett liegen und eine Arznei einnehmen soll.
   — Warum sind Sie denn nicht im Bett?
   — Ich war in der Apotheke.
3. — Mein Vater hat oft Kopfschmerzen. Der Arzt hat ihm eine Medizin gegen Kopfschmerzen verschrieben. Vater sagt, daß ihm die Medizin (gut) hilft.
4. — Ich habe Nikolai lange nicht gesehen. Was hat er?
   — Er arbeitet im Moment nicht. Man sagt, er hat sich erkältet und liegt (krank) zu Hause.
5. — War ihre Schwester krank?
   — Ja, sie wurde operiert, und sie war einen Monat lang im Krankenhaus.
   — Wie fühlt sie sich jetzt?
   — Danke, besser. Sie ist schon zu Hause. Der Arzt hat gesagt, daß sie in einer Woche die Arbeit wiederaufnehmen kann.
6. — Was fehlt Ihnen?
   — Ich habe einen starken Schnupfen und Kopfschmerzen.
   — Welche Temperatur haben Sie?
   — Morgens war es 37,7.
7. — Der Arzt ließ dem Patienten die Temperatur messen und untersuchte ihn.
8. — Der Arzt hat mir eine Arznei verschrieben. Er hat gesagt, daß ich je eine Tablette vor dem Mittagessen einnehmen soll.
9. — Wladimir hat Zahnschmerzen, hat aber Angst, zum Arzt zu gehen.

129

10. — Maria Iwanowna klagt oft über ihren schlechten Appetit.
— So? Ich habe das nicht bemerkt.

❹ XII. Прочитайте рассказ и перескажите его.

Один молодой человек поздно вставал по утрам и часто опаздывал на работу. Он обратился к врачу.

— На что вы жалуетесь? — спросил юношу врач.

— Вечером я не могу долго уснуть, а утром сплю так крепко, что часто опаздываю на работу.

— Хорошо, — сказал врач, — я дам вам лекарство. Принимайте его по одной таблетке перед сном.

Врач выписал рецепт на лекарство, и юноша побежал в аптеку. Вечером юноша принял его и лёг спать. Проснувшись, он увидел, что ещё рано. Придя на работу, молодой человек сказал:

— Чудесное лекарство! Я спал как убитый! И видите, я пришёл на работу вовремя.

— Поздравляем, — ответили ему, — но где вы были вчера?

14

СПОРТ, ИЛИ ИДЕАЛЬНАЯ СЕМЬЯ

В семье́ Моро́зовых о́чень лю́бят спорт. Доста́точно сказа́ть, что Серге́й и Зо́я впервы́е встре́тились на те́ннисной площа́дке (1), когда́ они́ ещё учи́лись в институ́те. Это бы́ло оди́ннадцать лет наза́д. Сейча́с у них семья́, дво́е сынове́й, у ка́ждого своя́ рабо́та, но занима́ться спо́ртом они́ продолжа́ют.

Серге́й уже́ лет пятна́дцать игра́ет в волейбо́л (2). Кро́ме того́, он лю́бит пла́вание. Кру́глый год три ра́за в неде́лю он хо́дит в бассе́йн. Его́ люби́мый стиль — брасс.

Зо́я игра́ет в те́ннис. Когда́ она́ была́ студе́нткой, она́ получи́ла зва́ние ма́стера спо́рта по те́ннису (3).

Их ста́рший сын, девятиле́тний И́горь, хорошо́ пла́вает, хо́дит на лы́жах и ката́ется на конька́х. Но бо́льше всего́ он, коне́чно, лю́бит футбо́л. С утра́ до ве́чера он гото́в гоня́ть по двору́ мяч. И́горь зна́ет назва́ния всех футбо́льных кома́нд и смо́трит по телеви́зору все соревнова́ния по футбо́лу. Он боле́ет за кома́нду «Дина́мо» (4), ра́дуется, когда́ кома́нда выи́грывает, и расстра́ивается, когда́ она́ прои́грывает. Когда́ И́горя спра́шивают, кем он хо́чет стать, когда́ вы́растет, он отвеча́ет: «Капита́ном футбо́льной кома́нды».

Мла́дший сын Моро́зовых, Ви́тя, ещё не хо́дит в шко́лу, но уже́ занима́ется спо́ртом. Два ра́за в неде́лю де́душка во́дит его́ в шко́лу фигу́рного ката́ния. Пока́ де́душка чита́ет в газе́тах но́вости, Ви́тя вме́сте с други́ми дошко́льниками у́чится ката́ться на фигу́рных конька́х. Он на́чал занима́ться неда́вно, но у́чится с больши́м интере́сом и уже́ мечта́ет стать чемпио́ном ми́ра по фигу́рному ката́нию. «Плох солда́т, кото́рый не мечта́ет стать генера́лом», — подде́рживает его́ де́душка.

Де́душка Моро́зов — то́же люби́тель спо́рта. Он хоро́ший шахмати́ст. Его́ гла́вный проти́вник — Серге́й. Вечера́ми они́ до́лго сидя́т за ша́хматной доско́й. Де́душка — стра́стный боле́льщик. Ле́том он не пропуска́ет соревнова́ний по футбо́лу, зимо́й — по хокке́ю. Так же как и И́горь, он боле́ет за дина́мовцев. Как люби́тель ша́хмат он следи́т за все́ми соревнова́ниями, турни́рами и чемпиона́тами по ша́хматам.

Зо́я лю́бит повторя́ть слова́: «В здоро́вом те́ле здоро́вый дух».

У́тром все чле́ны семьи́ де́лают заря́дку; зимо́й ка́ждое воскресе́нье все Моро́зовы хо́дят на лы́жах.

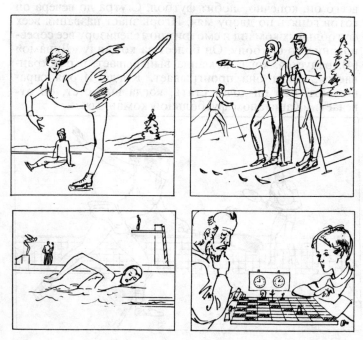

КОММЕНТАРИИ

(1) Серге́й и Зо́я ... встре́тились на те́ннисной площа́дке.

Sergej und Soja trafen sich ... auf dem Tennisplatz.

Es gibt folgende Bezeichnungen für Plätze, wo man Sport treibt.

стадио́н (футбо́льное по́ле стадио́на)	das Stadion (das Fußballfeld des Stadions)
волейбо́льная ⎫ площа́дка баскетбо́льная ⎭	der Volleyballplatz der Basketballplatz
те́ннисный корт	der Tennisplatz
гимнасти́ческий зал	die Turnhalle
(пла́вательный) бассе́йн	das (Schwimm-)Bassin
като́к	die Eisbahn

(2) Серге́й игра́ет в волейбо́л.

Sergej spielt Volleyball.

Das Verb **игра́ть** wird mit den Präpositionen **в** und **на** gebraucht.

1. Wenn es sich um Spiele, darunter Sportspiele, handelt, gebrauchen wir **в** + A k k u s a t i v :

играть в
- футбо́л — Fußball
- волейбо́л — Volleyball
- те́ннис — Tennis
- ша́хматы — Schach
- пинг-по́нг — Pingpong
- мяч — Ball

spielen

2. Die Präposition **на** + Präpositiv gebrauchen wir, wenn es sich um Musikinstrumente handelt:

играть на
- роя́ле — Klavier
- скри́пке — Geige
- гита́ре — Gitarre
- трубе́ — Trompete blasen

spielen

(3) ... зва́ние ма́стера спо́рта по те́ннису   Titel „Meister des Sports" im Tennis

Nach den Substantiven

a) **турни́р, чемпиона́т, соревнова́ния, трениро́вка, матч;**

b) **чемпио́н, чемпио́нка, ма́стер спо́рта, тре́нер** steht die Präposition **по** + Dativ:

Ивано́в — ма́стер спо́рта **по** *конька́м.*	Iwanow ist Meister des Sports im Schlittschuhlaufen.
Кто стал чемпио́ном ми́ра **по** *ша́хматам* в э́том году́?	Wer ist dieses Jahr Weltmeister im Schachspiel?
Сего́дня начина́ются соревнова́ния **по** *гимна́стике.*	Heute beginnt der Wettkampf in Gymnastik.
(4) Он боле́ет за кома́нду «Дина́мо».	Er ist ein leidenschaftlicher Anhänger der „Dynamo"-Mannschaft.

Das Verb **боле́ть (за кого́-нибудь)** bedeutet etwa „leidenschaftlicher, passionierter Anhänger (einer Mannschaft), ein Fan sein".

In dieser Bedeutung wird es nur im unvollendeten Aspekt gebraucht.

Das von diesem Verb abgeleitete Substantiv ist **боле́льщик.**

— За каку́ю кома́нду вы боле́ете?	— Für welche Mannschaft sind Sie?

ДИАЛОГИ

I

— Aprèśднее вре́мя я пло́хо себя́ чу́вствую, ча́сто боли́т голова́, я бы́стро устаю́.

— А вы де́лаете у́тром заря́дку?

— Нет, я не́сколько раз начина́л де́лать, но пото́м броса́л.

— Напра́сно. Утренняя гимна́стика о́чень помога́ет. Она́ укрепля́ет не то́лько мы́шцы, но и не́рвную систе́му. Я уже два́дцать лет ежедне́вно де́лаю заря́дку. Чу́вствую себя́ прекра́сно.

— Вы де́лаете гимна́стику по ра́дио (1)?

— Нет, я де́лаю бо́лее сло́жный ко́мплекс упражне́ний, но вам на́до нача́ть с просты́х.

II

— Вы занима́етесь спо́ртом?

— Да, занима́юсь.

— Каки́ми ви́дами?

— Зимо́й я хожу́ на лы́жах, ле́том ката́юсь на велосипе́де и кру́глый год пла́ваю.

— И у вас на всё хвата́ет вре́мени?

— Не всегда́. Ведь я учу́сь в институ́те. В бассе́йн я хожу́ два ра́за в неде́лю по утра́м. На лы́жах ката́юсь то́лько по воскре́сеньям.

— Давно́ вы занима́етесь спо́ртом?

— Давно́, с де́тства.

— Сергéй, здрáвствуй! Ты на стадиóн?
— Да, сегóдня нáши игрáют с бразúльцами.
— Ты был на прошлогóднем мáтче «СССР — Бразúлия?»
— Да. Тогдá соревновáния кóнчились побéдой сбóрной комáнды СССР.
— А мне казáлось, вúыиграли бразúльские футболúсты...
— Нет, я пóмню тóчно, счёт был 2 : 0 (два — ноль).
— Говорят, сегóдня игрáет сúльный состáв, игрá должнá быть интерéсной.

КОММЕНТАРИИ

(1) гимнáстика по рáдио	Morgengymnastik im Rundfunk

Запомните!

дéлать	ýтреннюю зарядку ýтреннюю гимнáстику	Morgengymnastik treiben

вúыигрывать — вúыиграть	матч, встрéчу (со счётом)	einen Match, ein Spiel (mit ... zu...) gewinnen
проúгрывать — проигрáть		verlieren

занимáться спóртом	
Какúм вúдом спóрта вы занимáетесь?	Welchen Sport treiben Sie?
Игрá кóнчилась вничью.	Das Spiel endete unentschieden.
Какóй счёт?	Wie steht das Spiel?
Как (с какúм счётом) кóнчилась игрá?	Wie (mit welchem Resultat) endete das Spiel?
Игрá кóнчилась со счётом...	Das Spiel endete mit... zu...

УПРАЖНЕНИЯ

I. Отве́тьте на вопро́сы.

1. Вы давно́ занима́етесь спо́ртом?
2. Каки́м ви́дом спо́рта вы занима́етесь?
3. Вы игра́ете в футбо́л?
4. В како́й кома́нде вы игра́ете в футбо́л?
5. Вы лю́бите игра́ть в ша́хматы?
6. С кем вы обы́чно игра́ете в ша́хматы?
7. Кто ещё в ва́шей семье́ занима́ется спо́ртом?
8. Вы уме́ете пла́вать?
9. Каки́м сти́лем вы пла́ваете? (кроль, брасс)
10. Вы уме́ете ката́ться на конька́х?
11. Каки́е ви́ды спо́рта популя́рны в ва́шей стране́?
12. Како́й вид спо́рта са́мый популя́рный в ва́шей стране́?
13. Где прохо́дят соревнова́ния по футбо́лу, по гимна́стике, по пла́ванию?
14. Где прохо́дят трениро́вку по бо́ксу, по гимна́стике, по пла́ванию?
15. Вы боле́ете за каку́ю-нибудь кома́нду?
16. За каку́ю кома́нду вы боле́ете?

II. Слова́, стоя́щие спра́ва, поста́вьте в ну́жной фо́рме.

1. Ни́на всегда́ была́	хоро́шая спортсме́нка
2. Неда́вно она́ ста́ла	чемпио́нка го́рода по гимна́стике
3. Вы занима́етесь ...?	спорт
4. Да, я занима́юсь	лы́жи и пла́вание
5. В ю́ности я увлека́лся	футбо́л и велосипе́д
6. Тепе́рь я увлека́юсь	велосипе́д и ша́хматы

III. Слова́, стоя́щие спра́ва, поста́вьте в ну́жной фо́рме с ну́жным предло́гом.

1. Смирно́в — ма́стер спо́рта	бокс
2. Кто чемпио́н ми́ра ... среди́ же́нщин?	те́ннис
3. Ива́н Ильи́ч — наш тре́нер	волейбо́л
4. Где прохо́дят ва́ши трениро́вки ...?	гимна́стика
5. За́втра во Дворце́ спо́рта состоя́тся соревнова́ния	насто́льный те́ннис
6. Кто стал чемпио́ном ми́ра ...?	ша́хматы
7. Я быва́ю на всех соревнова́ниях	гимна́стика, пла́вание и фигу́рное ката́ние

IV. Вме́сто то́чек вста́вьте глаго́лы игра́ть, сыгра́ть, проигра́ть, вы́играть в ну́жной фо́рме.

Вчера́ я был на стадио́не. ... кома́нды «Дина́мо» и «Спарта́к». Дина́мовцы ... пло́хо и ... со счётом 1:3. «Спарта́к» опя́ть ... встре́чу. Я ду́маю, сейча́с э́то лу́чшая на́ша кома́нда. В э́том сезо́не она́ ... о́чень хорошо́: спарта́ковцы ... семь встреч, ... одну́ встре́чу и два ра́за ... вничью́.

V. Вме́сто то́чек вста́вьте глаго́лы, да́нные в ско́бках, в ну́жной фо́рме.

1. а) Вы уме́ете ...? Каки́м сти́лем вы ...? Я то́же ... кро́лем.
   б) Смотри́те, как краси́во они́ ...! Кто ... пе́рвым? По-мо́ему, пе́рвым ... Кузнецо́в.

в) — Вы хоти́те ... к тому́ бе́регу? — Нет, я бу́ду ... здесь.

(*плыть — пла́вать*)

2. а) — Вы ... на лы́жах? — Нет, я никогда́ не ... на лы́жах, но я хочу́ научи́ться ... на лы́жах.

б) — Вы ча́сто ... в бассе́йн? Я ... в бассе́йн два ра́за в неде́лю.— Когда́ вы ... в сле́дующий раз? — Я ... за́втра. Если у вас есть вре́мя, ... вме́сте.

в) — Куда́ вы ...? — Мы ... на като́к. — А вы то́же ... на като́к? — Нет, я ... на като́к в суббо́ту.

(*ходи́ть, идти́, пойти́*)

3. а) — Куда́ ты ...? — Я ... на вокза́л: опа́здываю на по́езд.

б) — Кто ... пе́рвой? — Пе́рвой ... Пано́ва. Краси́во ... , пра́вда? Сего́дня она́ ... сто ме́тров, но она́ ... и на дли́нные диста́нции.

(*бежа́ть — бе́гать*)

VI. Слова́, стоя́щие спра́ва, поста́вьте в ну́жной фо́рме с ну́жным предло́гом.

игра́ть	пиани́но, волейбо́л, футбо́л, хокке́й, роя́ль, пинг-по́нг, скри́пка, ша́хматы, гита́ра, те́ннис, труба́
ката́ться	лы́жи, коньки́, ло́дка, велосипе́д

VII. Соедини́те предложе́ния, замени́в местоиме́ние о н а́ сою́зным сло́вом к о т о́ р ы й в ну́жной фо́рме с ну́жным предло́гом.

	Она́ в про́шлом году́ е́здила в Болга́рию.
	В ней ра́ньше игра́л мой брат.
	В ней тре́нером был мой брат.
Лео́нов игра́ет в кома́нде.	Её сейча́с трениру́ет Блино́в.
	С ней неда́вно игра́ла на́ша кома́нда.
	О ней мно́го писа́ли в газе́те «Сове́тский спорт».

VIII. Замени́те прямую́ речь ко́свенной.

1. Тре́нер спроси́л меня́:	«Каки́м спо́ртом вы занима́лись ра́ньше?» «Когда́ вы на́чали игра́ть в футбо́л?»
	«В како́й кома́нде вы игра́ли ра́ньше?»
2. Я отве́тил ему́:	«Я занима́лся бо́ксом».
	«Я на́чал игра́ть в футбо́л семь лет наза́д».
	«Я игра́л в футбо́л и в хокке́й в кома́нде «Зени́т».
3. Я спроси́л ма́льчика:	«Ты лю́бишь спорт?»
	«Ты занима́ешься спо́ртом?»
	«Ты ката́ешься на лы́жах?»
4. Врач сказа́л Серге́ю:	«Занима́йтесь спо́ртом».
	«Бро́сьте кури́ть».
	«Де́лайте у́треннюю гимна́стику».

IX. Соста́вьте вопро́сы, на кото́рые отвеча́ли бы сле́дующие предложе́ния.

1. — ...?

— Да, я давно́ занима́юсь спо́ртом.

2. — ...?
— Я играю в теннис.
3. — ...?
— Мой друг играет в футбол.
4. — ...?
— Он играет в нашей университетской команде.
5. — ...?
— Да, я был на вчерашнем матче.
6. — ...?
— Выиграла команда «Спартак».
7. — ...?
— Игра кончилась со счётом 3 : 1.

X. Составьте рассказ, используя следующие слова и выражения:

заниматься спортом, делать утреннюю гимнастику, увлекаться футболом (велосипедом), болеть за команду, выиграть (проиграть) со счётом, футбольный матч, уметь кататься на коньках, смотреть соревнования по телевизору.

XI. Переведите на русский язык.

1. Mein Bruder treibt Sport von Kindheit an. Er läuft Ski und Schlittschuh. Am liebsten hat er das Schwimmen. Das ganze Jahr über geht er ins Schwimmbassin. Auch ich schwimme gern. Manchmal gehe ich mit ihm zusammen ins Schwimmbassin.
2. Nina spielt gut Tennis. Im vorigen Jahr hat sie in einem Wettbewerb den ersten Platz errungen und wurde Tennis-Landesmeisterin.
3. — Treiben Sie Sport?
— Nein, jetzt treibe ich keinen Sport. Früher, als ich jung war, spielte ich Fußball und Volleyball.
4. — Treiben Sie Gymnastik?
— Ja. Ich mag Gymnastik sehr. Meiner Meinung nach ist es die schönste Sportart.
5. — Machen Ihre Kinder Morgengymnastik?
— Ja, jeden Morgen.
— Und Sie?
— Nein, ich habe es längst aufgegeben.
6. — Gehen sie oft zur Eisbahn?
— Nein, nicht oft, einmal, manchmal zweimal in der Woche.
7. — Gestern war ich im Stadion. Es spielten „Dynamo" und „Arsenal". Das Spiel war sehr interessant. Es endete mit 1:0. Gewonnen hat die englische Mannschaft.
8. — Ich sehe, Sie sind ein Anhänger der Mannschaft „Dynamo". Auch ich bin für diese Mannschaft.
9. — Spielen Sie gern Fußball?
— Nein, nicht. Im Fernsehen aber sehe ich mir ein Fußballspiel gern an.

15

В ТЕАТРЕ

Сего́дня мы идём в Большо́й теа́тр на «Евге́ния Оне́гина» (1). Как всегда́, я немно́го волну́юсь, хотя́ мы ча́сто быва́ем в теа́тре.

Пе́ред теа́тром, как обы́чно, больша́я толпа́.

— У вас нет ли́шнего биле́та? — спра́шивают нас со всех сторо́н.

Мы вхо́дим в теа́тр, раздева́емся в гардеро́бе и прохо́дим в зал. На́ши места́ в парте́ре, в тре́тьем ряду́. Мы сади́мся и смо́трим програ́мму. Па́ртию Татья́ны сего́дня исполня́ет Со́фья Петро́ва, молода́я, о́чень тала́нтливая певи́ца, па́ртию Евге́ния Оне́гина поёт Миха́йл Ле́бедев. Неда́вно мы слы́шали его́ (2) в «Пи́ковой да́ме».

Постепе́нно собира́ется пу́блика. В орке́стре настра́ивают инструме́нты. Звени́т после́дний звоно́к, в за́ле га́снет свет и наступа́ет тишина́.

Звучи́т уверти́ра. Поднима́ется за́навес, и в за́ле сра́зу же раздаю́тся гро́мкие аплодисме́нты, хотя́ на сце́не никого́ нет: э́то зри́тели оцени́ли прекра́сные декора́ции, кото́рые перено́сят нас в сад ста́рой ру́сской уса́дьбы.

Сюда́, в семью́ провинциа́льной поме́щицы, приво́зит Ле́нский своего́ сосе́да и дру́га, го́стя из Петербу́рга, Евге́ния Оне́гина. Здесь впервы́е Оне́гин встреча́ет Татья́ну. Любо́вь провинциа́льной де́вушки не волну́ет, не тро́гает его́. Татья́на страда́ет, ви́дя хо́лодность Оне́гина.

Во вре́мя антра́кта мы выхо́дим в фойе́. Здесь на стена́х вися́т портре́ты композиторов, дирижёров, арти́стов. В одно́м из за́лов фойе́ больша́я фотовыставка расска́зывает об исто́рии теа́тра, о его́ наибо́лее интере́сных постано́вках.

Сце́на сменя́ется сце́ной. С волне́нием следя́т зри́тели за де́йствием. Бал у Ла́риных, ссо́ра Оне́гина с Ле́нским, дуэ́ль и ги́бель молодо́го поэ́та.

Вот и заключи́тельная сце́на — после́дняя встре́ча Оне́гина с Татья́ной.

«Сча́стье бы́ло так возмо́жно,
Так бли́зко...» — поёт Оне́гин.

Конча́ется спекта́кль. Зри́тели до́лго аплоди́руют и не́сколько раз вызыва́ют арти́стов на сце́ну.

Мы выхо́дим из теа́тра и остана́вливаемся у афи́ши. Что идёт в Большо́м в сле́дующую суббо́ту? Бале́т Проко́фьева «Роме́о и Джулье́тта». И хотя́ мы с Па́влом не раз ви́дели э́тот бале́т, мы реша́ем посмотре́ть его́ ещё раз — ещё раз послу́шать волну́ющую му́зыку Проко́фьева, посмотре́ть прекра́сно поста́вленные та́нцы, полюбова́ться вели́ким иску́сством мастеро́в ру́сского бале́та.

КОММЕНТАРИИ

(1) Мы идём в Большо́й теа́тр на «Евге́ния Оне́гина».	Wir gehen ins Bolschoi-Theater zu „Eugen Onegin".
(2) Мы слы́шали его́...	Wir haben ihn singen hören.

Man muß zwischen dem Verb **слы́шать** und dem Verb **слу́шать** unterscheiden.

Я **слу́шаю** ра́дио.	Ich höre mir Radio an.
Я пло́хо **слы́шу**.	Ich höre schlecht.
Вы **слы́шали** э́ту но́вость?	Haben Sie diese Neuigkeit gehört?
Вы **слы́шали** э́того певца́?	Haben Sie diesen Sänger gehört?
Вы внима́тельно **слу́шали** его́ расска́з?	Haben Sie seiner Erzählung aufmerksam zugehört?

Ein ebensolcher Unterschied besteht auch zwischen den Verben **ви́деть** und **смотре́ть**. Die Verben **слы́шать** und **ви́деть** bezeichnen:

    a) ein physisches Vermögen,

    b) eine Tatsache.

Bei den Verben **слу́шать** und **смотре́ть** handelt es sich um eine zielgerichtete Handlung.

Von Filmen und Theateraufführungen kann man sowohl **смотре́л** als auch **ви́дел** sagen, da es sich um eine Tatsache handelt, die in der Vergangenheit stattfand.

ДИАЛОГИ

I

— Ни́на, ты свобо́дна ве́чером в э́ту пя́тницу?

— Да, свобо́дна.

— Ты не хо́чешь пойти́ во МХАТ на спекта́кль «Дя́дя Ва́ня»?

— У тебя́ уже́ есть биле́ты?

— Нет, но я заказа́л два биле́та ещё неде́лю наза́д.

— А что э́то за вещь? (1) Ты что́-нибудь слы́шал о ней?

— Это пье́са Че́хова. Я слы́шал ра́зные мне́ния о спекта́кле — одни́ хва́лят, други́е руга́ют.

— Ну, что же, я пойду́.

— Тогда́ я зайду́ за тобо́й в пя́тницу без че́тверти шесть. Хорошо́?

— Хорошо́.

II

— Что сто́ит посмотре́ть сейча́с в теа́трах Москвы́? (2)

— А что вас интересу́ет — о́пера, бале́т, дра́ма, опере́тта?

— Я люблю балет, но прежде всего мне хотелось бы посмотреть что-нибудь в драматическом театре.

— Сейчас в Москве есть что посмотреть (3). Очень интересно поставлена пьеса А. Н. Островского «Банкрот, или Свои люди — сочтёмся» в Театре имени Маяковского. В Театре имени Вахтангова советую посмотреть «Анну Каренину». В этом спектакле всё хорошо — и сама пьеса, и постановка, и игра артистов.

— Скажите, пожалуйста, а Театр кукол Образцова сейчас в Москве?

— Да, недавно театр вернулся с гастролей. Посмотрите у них «Необыкновенный концерт». Вы получите огромное удовольствие.

— А билеты достать трудно? (4)

— Вообще москвичи — большие любители театра, но летом в конце сезона, я думаю, можно купить билеты на любую вещь, попасть в любой театр (5).

III

— У вас есть билеты на «Бориса Годунова»?

— Есть два билета.

— На какой день?

— На воскресенье, на утро.

— Нет, это не подойдёт. А что идёт в Большом в воскресенье вечером?

— Балет «Лебединое озеро».

— Билеты есть?

— Сейча́с посмотрю́. Да, есть два биле́та, но не в парте́р, а в бельэта́ж. Это неплохи́е места́: пе́рвый ряд, середи́на. Возьмёте?

— Да, возьму́.

IV

— Мо́жет быть, мы схо́дим сего́дня в кино́?

— А на что? На како́й фильм?

— Мне всё равно́. Я так ре́дко хожу́ в кино́, что мне бу́дет всё интере́сно.

— Я не согла́сен. Уж е́сли идти́, так на что́-нибудь хоро́шее.

— Что идёт у нас в «Зени́те»?

— На́до посмотре́ть газе́ту «Досу́г в Москве́». Сего́дня иду́т два фи́льма: «Лев Толсто́й» и «Те́ма».

— Ну и что? На что пойдём?

— Пожа́луй, на «Те́му».

КОММЕНТАРИИ

(1) А что э́то за вещь?   Was für ein Stück ist das?

Die Frage **Что э́то за ...?** bedeutet etwa dasselbe wie die Frage: **Кака́я э́то вещь?, Какова́ она́?** (soviel wie: „Was ist das für...?"):

Что э́то за кни́га?	Was ist das für ein Buch?
Что он за челове́к?	Was für ein Mensch ist er?
(2) Что сто́ит посмотре́ть в теа́трах Москвы́?	Was sollte man sich in den Moskauer Theatern ansehen?

Das Verb **сто́ить** in der Bedeutung „sich lohnen" hat nur folgende Formen:

сто́ит, не сто́ит   (*Gegenwart*)
сто́ило, не сто́ило (*Vergangenheit*)

Nach dem Verb **сто́ить** steht gewöhnlich ein anderes Verb im Infinitiv, wobei der verneinten Form des ersten — **не сто́ит, не сто́ило** — stets der unvollendete Aspekt des zweiten Verbs folgt.

Сравните!

Сто́ит **посмотре́ть** э́тот фильм.	**Не** *сто́ит* **смотре́ть** э́тот фильм.
Es lohnt sich, diesen Film zu sehen.	Es lohnt sich nicht, diesen Film zu sehen.

Сто́ило **купи́ть** э́ту карти́-
ну.
Es hat sich gelohnt, dieses
Bild zu kaufen.

Не *сто́ило* **покупа́ть** э́ту
карти́ну.
Es lohnte sich nicht, dieses
Bild zu kaufen.

(3) Есть что посмотре́ть.

Es gibt (hier) so manches zu
sehen.

Eine Konstruktion von entgegengesetzter Bedeutung
wäre:
Не́чего смотре́ть.

Es gibt hier nichts Sehens-
wertes.

Сравните!
Не́куда пойти́.
Es gibt keinen Platz, wo
man hingehen könnte.
Не́где посиде́ть споко́йно.

Nirgends gibt es einen ruhi-
gen Platz (einen Platz, wo
man ruhig sitzen könn-
te).
Не́ о чем говори́ть.
Es ist nichts da, worüber
man reden könnte.

Есть куда́ пойти́.
Es gibt so manchen Platz,
wo man hingehen könnte.
Есть где посиде́ть споко́й-
но.
Es gibt einen Platz, wo man
ruhig sitzen kann.

Есть о чём говори́ть.
Es gibt so manches, wor-
über man reden könnte.

(4) А биле́ты доста́ть
тру́дно?
достава́ть ⎱ Akkusativ
доста́ть ⎰ (*что?*)

Купи́ть биле́ты (кни́гу).

Ist es schwierig, Eintrittskarten zu bekommen?
etwas (mit Schwierigkeiten)
bekommen, sich besor-
gen, kriegen
Eintrittskarten (ein Buch)
kaufen.

Im Unterschied zum Verb **купи́ть** bezeichnet das Verb
доста́ть eine Handlung, bei der Schwierigkeiten überwun-
den werden müssen:

Где вы доста́ли э́ту кни́гу?
(Э́то о́чень ре́дкая кни́-
га.)
Я ду́маю, мы не доста́нем
биле́тов — сего́дня
премье́ра.

Wo haben Sie dieses Buch
aufgetrieben? (Es ist ein
sehr seltenes Buch.)
Ich glaube, es wird uns nicht
gelingen, Eintrittskarten
zu bekommen: heute ist
Premiere.

(5) Мо́жно попа́сть
в любо́й теа́тр.

Man kann sich für jedes
Theater Karten verschaf-
fen.

Как ты попал на этот спектакль, ведь все билеты давно проданы?	Wie hast du es fertiggebracht, zu dieser Aufführung Karten zu bekommen, das Stück war ja längst ausverkauft?
Я хочу пойти в Большой театр, но, говорят, туда трудно попасть (трудно достать билеты).	Ich möchte ins Bolschoi-Theater gehen, man sagt aber, es sei schwierig, Karten zu bekommen.

Запомните!

Вы видели этот фильм, эту пьесу?	Haben Sie sich diesen Film, dieses Stück angesehen?
Вы слушали эту оперу?	Haben Sie sich diese Oper angehört?
Что идёт сегодня в Большом театре?	Was wird heute im Bolschoi-Theater gegeben?
В каком театре идёт эта пьеса?	In welchem Theater wird dieses Stück gespielt?
Кто играет (роль) Гамлета?	Wer spielt den (die Rolle von) Hamlet?
Что это за вещь (пьеса, опера)?	Was ist das für (ein Stück, eine Oper)?
Эту вещь стоит посмотреть.	Dieses Stück muß man sich unbedingt ansehen.
Не стоит смотреть эту вещь.	Es lohnt sich nicht, sich dieses Stück anzusehen.
Где достать билеты на «Чайку»?	Wo könnte man Karten für „Die Möwe" bekommen?
У вас есть билеты на «Жизель»?	Haben Sie Karten für „Giselle"?
Где наши места?	Wo sitzen wir?
Дайте, пожалуйста, программу.	Geben Sie bitte das Programm(heft).
Как вам понравился этот балет?	Wie hat Ihnen dieses Ballett gefallen?
У вас нет лишнего билета?	Haben Sie nicht eine Karte übrig?

УПРАЖНЕНИЯ

I. Ответьте на вопросы.

A. 1. Вы любите театр?
   2. Вы любите ходить в театр?

3. Вы ча́сто хо́дите в теа́тр?
4. Вы ча́сто быва́ете в теа́тре?
5. Что вы лю́бите бо́льше — о́перу, бале́т и́ли дра́му?
6. Кака́я ва́ша люби́мая о́пера?
7. Кака́я ва́ша люби́мая пье́са?
8. Каки́е пье́сы вам бо́льше нра́вятся — класси́ческие и́ли совреме́нные?
9. Каки́е теа́тры есть в ва́шем го́роде?
10. Что интере́сного идёт в теа́трах ва́шего го́рода в э́том сезо́не?
11. Что сто́ит посмотре́ть в ва́ших теа́трах?
12. Что идёт сего́дня в о́перном теа́тре?
13. Каки́е теа́тры бы́ли на гастро́лях в ва́шем го́роде в э́том году́?
14. Где вы предпочита́ете сиде́ть в теа́тре?
15. Кто ваш люби́мый о́перный певе́ц?
16. Вы ви́дели ру́сский бале́т?

В. 17. Вы ча́сто быва́ете в кино́?
18. Что вы предпочита́ете — смотре́ть фи́льмы по телеви́зору и́ли в кинотеа́тре?
19. Како́й фильм нра́вится вам бо́льше всего́?
20. Кто ваш люби́мый киноарти́ст?
21. Кто ва́ша люби́мая киноактри́са?

II. Поста́вьте глаго́лы в настоя́щем вре́мени.

1. Петро́в хорошо́ пел. 2. Э́ту пье́су критикова́ли в печа́ти. 3. В э́том теа́тре шла «А́нна Каре́нина». 4. Зри́тели до́лго аплоди́ровали. 5. Во всех ка́ссах продава́ли биле́ты на э́ту пье́су. 6. Обы́чно я брал два биле́та в теа́тр.

III. Зако́нчите предложе́ния. Слова́, стоя́щие спра́ва, употреби́те в ну́жном падеже́ и с ну́жным предло́гом.

1. Сего́дня мы идём	теа́тр, бале́т «Зо́лушка»
2. Вы бы́ли вчера́ ...?	конце́рт, консервато́рия
3. На́ши места́	парте́р, пя́тый ряд
4. Где мо́жно купи́ть биле́ты ...?	Большо́й теа́тр, о́пера «Бори́с Годуно́в»
5. У вас есть биле́ты ...?	воскресе́нье, ве́чер

IV. Вста́вьте глаго́лы с части́цей -ся и́ли без неё.

1. Э́та о́пера ... сего́дня впервы́е. Кто ... роль Бори́са? Орке́стр ... увертю́ру. (исполня́ть — исполня́ться) 2. Когда́ арти́ст ... свою́ а́рию, в за́ле разда́лись аплодисме́нты. Спекта́кль ... в де́сять часо́в. (ко́нчить — ко́нчиться) 3. Во вре́мя антра́кта мы ... со свои́ми друзья́ми. Я ... её сего́дня на конце́рте. (встре́тить — встре́титься) 4. Мы не могли́ пойти́ в теа́тр и ... биле́ты. Мы ... из теа́тра по́здно. (верну́ть — верну́ться)

V. Да́йте отрица́тельные отве́ты на сле́дующие вопро́сы.

Образе́ц: — У вас есть ли́шний биле́т? —

— Нет, у меня́ нет ли́шнего биле́та.

1. У вас есть но́вый уче́бник?
2. У вас есть ста́рший брат?
3. У вас есть сего́дняшняя газе́та?
4. У него́ есть неме́цко-ру́сский слова́рь?
5. У вас есть кни́ги э́того писа́теля?
6. У ва́ших сосе́дей есть де́ти?
7. В ва́шем го́роде есть о́перный теа́тр?

8. В э́том теа́тре есть хоро́шие певцы́?
9. В гости́нице есть свобо́дные номера́?

VI. Вме́сто то́чек вста́вьте ну́жный глаго́л.

A. *слы́шать — слу́шать*

1. Ве́чером мы ... о́перу «Ива́н Суса́нин». 2. Вы ... но́вость? 3. Ка́ждое у́тро я ... ра́дио. 4. На́до внима́тельно ... профе́ссора. 5. На́до говори́ть гро́мче — он пло́хо ... . 6. Я ничего́ не ... об э́том и ничего́ не зна́ю.

B. *ви́деть — уви́деть, смотре́ть — посмотре́ть*

1. — Вы ... но́вого преподава́теля? — Нет, я не ... его́. 2. Я услы́шал шум и ... в окно́, но на у́лице никого́ не́ было. 3. Он но́сит очки́, так как с де́тства пло́хо ... . 4. Вчера́ на факульте́те я ... знако́мое лицо́. Я до́лго ... на э́того челове́ка, но так и не вспо́мнил, где я его́ ... . 5. Вчера́ мы ходи́ли ... но́вый фильм. 6. Вы уже́ ... э́тот фильм?

VII. Соедини́те предложе́ния сою́зом х о т я́.

1. Пье́са мне не понра́вилась. Я люблю́ э́того а́втора. 2. Арти́ст Ермако́в игра́ет о́чень хорошо́. Он неда́вно пришёл на сце́ну. 3. Конце́рт ко́нчился по́здно. Мы реши́ли идти́ домо́й пешко́м. 4. Я реши́л посмотре́ть «Меде́ю». (Я) ви́дел её ра́ньше. 5. Я не по́мню э́тот рома́н. (Я) чита́л его́ неда́вно. 6. Мой това́рищ пло́хо говори́т по-ру́сски. Он изуча́ет ру́сский язы́к уже́ не́сколько лет. 7. Мой това́рищ непло́хо говори́т по-ру́сски. Он изуча́ет ру́сский язы́к всего́ не́сколько ме́сяцев.

VIII. Соста́вьте вопро́сы, на кото́рые отвеча́ли бы сле́дующие предложе́ния.

1. — ...?
— Нет, мы хо́дим в теа́тр не о́чень ча́сто.
2. — ...?
— Вчера́ мы бы́ли в Большо́м теа́тре.
3. — ...?
— Мы смотре́ли «Лебеди́ное о́зеро».
4. — ...?
— Да, о́чень понра́вился.
5. — ...?
— Спекта́кль начина́ется в шесть три́дцать.
6. — ...?
— Нет, не опозда́ем.
7. — ...?
— На́ши места́ в пя́том ряду́.

IX. Переведи́те на ру́сский язы́к.

1. Als ich in Moskau war, sah ich mir das Ballett „Der Schwanensee" im Bolschoi-Theater an.
2. Am liebsten habe ich das Ballett. Ich habe alle Ballett-Aufführungen des Bolschoi-Theaters gesehen.
3. Wir wollten uns dieses Stück ansehen, konnten aber keine Karten bekommen.
4. — Was wird heute im Künstlertheater gespielt?
— „Die Möwe" von Tschechow.
— Ich habe mir dieses Stück voriges Jahr angesehen.
5. — Wann ist die Premiere von Tolstois Stück „Der lebende Leichnam"?
5. — Am 20. März.
— Es soll schwierig sein, Karten für diese Aufführung zu bekommen.

— Ja, das ist wahr.
6. — Anja, bist du am Sonnabend frei? Ich möchte dich ins Bolschoi-Theater zum Ballett „Das Dornröschen" einladen.
7. — Haben Sie Karten für „Die Möwe"?
  — Ja, für die Abendvorstellung am 7. Januar.
  — Geben Sie (mir) bitte zwei Karten.
8. — Haben Sie nicht Karten übrig?
  — Doch. Eine.
  — Ich brauche (aber) zwei.
9. — Wo sind unsere Plätze?
  — Im Parkett, in der sechsten Reihe.
  — Und wo sitzen Lida und Viktor?
  — In der Loge Nr. 3.
10. — Wann beginnen die Vorstellungen in den Moskauer Theatern? — Die Vormittagsvorstellungen um 12 Uhr, die Abendvorstellungen um 19.

X. Расскажи́те об одно́м из спекта́клей, кото́рый вы ви́дели в после́днее вре́мя.

XI. Соста́вьте диало́ги:

а) ме́жду челове́ком, жела́ющим пойти́ в теа́тр, и касси́ром;
б) ме́жду двумя́ люби́телями теа́тра.

XII. Прочита́йте и перескажи́те расска́з.

Верну́вшись домо́й, ма́льчик рассказа́л отцу́, что у них в шко́ле был о́чень интере́сный спекта́кль. Все ро́ли исполня́ли са́ми шко́льники. На спекта́кле бы́ло мно́го роди́телей.

— Пье́са им о́чень понра́вилась, — сказа́л ма́льчик, — хотя́, я ду́маю, они́ ви́дели её ра́ньше.

— Почему́ ты ду́маешь, что спекта́кль им понра́вился?

— Ты бы ви́дел, как они́ смея́лись, — с го́рдостью отве́тил сын.

— А кака́я была́ пье́са? — спроси́л оте́ц.

— «Га́млет», — отве́тил сын.

XIII. Прочита́йте расска́з.

СМОТРЕТЬ И ВИДЕТЬ

Иностра́нцы, изуча́ющие ру́сский язы́к, не всегда́ понима́ют ра́зницу ме́жду глаго́лами «смотре́ть» и «ви́деть». И вот одна́жды преподава́тель ру́сского языка́ рассказа́л свои́м студе́нтам таку́ю исто́рию.

«Вчера́ ве́чером мы с до́чкой возвраща́лись из госте́й. Мы стоя́ли на остано́вке и жда́ли авто́буса.

— Посмотри́, посмотри́, — сказа́ла до́чка и показа́ла на фона́рь на противополо́жной стороне́ у́лицы. Я посмотре́л и ничего́ осо́бенного не уви́дел: дом, ми́мо кото́рого я проходи́л мно́го раз, де́рево... Я пожа́л плеча́ми.

— Да посмотри́ же! — повтори́ла до́чка. Я посмотре́л и уви́дел. За день на де́реве распусти́лись листо́чки. Фона́рь, кото́рый стоя́л ря́дом с де́ревом, освети́л совсе́м молоду́ю листву́, и де́рево свети́лось тепе́рь среди́ ночно́й темноты́ зелёным све́том. Мы смотре́ли на э́то все, а уви́дела то́лько она́.»

Вы по́няли тепе́рь, чем отлича́ются глаго́лы «смотре́ть» и «ви́деть»?

— Я по́нял, — сказа́л оди́н из студе́нтов. — «Смо́трят» взро́слые, а «ви́дят» де́ти.

— А я ду́маю, что «ви́деть» — э́то зна́чит «удивля́ться»,— сказа́л друго́й.

— А по-мо́ему, «ви́деть» — э́то зна́чит «смотре́ть» и «замеча́ть»,— сказа́л тре́тий.

Так постепе́нно студе́нты подошли́ к понима́нию ра́зницы в значе́нии э́тих слов.

Я пожа́л плеча́ми.— Ich zuckte die Achseln.
распусти́лись листо́чки — die Bäume haben ausgeschlagen

16

ЛЕТНИЙ ОТДЫХ

Скоро ле́то. Вы уже́ реши́ли, где вы бу́дете отдыха́ть? (1) Пое́дете на юг и́ли всё ле́то бу́дете жить на да́че? Ещё не реши́ли?

А мы ду́маем провести́ свой о́тпуск (2) в Приба́лтике. В про́шлом году́ там отдыха́ли мои́ роди́тели. Зимо́й оте́ц перенёс тяжёлую боле́знь, и врачи́ посове́товали ему́ отдохну́ть в санато́рии. Санато́рий роди́телям о́чень понра́вился. Он располо́жен на са́мом берегу́ Балти́йского мо́ря, в большо́м сосно́вом па́рке. Роди́тели так мно́го расска́зывали о Приба́лтике, что и нам захоте́лось побыва́ть там. Захоте́лось полежа́ть на прекра́сных пля́жах, подыша́ть здоро́вым сосно́вым во́здухом, посмотре́ть стари́нные лито́вские города́. Мы пое́дем туда́ на свое́й маши́не, бу́дем остана́вливаться в пансиона́тах и жить по не́сколько дней в одно́м ме́сте. В тако́е путеше́ствие на маши́не мы отправля́емся впер-

вые. До сих пор ка́ждое ле́то мы проводи́ли в туристи́ческих похо́дах. Мы бы́ли на Алта́е, на Кавка́зе, в Карпа́тах, в Крыму́. После́днее ле́то мы провели́ на Кавка́зе, в путеше́ствии по Вое́нно-Грузи́нской доро́ге. Мы броди́ли по гора́м, поднима́лись на ледники́, любова́лись сне́жными верши́нами, го́рными ре́ками и озёрами. Вечера́ми мы сиде́ли у костра́, пе́ли тури́стские пе́сни. Иногда́ ходи́ли в ла́герь альпини́стов потанцева́ть, посмотре́ть фильм. Пото́м мы спусти́лись с гор, вы́шли на побере́жье Чёрного мо́ря и две неде́ли жи́ли в ма́леньком куро́ртном городке́ Но́вый Афо́н. Там с утра́ до ве́чера мы бы́ли на мо́ре — купа́лись, ката́лись на ло́дке, загора́ли на пля́же, игра́ли в волейбо́л. И о́чень скуча́ли без гор, пала́ток и рюкзако́в... Мы хорошо́ отдохну́ли тем ле́том — попра́вились, загоре́ли, набра́лись сил на це́лый год.

Я ду́маю, что в бу́дущем году́ мы опя́ть пое́дем на Кавка́з и́ли в Крым.

На́ши роди́тели собира́ются отдыха́ть э́тим ле́том на Во́лге. Они́ уже́ заказа́ли биле́ты на теплохо́д, кото́рый идёт по маршру́ту Москва́ — Астрахань — Москва́. Им хо́чется навести́ть те места́, где роди́лся и провёл своё де́тство мой оте́ц. Теплохо́д идёт от Москвы́ до Астрахани де́сять су́ток. Он остана́вливается во всех кру́пных во́лжских города́х — в Го́рьком, в Каза́ни, в Улья́новске, в Ку́йбышеве, в Волгогра́де — и стои́т там не́сколько часо́в, пока́ пассажи́ры осма́тривают го́род. Говоря́т, что така́я пое́здка на теплохо́де — исключи́тельно интере́сный, прия́тный и поле́зный о́тдых.

КОММЕНТАРИИ

(1) Где вы бу́дете отдыха́ть?	Wohin wollen Sie zur Erholung fahren?

Hier hat das Verb **отдыха́ть** die Bedeutung von „den Urlaub verbringen“, „sich erholen“. Sonst bedeutet es „sich ausruhen, ausspannen“.

По́сле обе́да мы **отдыха́ем**.	Nach dem Mittagessen ruhen wir uns aus.
Отдохни́ немно́го — у тебя́ был тяжёлый день.	Ruh' dich ein wenig aus, du hast einen schweren Tag gehabt.
(2) Мы ду́маем провести́ свой о́тпуск...	Wir beabsichtigen, unseren Urlaub ... zu verbringen.

прово- ди́ть провести́ } о́тпуск		den Urlaub (die Ferien) ver- bringen

быть в о́тпуске — in (auf) Urlaub sein
идти́ в о́тпуск — auf Urlaub gehen

ДИАЛОГИ

I

— Где вы бу́дете отдыха́ть в э́том году́?

— Я реши́л провести́ свой о́тпуск на ю́ге, в Ялте. Я купи́л путёвку в дом о́тдыха. Бу́ду купа́ться, загора́ть, броди́ть по гора́м.

— Вы пое́дете впервы́е? Я не́сколько раз быва́л в Ялте. (1) Это чуде́сный куро́ртный го́род. В како́м ме́сяце вы пое́дете туда́?

— Я бу́ду там с середи́ны ию́ля до конца́ а́вгуста.

— Прекра́сный сезо́н! Обы́чно в Крыму́ в э́то вре́мя стои́т хоро́шая пого́да, мо́ре споко́йное. И о́чень мно́го фру́ктов. Вы хорошо́ отдохнёте там.

II

— Тебя́ совсе́м не ви́дно. Где ты пропада́ешь?

— Мы бы́ли на Кавка́зе. Мы прое́хали на маши́не по маршру́ту Москва́ — Тбили́си — Со́чи — Москва́. Путеше́ствие бы́ло о́чень интере́сным.

— А ско́лько дней продолжа́лась ва́ша пое́здка?

— Ме́сяц. Неде́лю мы бы́ли в гора́х, неде́лю в пути́ и две неде́ли жи́ли на берегу́ Чёрного мо́ря, недалеко́ от Со́чи. А ты уже́ отдыха́л?

— Нет ещё. Мы с дру́гом че́рез два дня уезжа́ем в Карпа́ты.

— В дом о́тдыха?

— Нет, в туристи́ческий похо́д. Снача́ла немно́го побро́дим по леса́м и гора́м, а пото́м побыва́ем во Льво́ве и Ужгороде.

— Ну, что ж, счастли́вого пути́!

III

— Здра́вствуй, Игорь! Говоря́т, ты собира́ешься идти́ в о́тпуск? (2) Почему́ ты реши́л отдыха́ть зимо́й?

— Я пое́ду на две неде́ли на спорти́вную ба́зу. Хочу́ походи́ть на лы́жах.

— А пото́м всё ле́то бу́дешь рабо́тать?

— Нет, зимо́й я испо́льзую то́лько полови́ну своего́ о́тпуска — две неде́ли. А две неде́ли бу́ду отдыха́ть ле́том — пое́ду к роди́телям на Во́лгу.

IV

— Где вы бу́дете отдыха́ть в э́том году́?

— В до́ме о́тдыха в Со́чи.

— Вы пое́дете оди́н и́ли с жено́й?

— С жено́й.

— Это, наве́рное, сто́ит до́рого?

— Нет, мы пла́тим то́лько три́дцать проце́нтов сто́имости путёвок, остально́е опла́чивает профсою́з.

— Путёвки на две неде́ли?

— Нет, на два́дцать четы́ре дня.

V

— Куда́ вы отправля́ете ле́том свои́х дете́й?

— На ме́сяц в пионе́рский ла́герь и на ме́сяц к мои́м роди́телям в дере́вню. А где прово́дит кани́кулы ваш сын?

— Обы́чно ле́том он живёт у ба́бушки на да́че, недалеко́ от Москвы́. Но в э́том году́ он про́сится в ла́герь.

— Ну и что же?

— Мы отпра́вим его́ в ла́герь. Он уже́ большо́й ма́льчик, и ему́ интере́сно быть с други́ми детьми́.

КОММЕНТАРИИ

(1) Я не́сколько раз быва́л
в Ялте.

Ich war mehrmals in Jalta.

Das Verb **быва́ть** (unvollendeter Aspekt) bezeichnet, im Unterschied zum Verb **быть**, eine sich wiederholende Handlung:

Мы ча́сто **быва́ли** в э́той
семье́.

Wir besuchten diese Familie oft.

Он **быва́л** у нас.

Er kam öfters zu uns.

(2) Ты собира́ешься идти́
в о́тпуск?

Willst du auf Urlaub gehen?

In Verbindung mit dem Infinitiv eines anderen Verbs bedeutet **собира́ться** „wollen, beabsichtigen".

Он **собира́ется** *поступа́ть*
в университе́т.

Er hat die Absicht, auf die Universität zu gehen.

Я **собира́юсь** *написа́ть* об
э́том статью́.

Ich beabsichtige, darüber einen Artikel zu schreiben.

УПРАЖНЕНИЯ

I. Отве́тьте на вопро́сы.

1. Когда́ вы обы́чно отдыха́ете — ле́том и́ли зимо́й?
2. Где вы обы́чно проводите свой о́тпуск?
3. Где вы отдыха́ли в про́шлом году́?
4. Вы отдыха́ли оди́н и́ли с семьёй?
5. Вы лю́бите туристи́ческие похо́ды?
6. Что вы предпочита́ете — отдыха́ть на одно́м ме́сте и́ли путеше́ствовать?
7. Когда́ вы собира́етесь в о́тпуск в э́том году́?
8. У вас большо́й о́тпуск?
9. Где вы ду́маете отдыха́ть в э́том году́?
10. Где проводят ле́то ва́ши де́ти?

II. Отве́тьте на вопро́сы, поста́вив слова́, стоя́щие спра́ва, в ну́жной фо́рме с ну́жным предло́гом.

1. Куда́ вы е́здили ле́том?	на́ши роди́тели, Приба́лтика
2. Где отдыха́ли ва́ши де́ти?	пионе́рский ла́герь, бе́рег Чёрного мо́ря
3. С кем вы бы́ли в про́шлом году́ на Кавка́зе?	мой колле́ги, мой друзья́
4. Кому́ вы расска́зывали о пое́здке в Крым?	все мой друзья́ и знако́мые
5. Где отдыха́ла в э́том году́ ва́ша семья́?	ма́ленький куро́ртный го́род Но́вый Афо́н
6. Куда́ вы хоти́те пое́хать в бу́дущем году́?	Во́лга и́ли Украи́на

155

III. Закончите предложения, вставив предлог н а там, где это необходимо.

1. Мы поедем в санаторий	месяц
Мы будем жить в санатории	
2. Зоя отправила детей в деревню	всё лето
Дети будут жить в деревне	
3. Мы прожили на юге	два месяца
Мы ездили на юг	
4. Я взял книгу	три дня
Я читал книгу	
5. Мой друг уехал в Киев	неделя
Мой друг был в Киеве	
6. Этот студент будет учиться в университете	три года
Этот студент приехал в университет	

IV. Вместо точек вставьте глаголы.

1. Дети любят ... в море. 2. Мы ... всё лето на Чёрном море. 3. В этом году мы ... провести отпуск на Волге. 4. Вы любите ... на лодке? 5. Он хорошо ... и стал совсем чёрным. 6. Где вы обычно ... свой отпуск?

(проводить, провести, купаться, загореть, собираться, кататься)

V. Замените прямую речь косвенной.

1. Павел спросил меня: «Где вы будете отдыхать летом?» 2. Я ответил: «Мы собираемся поехать в Крым». 3. Павел сказал: «Мы тоже поедем на юг». 4. «В каком месте вы будете отдыхать?» — спросил я. 5. «Мы хотим поехать в Ялту»,— ответил он. 6. «Мы будем жить недалеко от вас»,— сказал я.

VI. Вместо точек вставьте глагол нужного вида.

1. Мы долго ..., куда мы поедем летом. Мы ... поехать в этом году в Болгарию. (решать — решить) 2. Две недели мы ... в деревне. Мы хорошо ... и вернулись в город с новыми силами. (отдыхать — отдохнуть) 3. В санатории я ... несколько писем и сам ... . Раз в неделю мы ходили на почту и ... там письма. (получать — получить) 4. Утром мы ... и пошли завтракать. Утром мы ... и шли завтракать. (купаться — искупаться) 5. Я уже начал ... вещи и ... их в чемодан. Когда я ... вещи и ... их в чемодан, вошла мама и спросила меня: «Ты всё ещё не готов?» (собирать — собрать, складывать — сложить) 6. Вчера мы были на вокзале — ... друзей в Крым. Вчера мы ... наших друзей в Крым. Через неделю и мы поедем туда. (провожать — проводить) 7. Когда туристы ... на вершину горы, им пришлось несколько раз останавливаться для отдыха. Когда туристы ... на вершину горы, вдали они увидели море. (подниматься — подняться)

VII. Напишите предложения, антонимичные данным.

Образец: Мать *вошла* в комнату.— Мать *вышла* из комнаты.

1. Наши соседи недавно уехали на Украину. 2. Он ушёл из дому рано утром. 3. Машина отъехала от нашего дома. 4. Кто-то вошёл в дом. 5. Они уехали в санаторий. 6. Мальчик подошёл к окну. 7. Они приехали к нам вечером. 8. Я вышел из вагона.

VIII. Замените предложения с деепричастными оборотами сложными предложениями. Союзы для вставки даны ниже.

Образец: Вернувшись домой, я нашёл на столе письмо.—
       Когда я вернулся домой, я нашёл на столе письмо.

1. Посмотре́в на часы́, я уви́дел, что пора́ е́хать на вокза́л. 2. Подня́вшись на́ гору, тури́сты реши́ли отдохну́ть. 3. Уезжа́я в о́тпуск, я обеща́л ча́сто писа́ть домо́й. 4. Отдыха́я на ю́ге, я продолжа́л занима́ться там ру́сским языко́м. 5. Не зна́я ру́сского языка́, она́ не поняла́ того́, о чём мы говори́ли. 6. Слу́шая переда́чи на ру́сском языке́, я стара́юсь поня́ть всё, что говори́т ди́ктор. 7. Изучи́в ру́сский язы́к, он реши́л заня́ться по́льским. 8. Попроща́вшись с друзья́ми, мы вы́шли на у́лицу. 9. Выходя́ из университе́та, я обы́чно встреча́ю э́того челове́ка. 10. Позвони́в на вокза́л, я узна́л, когда́ отхо́дит по́езд на Ленингра́д.

(когда́; по́сле того́, как; и; та́к как)

IX. Вме́сто то́чек вста́вьте дееприча́стия соверше́нного и несоверше́нного ви́да.

1. ..., де́ти гро́мко смея́лись.	купа́ясь
..., де́ти вы́шли на бе́рег.	искупа́вшись
2. ..., мы говори́ли о свои́х дела́х.	обе́дая
..., мы вы́шли в сад.	пообе́дав
3. ..., тури́сты продолжа́ли свой путь.	отдыха́я
..., я не мог забы́ть о свое́й рабо́те.	отдохну́в
4. ... домо́й, я узна́л, что ко мне приходи́л мой това́рищ.	возвраща́ясь
... домо́й, я встре́тил своего́ това́рища.	возврати́вшись
5. ... на берегу́ мо́ря, мы смотре́ли на купа́ющихся.	си́дя
... на берегу́ мо́ря, мы пошли́ ката́ться на ло́дке.	посиде́в
6. ... письмо́ сы́на, мать отдала́ его́ отцу́.	чита́я
...письмо́ сы́на, мать улыба́лась.	прочита́в

X. Соста́вьте вопро́сы, на кото́рые отвеча́ли бы сле́дующие предложе́ния.

1. — ...?
— Обы́чно мы прово́дим свой о́тпуск в дере́вне.
2. — ...?
— В про́шлом году́ мы отдыха́ли в Крыму́.
3. — ...?
— Мы жи́ли в Крыму́ полтора́ ме́сяца.
4. — ...?
— А роди́тели — на Во́лге.
5. — ...?
— В э́том году́ мы пое́дем на Кавка́з.
6. — ...?
— У меня́ о́тпуск в а́вгусте.
7. — ...?
— Да, де́ти пое́дут в пионе́рский ла́герь.

XI. Переведи́те на ру́сский язы́к.

1. — Wo waren Sie im Sommer zur Erholung?
— Wir waren auf der Krim.

— (Haben Sie sich) gut erholt?
— Sehr (gut).

2. — Im vorigen Jahr verbrachten wir den Urlaub im Süden, in Jalta.
3. Dieses Jahr wollen wir im Sommer an die sowjetische Ostseeküste fahren. Wir waren noch nie dort. Man sagt, dort ist ein herrlicher Strand, und das Wetter ist auch nicht so heiß wie im Süden.
   — Wenn das Wetter schön ist, kann man sich dort gut erholen.
4. — Und wir verbringen den Sommer gewöhnlich im Gebirge. Wir wandern gern.
5. — Fahren Sie in ein Sanatorium?
   — Ja, vor kurzem wurde ich operiert, und nun schicken die Ärzte mich in ein Sanatorium.
6. — Wohin fahren Ihre Kinder im Sommer?
   — Der ältere Sohn — er ist Student — wird in eine Alpinistenherberge fahren. Er fährt jedes Jahr in den Kaukasus. Der jüngere Sohn wird in ein Pionierlager fahren.
   — Wird er sich im Lager nicht langweilen?
   — Nein, er ist ein lebhafter Junge und hat immer viele Freunde.
7. — Wir haben noch nicht ausgemacht, wo wir uns dieses Jahr erholen werden.
   — Und wann haben Sie Urlaub?
   — Im August.
   — Im August ist es gut, nach dem Süden zu fahren.
8. — Dieses Jahr fahren wir nirgends hin, wir werden in der Sommerfrische (einer Datsche) bei Moskau wohnen.
   — Im August fahren wir für zwei Wochen nach Bulgarien, die übrige Zeit werden wir ebenfalls in Moskau sein.

XXII. Расскажи́те, где и как вы отдыха́ли про́шлым ле́том.

17

СРЕДСТВА СООБЩЕНИЯ

Несколько лет назад мой друг Володя Петров, окончив горный институт, уехал работать на Север. Писал он редко, и мы знали о нём только то, что он жив и здоров. Мы знали, что он много работает и что работа у него интересная. И вот он снова появился в Москве.

— Сколько лет, сколько зим! (1) — встречали его друзья. — Давно тебя не было видно в Москве.

— А что делать геологу в столице? — спрашивал Володя. — Всего две недели я в Москве, а меня уже назад, в тайгу, тянет (2).

Как-то вечером, сидя у нас дома, Володя рассказал нам, как он ехал в Москву.

— От Берёзовки, где работает наша геологическая партия, до Дудинки, морского и речного порта, около трёхсот километров. Утром я сел в поезд и через несколько часов был уже в Дудинке. Моим соседом по купе оказался весёлый, разговорчивый старик. (3) Он называл себя местным, хотя прожил в этих краях всего несколько лет. Сейчас он ехал в Красноярск к своей дочери. В Дудинке мне надо было ехать на аэродром, а ему — на речной вокзал. Когда мы стали прощаться, он спросил меня:

— А почему ты не хочешь поехать до Красноярска теплоходом, посмотреть Енисей? Ты никогда не видел этой реки? (4) Ну, сынок, значит, ты ещё не видел настоящей красоты.

И старик — его звали Иваном Романовичем — убедил меня. Мы вместе отправились на речной вокзал. Посмотрели расписание: теплоход отходил через три часа. Мы взяли билеты и пошли обедать.

На при́стань мы верну́лись за два́дцать мину́т до от-
плы́тия теплохо́да. Огро́мный бе́лый теплохо́д «Ле́рмон-
тов» уже́ стоя́л у при́стани. Мы нашли́ свою́ каю́ту, по-
ложи́ли ве́щи и вы́шли на па́лубу. Ско́ро теплохо́д дал
после́дний гудо́к и ме́дленно отошёл от при́стани. На-
чало́сь на́ше четырёхдне́вное путеше́ствие. Ива́н Рома́-
нович был прав: я не устава́л любова́ться суро́вой и мо-
гу́чей красото́й Енисе́я, его́ берего́в. Стоя́ла прекра́сная
пого́да, и бо́льшую часть вре́мени мы проводи́ли на па́-
лубе. Ми́мо плыла́ тайга́, больши́е сёла и ма́ленькие де-
ре́вни, а я всё смотре́л вокру́г и слу́шал рас-
ска́зы Ива́на Рома́новича об э́тих места́х и о замеча́-
тельных лю́дях, кото́рые живу́т и рабо́тают здесь.
Я был о́чень благода́рен ему́ за э́то путеше́ствие.

В Красноя́рске мы расста́лись. Ива́н Рома́нович по-
е́хал к до́чери, а я — в аэропо́рт. Там я узна́л, что самолёт на Москву́ лети́т че́рез не́сколько часо́в. Я был рад
э́тому, так как мне хоте́лось посмотре́ть го́род.

Наконе́ц я в самолёте. Огро́мный Ил-62 подня́лся
и стал набира́ть высоту́. Че́рез де́сять мину́т мы уже́ ле-
те́ли над облака́ми. Вы́шла бортпроводни́ца и предло-
жи́ла нам чай, бутербро́ды, конфе́ты, а та́кже све́жие га-
зе́ты и журна́лы.

Самолёт лете́л со ско́ростью бо́лее восьмисо́т кило-
ме́тров в час, и вре́мя прошло́ незаме́тно. Но в Москве́
нас ждала́ неприя́тность: была́ гроза́, и в тече́ние ча́са
аэродро́м не мог приня́ть нас.

Наконе́ц гроза́ ко́нчилась, ту́чи разошли́сь, и наш
самолёт приземли́лся на родно́й моско́вской земле́.

КОММЕНТАРИИ

(1) **Ско́лько лет, ско́лько зим!** — eine freundschaftliche, etwas familiäre Grußformel, die ungefähr bedeutet: — „Wie lange wir uns doch nicht gesehen haben!", „Daß man sich wieder einmal sieht!"

(2) ...меня́ наза́д, в тайгу́, тя́нет. | ...es zieht mich zurück, in die Taiga.

(3) Мо́им сосе́дом по купе́ оказа́лся весёлый, разгово́рчивый стари́к. | Mein Abteilnachbar war ein lustiger geselliger alter Mann.

Сравните!

Весёлый, разгово́рчивый стари́к оказа́лся мои́м сосе́дом по купе́. | Der lustige, gesellige alte Mann erwies sich als mein Abteilnachbar.

(4) Ты никогда́ не ви́дел э́той реки́? | Hast du diesen Fluß nie gesehen?

Im Russischen haben die Sätze mit den verneinten Pronomen und Adverbien **никто́, никогда́, нигде́, никому́, ни о чём** usw. unbedingt die Verneinung **не** vor dem Verb; es handelt sich in solchen Sätzen also, im Unterschied zum Deutschen, um die doppelte Verneinung:

Я **никогда́ не** лета́л на самолёте. | Ich bin nie mit einem Flugzeug geflogen.

Мы **никуда́ не** е́здили ле́том. | Wir fuhren im Sommer nirgends hin.

Он **никому́ не** говори́л об э́том. | Er hat niemandem etwas darüber gesagt.

Die Partikel **ни** der Pronomen bzw. der Adverbien hat keine verneinende, sondern lediglich eine die Verneinung verstärkende Bedeutung.

Steht das Pronomen mit einer Präposition, so wird die Partikel **ни** dieser vorangestellt:

— **У кого́** вы мо́жете спроси́ть об э́том? | — Bei wem können Sie sich danach erkundigen?

— Я **ни у кого́** не могу́ спроси́ть об э́том. | — Ich kann mich bei niemandem danach erkundigen.

ДИАЛОГИ

I

— Я слы́шал, вы е́дете в Одéссу?
— Да, я до́лжен поéхать туда́ по дела́м.
— Вы поéдете по́ездом и́ли полети́те самолётом?
— Поéду по́ездом. Я ужé купи́л билéт.
— Когда́ вы е́дете?
— За́втра в дéвять часо́в вéчера.
— Ско́лько часо́в идёт по́езд до Одéссы?
— Два́дцать во́семь часо́в.
— И надо́лго вы е́дете?
— На недéлю.
— Счастли́вого пути́!
— Спаси́бо. До свида́ния.

II

— Да́йте, пожа́луйста, оди́н билéт до Каза́ни.
— На како́е число́?
— На послеза́втра, на 26 ма́рта.
— Како́й ваго́н?
— Купи́рованный. Если мо́жно, да́йте ни́жнее мéсто. Ско́лько врéмени идёт по́езд до Каза́ни?
— Восемна́дцать часо́в. Вот ваш билéт.
— Спаси́бо.

III

— Това́рищ проводни́к, э́то деся́тый ваго́н?
— Да. Покажи́те, пожа́луйста, ва́ши билéты. Проходи́те. Ва́ше купé трéтье от вхо́да.
— Скажи́те, пожа́луйста, наш по́езд отправля́ется ро́вно в семь?
— Да, по́езд отхо́дит то́чно по расписа́нию. А в чём дéло?
— Я хотéл бы сходи́ть в буфéт.
— Вы не успéете до отхо́да по́езда. Чéрез пятна́дцать мину́т я принесу́ чай. Или, éсли хоти́те, мо́жете пойти́ в ваго́н-рестора́н и там поу́жинать.

— Алло́, э́то Ка́тя?

— Да, э́то я.

— Здра́вствуй, Ка́тя. Э́то говори́т Па́вел. Ты зна́ешь, что за́втра уезжа́ет Воло́дя?

— Да, зна́ю.

— Ты прие́дешь на вокза́л провожа́ть его́?

— Прие́ду. То́лько я не зна́ю то́чно, како́й по́езд и когда́ отхо́дит.

— По́езд № 52 (но́мер пятьдеся́т два) Москва́— Новосиби́рск, шесто́й ваго́н. Отхо́дит в 17.45 (в семна́дцать со́рок пять). Не опа́здывай, пожа́луйста.

— Постара́юсь. До свида́ния.

— До за́втра.

Запомните!

Я жив и здоро́в.	Ich bin gesund und munter.
Все мы жи́вы и здоро́вы.	Wir sind alle gesund und munter (uns allen geht es gut).
Когда́ отхо́дит (отправля́ется) по́езд, теплохо́д?	Wann fährt der Zug, das Schiff ab?
Когда́ отправля́ется самолёт?	Wann startet das Flugzeug?
Я ничего́ не зна́ю.	Ich weiß (von) nichts.
Он нигде́ не́ был.	Er war nirgends.
Мы ни с кем не говори́ли.	Wir haben mit niemandem gesprochen.
Она́ никого́ не ви́дела.	Sie hat niemanden gesehen.

УПРАЖНЕНИЯ

I. Отве́тьте на вопро́сы.

1. Вам ча́сто прихо́дится е́здить?
2. Како́й вид тра́нспорта вы предпочита́ете — по́езд, теплохо́д и́ли самолёт?
3. Каки́м ви́дом тра́нспорта по́льзуетесь вы, когда́ е́дете по дела́м?
4. Каки́м ви́дом тра́нспорта по́льзуетесь вы, когда́ е́дете отдыха́ть?
5. Вы лета́ли на самолёте?
6. Куда́ вы лета́ли после́дний раз?
7. Вам ча́сто прихо́дится лета́ть на самолёте?

8. Как вы себя чувствуете в самолёте?
9. Сколько часов летит самолёт от Берлина до Москвы?
10. Вы часто ездите на поезде?
11. С какой скоростью ходят поезда в вашей стране?
12. Сколько часов идёт поезд от Москвы до Ленинграда?
13. Где покупают билеты на поезд, на самолёт, на теплоход?
14. Как и куда вы ездили последний раз?

II. Проспрягайте следующие глаголы:

ехать, ездить, идти, лететь

III. Вместо точек вставьте один из данных в скобках глаголов в прошедшем времени.

1. В этом году я ... в Сибирь. По дороге, когда я ... туда, я видел много интересного. (ехать — ездить) 2. В прошлом месяце мы ... в Минск. Когда мы ... обратно, была плохая погода. (лететь — летать) 3. Когда я работал в институте, я всегда ... на работу пешком. Вчера, когда я ... домой, я встретил знакомого. (идти — ходить) 4. Недавно мой отец ... в Болгарию. Туда он летел самолётом, а обратно ... поездом. (ехать — ездить)

IV. В следующих предложениях глагол быть замените одним из глаголов движения, данных в скобках. Не забудьте изменить падеж существительных.

Образец: Мы *были* в Крыму.— Мы *ездили* в Крым.

1. Вчера мы были в театре. (идти — ходить) 2. В прошлом году мы были на Кавказе. (ехать — ездить) 3. На прошлой неделе он был в Ленинграде. (лететь — летать) 4. Недавно мой брат был в Венгрии. (ехать — ездить) 5. Мы часто бываем на стадионе. (идти — ходить) 6. — Где вы были? — Мы были в библиотеке. (идти — ходить) 7. Он никогда не был в Сибири. (ехать — ездить)

V. Вместо точек вставьте подходящий по смыслу глагол движения.

Каждый год наша семья ... на юг. В прошлом году мы ... на Кавказ. Туда мы ... поездом, обратно ... самолётом. Когда мы ... туда, в поезде было очень жарко, и на каждой станции мы ... из вагона подышать свежим воздухом. На одной станции, где впервые рядом с железной дорогой мы увидели море, поезд стоял двадцать минут. Все пассажиры ... из вагонов и ... купаться. Через пятнадцать минут машинист дал свисток (сигнал), а ещё через пять минут мы ... дальше. На Кавказе мы жили в Сухуми, но мы часто ... и в другие города.

VI. Вместо точек вставьте подходящие по смыслу глаголы движения с нужной приставкой.

В субботу вечером мы ... из дому, сели в автобус и ... на вокзал. Мы хотели успеть на поезд 19.05, но опоздали. Когда мы ... к кассам, было уже шесть минут восьмого и поезд только что ... . Следующий поезд ... в 19.15. Мы купили билеты и ... на перрон. Электричка уже стояла у платформы. Мы ... в вагон, разместили свои вещи и удобно разместились сами.

До станции «Турист» поезд ... около часа. Когда мы ... из вагона, было ещё светло. У дежурного по станции мы спросили, как ... к деревне Петровке. Он объяснил нам, как ..., и мы ... . Мы ... три часа. За это время мы ... приблизительно десять километров. В половине двенадцатого, когда было уже совсем темно, мы ... в деревню.

VII. Дайте отрица́тельный отве́т на сле́дующие вопро́сы.

Образе́ц: Куда́ ты е́здил ле́том? — Я никуда́ не е́здил ле́том.

1. Куда́ вы пойдёте сего́дня ве́чером? 2. К кому́ вы пойдёте в воскресе́нье? 3. Когда́ ты ви́дел э́того челове́ка? 4. Когда́ вы бы́ли в Крыму́? 5. Кому́ вы пи́шете пи́сьма? 6. Кому́ вы рассказа́ли об э́том? 7. Кого́ он ждёт? 8. У кого́ есть тако́й уче́бник? 9. У кого́ из вас есть маши́на? 10. С кем вы говори́ли о пое́здке?

VIII. Вста́вьте вме́сто то́чек отрица́тельные местоиме́ния и наре́чия.

1. Я ... не мог найти́ ваш а́дрес. 2. В э́то воскресе́нье мы ... не пое́дем. 3. Он ... не перепи́сывается. 4. Я ... не чита́л об э́том. 5. Этот челове́к ... не интересу́ется. 6. Этот мальчи́шка ... не бои́тся. 7. Вам сего́дня ... не звони́л. 8. Он ... не́ был в Москве́. 9. Пожа́луйста, ... не говори́те об э́том.

IX. Отве́тьте на сле́дующие вопро́сы.

А. *Образе́ц:* Кто бы ва́шим пе́рвым учи́телем? —

Мои́м пе́рвым учи́телем был студе́нт университе́та.

1. Кто был ва́шим сосе́дом, когда́ вы жи́ли в дере́вне? 2. Кто был ва́шим дру́гом в шко́ле? 3. Кто был ва́шим учи́телем ру́сского языка́? 4. Кто был дире́ктором шко́лы, в кото́рой вы учи́лись?

Б. *Образе́ц:* Кем бу́дет ваш друг? —

Мой друг бу́дет учи́телем ру́сского языка́.

1. Кем был в мо́лодости ваш оте́ц? 2. Кем был ваш де́душка? 3. Кем был ваш друг? 4. Кем вы бу́дете по́сле оконча́ния университе́та? 5. Кем хо́чет быть ва́ша сестра́? 6. Кем бу́дет ваш брат?

X. В сле́дующих предложе́ниях замени́те прямýю речь ко́свенной.

1. Он спроси́л дежу́рного: «Когда́ прихо́дит по́езд из Ки́ева?» 2. Он отве́тил: «По́езд из Ки́ева прихо́дит в де́вять часо́в утра́». 3. Ни́на спроси́ла милиционе́ра: «Как пройти́ на Ленингра́дский вокза́л?» 4. Милиционе́р отве́тил: «Пешко́м идти́ далеко́, на́до сесть на трамва́й но́мер семь». 5. Я спроси́л сосе́да по купе́: «Когда́ отхо́дит наш по́езд?» 6. Сосе́д по купе́ спроси́л меня́: «Вы не хоти́те пойти́ в ваго́н-рестора́н поу́жинать?» 7. В письме́ мой друг спра́шивал меня́: «Когда́ ты прие́дешь к нам?» 8. Я отве́тил ему́: «Я прие́ду к вам в конце́ ме́сяца». 9. На платфо́рме проводни́ца попроси́ла нас: «Покажи́те ва́ши биле́ты». 10. На вокза́ле незнако́мый челове́к попроси́л нас: «Пожа́луйста, помоги́те мне найти́ спра́вочное бюро́».

XI. Соста́вьте вопро́сы, на кото́рые отвеча́ли бы сле́дующие предложе́ния.

1. — ...?
— От Москвы́ до Ленингра́да по́езд идёт шесть часо́в.
2. — ...?
— Биле́т от Москвы́ до Ленингра́да сто́ит де́вять рубле́й.
3. — ...?
— Наш по́езд отхо́дит в оди́ннадцать часо́в.
4. — ...?
— Да, мы бу́дем в Ленингра́де в пять часо́в утра́.
5. — ...?
— Этот по́езд сто́ит в Росто́ве пять мину́т.
6. — ...?
— Ва́ше ме́сто в деся́том купе́.

7. — ...?
— Поу́жинать мо́жно в ваго́не-рестора́не.

XII. Переведи́те на ру́сский язы́к.

1. Morgen fahre ich nach Leningrad. Der Zug fährt um 19.15 ab.
2. — Wieviel Stunden geht der Zug von Moskau nach Leningrad?
   — Sechs Stunden.
3. — Geben Sie (mir) bitte zwei Fahrkarten nach Minsk für den Sie-
     benundzwanzigsten.
4. — Wann fahren Sie nach Kiew?
   — Übermorgen.
   — Fahren Sie mit dem Zug oder fliegen Sie?
   — Ich fliege.
   — Wieviel Stunden fliegt das Flugzeug bis Kiew?
   — Genau weiß ich es nicht, ich glaube, eine bis anderthalb Stunden.
5. Morgen fahren meine Eltern auf die Krim. Wir werden sie zum Bahnhof bringen.
6. Als der Zug in den Bahnhof einfuhr, sah ich meinen Bruder am Bahnsteig. Er war gekommen, um mich abzuholen.
7. — Wo sind unsere Plätze, bitte?
   — Ihre Plätze sind im V. Abteil.
8. — Wieviel Minuten hält der Zug auf dieser Station?
   — Fünf Minuten.
9. — Das Motorschiff wird in Sotschi drei Stunden halten. Sie können
     an Land gehen und die Stadt besichtigen.
10. — Wie fühlen Sie sich im Flugzeug?
    — Normal.
11. Das Flugzeug ist gelandet. Die Eingangsluke öffnet sich, Fluggäste
    steigen die Gangway hinunter. Da ist auch mein Freund.

XIII. Расскажи́те, куда́ и как (каки́м ви́дом тра́нспорта) вы е́здили после́дний раз.

XIV. Соста́вьте диало́г ме́жду двумя́ знако́мыми, оди́н из кото́рых собира́ется куда́-нибудь е́хать.

XV. Прочита́йте и расскажи́те текст.

По́езд останови́лся на ма́ленькой ста́нции. Пассажи́р посмотре́л в окно́ и уви́дел же́нщину, кото́рая продава́ла бу́лочки. Она́ стоя́ла дово́льно далеко́ от ваго́на, а пассажи́р не хоте́л идти́ за бу́лочками сам. Ви́димо, он боя́лся отста́ть от по́езда. Он позва́л ма́льчика, кото́рый гуля́л по платфо́рме, и спроси́л его́, ско́лько сто́ит бу́лочка.

— Де́сять копе́ек,— отве́тил ма́льчик.

Мужчи́на дал ма́льчику два́дцать копе́ек и сказа́л:

— Возьми́ два́дцать копе́ек и купи́ две бу́лочки — одну́ мне, а другу́ю — себе́.

Че́рез мину́ту ма́льчик верну́лся. Он с аппети́том ел бу́лочку. Ма́льчик по́дал пассажи́ру де́сять копе́ек и сказа́л:

— К сожале́нию, там остава́лась то́лько одна́ бу́лочка.

18

МОСКОВСКИЙ ГОСУДАРСТВЕННЫЙ УНИВЕРСИТЕТ

Мой брат Николай ýчится на геологическом факультéте МГУ. Сейчáс он студéнт четвёртого кýрса. Однáжды он пригласил нас с Мариной в клуб университéта на студéнческий вéчер. Мы пришли в университéт за час до начáла вéчера. Марина никогдá не былá в высóтном здáнии университéта на Лéнинских горáх, и Николáй обещáл показáть нам егó.

Брат встрéтил нас у глáвного вхóда. Как настоящий экскурсовóд, он нáчал свой расскáз об университéте с егó истóрии:

— Москóвский государственный университéт был откры́т 27 апрéля 1755 гóда. Егó основáтелем был великий рýсский учёный Михаил Васильевич Ломонóсов. Вы знáете, что наш университéт нóсит имя Ломонóсова. Сначáла в университéте бы́ло три факультéта: медицинский, юридический и философский. С дáвних пор университéт был цéнтром рýсской наýки и культýры.

Здесь учи́лись Ге́рцен, Бели́нский, Ле́рмонтов, Турге́-
нев.

Сейча́с в университе́те шестна́дцать факульте́тов:
физи́ческий, хими́ческий, меха́нико-математи́ческий,
факульте́т прикладно́й матема́тики и киберне́тики, био-
логи́ческий, по́чвенный, геологи́ческий, географи́че-
ский, истори́ческий, филосо́фский, факульте́т психоло́-
гии, филологи́ческий, юриди́ческий, экономи́ческий,
факульте́т журнали́стики и подготови́тельный факуль-
те́т для иностра́нной молодёжи.

Здесь, в высо́тном зда́нии на Ле́нинских гора́х, у́чат-
ся студе́нты есте́ственных факульте́тов. Ря́дом по-
стро́ено но́вое зда́ние для гуманита́рных факульте́тов
(1).

На скоростно́м ли́фте мы подняли́сь на два́дцать
четвёртый эта́ж и вы́шли на балко́н. Вокру́г гла́вного
ко́рпуса, в кото́ром мы находи́лись, раски́нулся универ-
ситѐтский городо́к: зда́ния факульте́тов, ботани́ческий
сад, спорти́вные площа́дки, обсервато́рия. В я́сную по-
го́ду отсю́да, с са́мой высо́кой то́чки Москвы́, откры-
ва́ется прекра́сный вид на го́род.

Мы спусти́лись вниз, на шесто́й эта́ж. Никола́й по-
вёл нас в оди́н из двадцати́ двух чита́льных за́лов би-
блиоте́ки. В за́лах занима́ются студе́нты, аспира́нты,
преподава́тели и профессора́. Библиоте́ка университе́-

та — одна́ из богате́йших библиоте́к Сове́тского Сою́за. В её фо́нде бо́льше семи́ миллио́нов томо́в.

Из библиоте́ки мы пошли́ в общежи́тие. Никола́й показа́л нам, в каки́х ко́мнатах живу́т студе́нты. В небольшо́й, но удо́бной и све́тлой ко́мнате стои́т пи́сьменный стол, ма́ленький обе́денный стол, кни́жный шкаф, дива́н. На ка́ждом этаже́ есть ку́хни, где студе́нты мо́гут гото́вить обе́д. Но студе́нты ре́дко гото́вят до́ма. В зда́нии университе́та не́сколько столо́вых, буфе́тов, магази́н, по́чта, телегра́ф, парикма́херская, поликли́ника.

— Е́сли студе́нт бои́тся моро́зов, он мо́жет всю зи́му прожи́ть в зда́нии, не выходя́ на у́лицу,— пошути́л я.

— У вас есть таки́е студе́нты? — пове́рила Мари́на.

— Коне́чно, нет,— оби́делся Никола́й.— Почти́ все на́ши студе́нты занима́ются спо́ртом. Пойдёмте, я покажу́ вам гимнасти́ческий зал и бассе́йн, а пото́м мы пойдём в клуб.

Когда́ мы пришли́ в клуб, зал был уже́ по́лон. Мы нашли́ свобо́дные места́, се́ли, и Никола́й рассказа́л нам немно́го о клу́бе.

В клу́бе, и́ли в До́ме культу́ры, как его́ называ́ют, рабо́тает о́коло тридцати́ кружко́в худо́жественной самоде́ятельности (2): студе́нты пою́т в хо́ре, танцу́ют, игра́ют в орке́стре; у них есть свой студе́нческий теа́тр. Зри́тельный зал клу́ба вмеща́ет восемьсо́т зри́телей. Почти́ ка́ждый день здесь мо́жно посмотре́ть что́-нибудь интере́сное: спекта́кль, но́вый фильм, конце́рт.

В тот ве́чер в клу́бе была́ встре́ча студе́нтов МГУ со студе́нтами Ленингра́дского университе́та. В за́ле пога́с свет, на сце́ну вы́шел студе́нт. Начался́ конце́рт.

На э́том зако́нчилась на́ша экску́рсия по Моско́вскому университе́ту.

КОММЕНТАРИИ

(1) гуманита́рные факульте́ты	geisteswissenschaftliche Fakultäten
гуманита́рные нау́ки	Geisteswissenschaften
есте́ственные факульте́ты	naturwissenschaftliche Fakultäten
(2) кружо́к (худо́жественной) самоде́ятельности	Laienkunstzirkel
худо́жественная самоде́ятельность	Laienkunst

— Вы у́читесь в МГУ?
— Да.
— На како́м факульте́те?
— На хими́ческом.
— На како́м ку́рсе?
— На пя́том.
— Ско́лько лет у́чатся в университе́те?
— Пять лет.
— Зна́чит, вы ско́ро око́нчите университе́т?
— Да, в э́том году́. Че́рез два ме́сяца я бу́ду защища́ть дипло́м, пото́м сдава́ть госуда́рственные экза́мены. И по́сле э́того я получу́ дипло́м об оконча́нии университе́та.

II

— Вы студе́нт?
— Да, я студе́нт.
— А где вы у́читесь?
— Я учу́сь в Моско́вском университе́те, на истори́ческом факульте́те.
— Я ви́жу, вы не москви́ч. (1)
— Да, я поля́к, и до про́шлого го́да жил у себя́ на ро́дине в По́льше.
— Ско́лько вре́мени вы живёте в Москве́?
— Уже́ семь ме́сяцев.
— Вы хорошо́ говори́те по-ру́сски. Вы давно́ изуча́ете ру́сский язы́к?
— До прие́зда в Сове́тский Сою́з я почти́ не знал языка́. Я уме́л то́лько чита́ть по-ру́сски. А сейча́с я свобо́дно говорю́, слу́шаю ле́кции на ру́сском языке́ и че́рез два ме́сяца бу́ду сдава́ть экза́мены по исто́рии и литерату́ре вме́сте с ру́сскими студе́нтами.
— Каки́е предме́ты вы изуча́ете сейча́с?
— Исто́рию, литерату́ру, филосо́фию, ру́сский язы́к. Кро́ме ру́сского я изуча́ю ещё и че́шский язы́к, так как хочу́ специализи́роваться по исто́рии славя́нских стран.

III

— Здра́вствуй, Ви́ктор!
— Здра́вствуй, Фили́пп! Как твои́ дела́?
— Спаси́бо, хорошо́. У нас сейча́с се́ссия. (2) Я уже́ сдал три экза́мена. За́втра сдаю́ после́дний.

— Как сдаёшь?
— Пока́ всё на отли́чно.
— А что сдаёшь за́втра?
— Матема́тику.
— Ну, ни пу́ха, ни пера́! (3)

IV

— Ни́на, где рабо́тает ваш брат?
— Игорь? Он сейча́с не рабо́тает. В про́шлом году́ он поступи́л в аспиранту́ру.
— Он экономи́ст?
— Да, он око́нчил экономи́ческий факульте́т. Сейча́с он пи́шет диссерта́цию. Игорь о́чень мно́го рабо́тает. Я уве́рена, что он успе́шно защити́т её.
— Он получа́ет стипе́ндию?
— Коне́чно.
— Кака́я у него́ стипе́ндия?
— Сто три́дцать рубле́й.

КОММЕНТАРИИ

(1) — Я ви́жу, вы не москви́ч.   — Ich sehe, Sie sind kein Moskauer.

— Да, я поля́к.   — Sie haben recht , ich bin Pole.

Ist die Frage verneint, so kann sie folgenderweise beantwortet werden:

1. — Вы не москви́ч?   — Sind Sie kein Moskauer?
— **Нет**, я не москви́ч.   — Nein, ich bin kein Moskauer.

2. — **Да**, я не москви́ч.   — Ja (das stimmt), ich bin kein Moskauer.

3. — **Нет**, я москви́ч.   — Doch, ich bin Moskauer.

In der 1. Antwort wird die Tatsache (Moskauer zu sein) als solche verneint.

In der 2. und der 3. Antwort wird die in der Frage ausgedrückte Vermutung bestätigt bzw. widerlegt:

2. Да (вы пра́вильно ду́маете), я не москви́ч.   2. Ja (Sie urteilen richtig), ich bin kein Moskauer.

3. Нет (вы непра́вильно ду́маете), я москви́ч.   3. Doch (Sie urteilen falsch), ich bin Moskauer.

Запомните!

— Вы никогда нé были в Москве́?	— Waren Sie noch nie in Moskau?
— **Нет**, никогда́ нé был.	— Nein, nie.
— **Да**, никогда́ нé был.	— Stimmt, ich war (dort) nie.
— **Нет**, был в про́шлом году́.	— Doch, voriges Jahr.
— Вы не говори́те по-ру́сски?	— Sprechen Sie nicht russisch?
— **Нет**, не говорю́.	— Nein, nicht.
— **Да**, не говорю́.	— Das stimmt, ich spreche nicht russisch.
— **Нет**, говорю́.	— Doch, ich spreche russisch.

(2) У нас сейча́с се́ссия.	Wir haben jetzt (Semester-)Prüfungen.

Die Zeit der Prüfungen an den Universitäten und anderen Hochschulen heißt **экзаменацио́нная се́ссия**.

(3) Ни пу́ха ни пера́! — eine scherzhafte Wendung, wenn man jemandem Erfolg wünscht („Hals- und Beinbruch!").

Запомните!

учи́ться	в университе́те на факульте́те на пе́рвом ку́рсе	an der Universität an einer Fakultät } studieren. im ersten Studienjahr sein
поступа́ть поступи́ть	в университе́т	an der Universität immatrikuliert werden
конча́ть ко́нчить	университе́т	das Studium an der Universität abschließen
сдава́ть сдать	экза́мен	ein Examen { ablegen eine Prüfung { bestehen
защища́ть защити́ть	дипло́м, диссерта́цию	eine Diplom- arbeit eine Dissertation } verteidigen

172

УПРАЖНЕНИЯ

1. Ответьте на вопросы.

А. 1. Когда был основан Московский университет?
2. Сколько факультетов в Московском университете?
3. Где находится новое здание Московского университета?
4. Какие факультеты называются гуманитарными?
5. Какие факультеты называются естественными?
6. Где занимаются студенты?
7. Где они слушают лекции?
8. Где отдыхают студенты?
9. Где они занимаются спортом?
10. Где живут студенты-немосквичи?

Б. 1. В каком университете вы учитесь?
2. Когда был основан ваш университет?
3. Какие факультеты есть в вашем университете?
4. На каком факультете вы учитесь?
5. Какая у вас специальность?
6. Какие предметы вы изучаете?
7. Кем вы будете после окончания университета?
8. Где бы вы хотели работать после окончания университета?

II. Переделайте предложения, заменив выделенные слова сочетанием о д и́ н и з + родительный падеж

Образец: Это *наш преподаватель.*—
Это *один из наших преподавателей.*

1. В университете я встретил *своего знакомого.* 2. В зале я увидел *нашего студента.* 3. Я вспомнил о *своём товарище.* 4. Карл — *немецкий студент,* обучающийся в Московском университете. 5. Наша библиотека — *самая большая и богатая университетская библиотека.* 6. Ко мне подошёл *преподаватель.* 7. Я взял в библиотеке *новую книгу.*

III. Замените активные конструкции пассивными.

Образец: Московский университет основал М. В. Ломоносов.—
Московский университет основан М. В. Ломоносовым.

1. Это здание построили двести лет назад. 2. В нашем районе скоро откроют новую библиотеку. 3. Все студенты успешно сдали экзамены. 4. В лаборатории всё подготовили для занятий. 5. На собрании объявили, что экзамены начнутся 25 мая. 6. Письмо послали только вчера.

IV. Вместо точек вставьте местоимение с в о й или другие притяжательные местоимения.

1. В ... университете пятнадцать факультетов. 2. Студенты любят ... университет. Студенты — патриоты ... университета. 3. Аспирант показал профессору ... диссертацию. Профессору понравилась ... диссертация. 4. Лектор заинтересовал нас ... докладом. Я внимательно слушал ... доклад. После ... доклада лектор отвечал на ... вопросы. 5. Я взял книгу у ... товарища. Я потерял ... книгу. 6. Профессор Громов прекрасно знает ... специальность и очень интересно читает лекции. На ... лекциях всегда много народу.

V. Вместо точек вставьте глаголы, данные внизу, в нужной форме. Перескажите текст.

Вчера в Москву ... делегация немецких преподавателей русского языка. Сегодня утром делегаты ... в Московский университет. Они ... туда на автобусе. Автобус ... к главному входу. Все ... из автобуса. Многие начали фотографировать здание университета. Когда делегаты ... в здание, к ним ... молодая девушка: «Вы преподаватели из ГДР? Я ваш экскурсовод».

(*ехать, поехать, приехать, подъехать, войти, выйти, подойти*)

VI. Замените сложные предложения простыми.

Образец: До того как я приехал в Москву, я жил в Горьком.— До приезда в Москву я жил в Горьком.

1. До того как я поступил в университет, я работал на заводе. 2. Я никогда не говорил по-русски, до того как встретил вас. 3. Он стал работать в библиотеке, после того как окончил школу. 4. После того как я окончу университет, я буду работать преподавателем. 5. Я много слышал о вас ещё до того, как познакомился с вами. 6. До того как начнутся экзамены, осталось две недели. 7. После того как вы поужинаете, приходите в клуб.

VII. Вставьте союз что или чтобы.

1. Я знаю, ... завтра у нас экзамен. 2. Я думаю, ... мы хорошо сдадим этот экзамен. 3. Я хочу, ... наши студенты хорошо сдали этот экзамен. 4. Вы знаете, ... сегодня у нас не будет лекции по биохимии? 5. Вы думаете, ... наш преподаватель заболел? 6. Мы заметили, ... на последнем занятии наш преподаватель плохо себя чувствовал. 7. Мы хотим, ... завтра у нас было занятие по биохимии. 8. Мне кажется, ... я уже читал эту книгу. 9. Мне хочется, ... вы прочитали эту книгу.

VIII. Замените прямую речь косвенной.

1. Преподаватель сказал нам: «Завтра мы начнём изучать новую тему». Один студент спросил: «Какую тему мы начнём изучать?» 2. Студенты попросили преподавателя: «Объясните, пожалуйста, это правило ещё раз». 3. Преподаватель спросил: «Когда у вас было последнее занятие по русскому языку?» Мы ответили: «В прошлую пятницу». 4. Профессор сказал нам: «Обязательно прочитайте эту книгу». 5. Мой сосед спросил меня: «Ты понял последнюю лекцию?» 6. Один студент спросил меня: «Вы всё поняли в последней лекции?» 7. В общежитии я спросил: «Мне нет письма?» Дежурный ответил: «Вам есть письмо». 8. В письме мой друг пишет: «Мне очень хочется приехать в Москву».

IX. Прочитайте даты:

а) 27 апреля 1755 года, 14 июля 1789 года, 12 апреля 1961 года, 7 ноября 1917 года, 1 января 1930 года, 18 марта 1942 года.

б) 10/II 1836 г., 15/IV 1924 г., 31/VII 1951 г., 2/IX 1893 г., 23/XII 1755 г., 6/VI 1963 г.

X. Составьте вопросы, на которые отвечали бы следующие предложения:

1. — ...?
   — Московский университет был основан Ломоносовым.

2. — ...?

— В но́вом зда́нии у́чатся студе́нты есте́ственных факульте́тов.

3. — ...?

— Мой брат у́чится на филосо́фском факульте́те.

4. — ...?

— Да, он получа́ет стипе́ндию.

5. — ...?

— Послеза́втра мы сдаём экза́мен по исто́рии.

6. — ...?

— Обы́чно я занима́юсь в библиоте́ке университе́та.

7. — ...?

— По́сле оконча́ния университе́та я бу́ду преподава́телем ру́сского языка́.

XI. Прочита́йте и расскажи́те шу́тки:

— У меня́ сего́дня экза́мен, а я ничего́ не зна́ю.

— О чём же ты ду́мал вчера́?

— Вчера́ я ду́мал о том, что за́втра у меня́ экза́мен, а я ничего́ не зна́ю.

* * *

Оди́н профе́ссор отдыха́л на берегу́ мо́ря. Одна́жды он реши́л поката́ться на ло́дке. Си́дя в ло́дке, он заговори́л с матро́сом.

— Скажи́, мой друг,—спроси́л он,—ты хорошо́ зна́ешь фи́зику?

— Извини́те,—сказа́л матро́с,—я не зна́ю фи́зики.

— Несча́стный,—воскли́кнул профе́ссор,—ты потеря́л треть жи́зни.

Че́рез не́сколько мину́т профе́ссор спроси́л:

— Но ты, наве́рное, хорошо́ зна́ешь астроно́мию?

— Нет,—отве́тил матро́с,—я никогда́ не изуча́л астроно́мии.

— Несча́стный,—повтори́л профе́ссор,—ты потеря́л две тре́ти свое́й жи́зни.

В э́то вре́мя подня́лся си́льный ве́тер, и ло́дка ста́ла тону́ть.

— Вы уме́ете пла́вать?—спроси́л матро́с профе́ссора.

— Нет, не уме́ю,—жа́лобно простона́л профе́ссор.

— Держи́тесь за меня́, да кре́пче. Ина́че вы потеря́ете три тре́ти свое́й жи́зни сра́зу.

XII. Переведи́те на ру́сский язы́к.

1. Unsere Universität hat sechs Fakultäten. Ich studiere an der historischen Fakultät. Ich studiere die Geschichte Rußlands. Nach Absolvierung der Universität werde ich Geschichte unterrichten.

2. Mein Bruder studiert an der Universität im zweiten Studienjahr. Er studiert die russische Sprache und die russische Literatur. Er will Lehrer werden.

3. — Studieren Sie oder sind Sie berufstätig? — Ich studiere. — Wo?
   — An der Universität.

4. An der Moskauer Universität studieren Studenten aus 80 Ländern.

5. An der Universität studiert man fünf Jahre.

6. — Welche Fächer haben die Studenten der philologischen Fakultät im ersten Studienjahr?
— Geschichte, altrussische Literatur und moderne russische Sprache.
7. — Dieser Student arbeitet viel.
8. — Wo arbeiten Sie lieber: zu Hause oder in einer Bibliothek?
— Ich arbeite gern in einer Bibliothek.
9. Unsere Studenten treiben gern Sport. Die einen spielen Fuß- oder Volleyball, andere treiben Gymnastik, wieder andere schwimmen.
10. Im Universitätsklub gibt es Laienzirkel. Ich besuche den dramatischen Zirkel.

XIII. Расскажи́те о ва́шем университе́те.

XIV. Соста́вьте диало́г ме́жду студе́нтами, сдаю́щими экза́мены.

19

ЭКСКУРСИЯ ПО МОСКВЕ

Дороги́е чита́тели!

Предлага́ем вам соверши́ть небольшу́ю экску́рсию по Москве́. Предста́вим себе́, что мы с ва́ми нахо́димся в са́мом це́нтре Москвы́ — на Кра́сной пло́щади. Пе́ред. на́ми Кремль — стари́нная кре́пость, окружённая стено́й с высо́кими ба́шнями. В Кремле́ заседа́ет Верхо́вный Сове́т СССР и РСФСР, во Дворце́ съе́здов собира́ются съе́зды Коммунисти́ческой па́ртии Сове́тского Сою́за, прохо́дят всесою́зные совеща́ния рабо́тников промы́шленности, се́льского хозя́йства, нау́ки и культу́ры.

Сле́ва от нас — храм Васи́лия Блаже́нного, па́мятник ру́сской архитекту́ры XVI ве́ка. Напра́во — Истори́ческий музе́й. Пе́ред Кремлёвской стено́й — Мавзоле́й В. И. Ле́нина. Ты́сячи москвиче́й и госте́й Москвы́ прихо́дят сюда́, что́бы почти́ть па́мять вели́кого челове́ка и вождя́.

Отсюда по тихим улицам Замоскворечья и широкому Ленинскому проспекту мы с вами поедем на Ленинские горы. В 1953 году здесь было построено огромное здание Московского государственного университета. С балкона двадцать четвёртого этажа открывается прекрасная панорама Москвы. Внизу прямо перед нами Лужники — Центральный стадион имени В. И. Ленина. Это целый комплекс спортивных сооружений: стадион на сто тысяч человек, Дворец спорта, бассейн, десятки спортивных площадок. Сюда на соревнования и дружеские спортивные встречи часто приезжают спортсмены из разных концов Советского Союза и других стран мира.

Немного правее стадиона вы видите двухъярусный мост через Москву-реку для пешеходов, автотранспорта и метро. За мостом вдоль Москвы-реки тянется сплошная зелёная полоса Парка культуры и отдыха имени Горького.

Справа от университета вы видите кварталы больших жилых домов. Это новый район Москвы, выросший на юго-западе столицы за последние пятнадцать-двадцать лет.

На примере этого района видно, как меняется облик нашего города. Сегодняшняя Москва — город широких проспектов, набережных, зелёных бульваров, красивых мостов, новых многоэтажных зданий. С Ленинских гор по набережной Москвы-реки мы проедем к гостинице «Украина». Это одно из высотных зданий Москвы. Затем мы выезжаем на Садовое кольцо, широкой лентой опоясывающее центральную часть города. Отсюда начинается проспект Калинина, улица новых современных магазинов, кафе, ресторанов.

Мы едем по кольцу мимо высотного жилого дома на площади Восстания, мимо Дома-музея Чехова, мимо Концертного зала имени Чайковского.

На площади Маяковского мы поворачиваем направо и выезжаем на центральную улицу Москвы — улицу Горького. Мы едем к центру города, мимо Музея Революции, памятника Пушкину, памятника основателю Москвы — князю Юрию Долгорукому, мимо здания Московского Совета, Центрального телеграфа. Мелькают витрины магазинов, кинотеатров, названия гостиниц, ресторанов, кафе.

Впереди видны башни Кремля, но мы свернём налево — на площадь Свердлова. Здесь мы выходим из автобуса и останавливаемся перед зданием, которое, наве́рное, уже́ знако́мо вам. Это Большо́й теа́тр — го́рдость москвиче́й, теа́тр, заслу́женно по́льзующийся сла́вой не то́лько в на́шей стране́, но и за рубежо́м. На э́той же пло́щади нахо́дятся Ма́лый теа́тр и Центра́льный де́тский теа́тр, поэ́тому до сих пор иногда́ э́ту пло́щадь называ́ют Театра́льной.

Напро́тив Большо́го теа́тра, в скве́ре, стои́т па́мятник Ка́рлу Ма́рксу. А немно́го да́льше, на пло́щади Револю́ции, нахо́дится зда́ние, в кото́ром стреми́тся побыва́ть ка́ждый, кто приезжа́ет в Москву́. Это Музе́й Влади́мира Ильича́ Ле́нина.

На́ша экску́рсия подхо́дит к концу́. Коне́чно, мы с ва́ми ви́дели лишь небольшу́ю часть из того́ интере́сного, что сто́ит посмотре́ть в Москве́. Одни́х музе́ев в Москве́ бо́лее восьми́десяти, среди́ них Третьяко́вская галере́я, Музе́й изобрази́тельных иску́сств и́мени Пу́шкина, Дом-музе́й Льва Толсто́го, Политехни́ческий музе́й, Музе́й исто́рии и реконстру́кции Москвы́. Но са́мое интере́сное в Москве́ — э́то москвичи́, энерги́чные, жизнера́достные, приве́тливые и гостеприи́мные лю́ди. В э́том вы мо́жете убеди́ться са́ми. Приезжа́йте в Москву́ — посмотри́те го́род, познако́мьтесь с москвича́ми, поговори́те с ни́ми по-ру́сски.

ANHANG

ЗАПОМНИТЕ, КАК МЫ ГОВОРИМ!

UMGANGSFORMELN

При встрече

Begrüßung

До́брое у́тро!	Guten Morgen!
До́брый день!	Guten Tag!
До́брый ве́чер!	Guten Abend!
Здра́вствуй(те)!	Cuten Tag (Morgen, Abend)!
Очень ра́д(а) вас ви́деть!	Freut mich sehr, Sie zu sehen.
Ско́лько лет, ско́лько зим!	Daß man sich wieder einmal sieht!
Кака́я неожи́данность!	Was für eine Überraschung!

При расстава́нии

Abschied

До свида́ния!	Auf Wiedersehen!
До за́втра (до ве́чера, до суббо́ты, до сле́дующей неде́ли)!	Bis morgen (bis zum Abend, bis Sonnabend, bis nächste Woche)!
До ско́рой встре́чи!	Auf baldiges Wiedersehen!
Наде́юсь, ско́ро уви́димся.	Hoffentlich sehen wir uns recht bald wieder.
Всего́ хоро́шего!	Alles Gute!
Приве́т всем.	Grüßen Sie alle.
Переда́йте приве́т всем знако́мым.	Grüßen Sie alle unsere Bekannten.
Приве́т и наилу́чшие пожела́ния ва́шей семье́.	Meine Grüße und meine besten Wünsche an Ihre Familie.
Счастли́вого пути́!	Glückliche Reise!
Прия́тного путеше́ствия!	Ich wünsche Ihnen eine angenehme Reise!
Споко́йной но́чи!	Gute Nacht!

Когда́ мы хоти́м кого́-нибудь поздра́вить

Gratulation

Поздравля́ю вас с днём рожде́ния (с Но́вым го́дом)!

С пра́здником!

С днём рожде́ния!

С Но́вым го́дом!

Ich gratuliere Ihnen zum Geburtstag (zum Neuen Jahr)!

Frohes Fest!

Herzlichen Glückwunsch zum Geburtstag!

Ein glückliches Neujahr! Alles Gute im Neuen Jahr!

При знако́мстве

Vorstellung

Вы не знако́мы?

Разреши́те предста́вить вам ...

Разреши́те предста́вить вас ...

Очень рад(а) познако́миться с ва́ми.

Kennen Sie ...?

Darf ich Ihnen ... vorstellen?

Darf ich Sie mit ... bekannt machen

Freut mich, Ihre Bekanntschaft zu machen.

Если мы хоти́м обрати́ться с про́сьбой

Bitte

Скажи́те, пожа́луйста,...

Бу́дьте добры́...

Вы не ска́жете мне...?

Разреши́те спроси́ть вас...?

Sagen Sie bitte...

Seien Sie so gut...

Könnten Sie mir bitte sagen...

Entschuldigen Sie, können Sie mir sagen,...

Если мы хоти́м попроси́ть извине́ния

Entschuldigungen

Прости́те, пожа́луйста.

Извини́те, пожа́луйста, за беспоко́йство.

Прошу́ извине́ния.

(Ich bitte um) Verzeihung.

Entschuldigen Sie bitte die Störung.

Ich bitte um Entschuldigung.

Ничего́, пожа́луйста.

Ничего́, не беспоко́йтесь.

Пустяки́, ничего́ стра́шного.

Bitte, macht nichts.

Bitte, nicht der Rede wert.

Если мы хотим поблагодарить кого-нибудь

Спасибо.
Большое (огромное) спасибо.
Благодарю вас.
Я вам очень благодарен (благодарна).
Я вам так благодарен (благодарна).
Я вам очень признателен (признательна).

Dankesbezeigungen

Danke.
Vielen (besten) Dank.
Ich danke Ihnen.
Ich bin Ihnen sehr dankbar.

Ich bin Ihnen so dankbar.

Ich bin Ihnen sehr verbunden.

* * *

Пожалуйста.
Не стоит говорить об этом.

Bitte.
Aber ich bitte Sie!

Если мы хотим выразить наше согласие

Да, конечно.
Разумеется.
Думаю, что это так.
По-моему, вы правы.
Я с вами вполне согласен (согласна).
Совершенно верно.
Без сомнения.

Einverständnis, Bestätigung, Bejahung

Ja, natürlich.
Selbstverständlich.
Ich glaube, ja.
Ich glaube, Sie haben recht.
Ich bin ganz Ihrer Meinung.

Sehr richtig!
Ohne Zweifel.

Если мы хотим выразить несогласие

Нет, это не так.
Вы ошибаетесь.
Я не согласен (согласна) с вами.
Боюсь, что вы не правы.

К сожалению, я не могу согласиться с вами.
У меня по этому вопросу другое мнение.
Я думаю иначе.

Entgegnung, Widerlegung

Nein, das stimmt nicht.
Sie irren sich.
Ich bin mit Ihnen nicht einverstanden.
Ich fürchte, Sie haben nicht recht.
Leider kann ich Ihnen nicht zustimmen.
In dieser Frage habe ich eine andere Meinung.
Ich bin anderer Meinung.

Часто задаваемые вопросы

Häufige Fragen

Что это?

Was ist das?

Что с вами?

Was fehlt Ihnen?

Что случилось?

Was ist los (geschehen, passiert)?

Что это значит?

Was bedeutet das?

Что нового?

Was gibt es Neues?

Простите, что вы сказали?

Как вы сказали?

Entschuldigen Sie, was haben Sie eben gesagt? Wie bitte?

Что вы скажете на это?

Was sagen Sie dazu?

Что вы имеете в виду?

Was meinen Sie?

Что бы вы хотели (купить, заказать)?

Sie wünschen?

Что идёт (в кино, в театре)?

Was wird (im Kino, im Theater) gegeben?

Что сегодня в программе?

Was steht heute auf dem Programm?

Кто это?

Wer ist das?

Кто этот человек?

Wer ist dieser Mann?

Кто это был?

Wer war das?

Кто приходил?

Wer war da?

Кто вам (это) сказал?

Wer hat Ihnen (das) gesagt?

Как вас зовут?

Wie heißen Sie?

Как ваше имя?

Wie ist Ihr Name?

Как вы поживаете?

Как дела?

Wie geht es Ihnen?

Как вы себя чувствуете?

Как (ваше) здоровье?

Wie fühlen Sie sich?

Как семья?

Wie geht es Ihrer Familie?

Как дети?

Was machen die Kinder?

Как вы провели праздники?

Wie haben Sie die Feiertage verbracht?

Как называется эта книга (этот фильм, эта улица)?

Wie heißt dieses Buch (dieser Film, diese Straße)?

Как это называется?

Wie heißt das?

Сколько раз?

Wie viele Male?

Как часто?

Wie oft?

Сколько?

Wieviel?

Как много?

Wie viel(e)?

Как долго вы пробудете здесь?

Wie lange bleiben Sie hier?

Как вам нравится ...?

Wie gefällt Ihnen ...?

Как прое́хать ...?	Wie fahre ich bis ...?
Как пройти́ ...?	Wie komme ich zu ...?
Как по-ру́сски ...?	Wie heißt russisch ...?
Како́й сего́дня день (неде́ли)?	Welchen Wochentag haben wir heute?
Како́е сего́дня число́?	Den wievielten haben wir heute?
Кото́рый час?	Wie spät ist es?
Кака́я ра́зница ме́жду ...?	Was ist der Unterschied zwischen ... und ...?
Кака́я э́то остано́вка?	Welche Haltestelle ist das?
Ско́лько лет ва́шему сы́ну (ва́шей до́чери)?	Wie alt ist Ihr Sohn (Ihre Tochter)?
Ско́лько вам биле́тов?	Wieviel Karten wünschen Sie?
В чём де́ло?	Was ist (los)?
О чём идёт речь?	Worum handelt es sich?

WÖRTERVERZEICHNIS

Verwendete Abkürzungen

A — Akkusativ
a — Adjektiv
adv — Adverb
cj — Konjunktion
comp — Komparativ
D — Dativ
d — dieses
f — Femininum
Fut — Futurum
G — Genitiv
imp — imperfektiv, unvollendeter Aspekt
inf — Infinitiv
intr — Schaltwort
Instr — Instrumentalis
interj — Interjektion
inv — invariabel, undeklinierbar, unveränderlich
m — Maskulinum
N — Nominativ
n — Neutrum
num — Numerale, Zahlwort

p — perfektiv, vollendeter Aspekt
P — Person
part — Partizip
pl — Plural
präd — prädikativ
präd imp — unpersönlich, prädikativ gebraucht
Pr — Präpositiv
Präs — Präsens
Prät — Präteritum
pron — Pronomen
prp — Präposition
prtc — Partikel
sg — Singular
umg — umgangssprachlich
vi — intransitives Verb
vimp — impersonales, unpersönliches Verb
vt — transitives Verb
I — 1. Konjugation
II — 2. Konjugation

А, а

а *cj*, und, aber, jedoch, dagegen, während

авиапо́чт|а *f* Luftpost, **посыла́ть** ~**ой** per Luftpost schicken

авто́бусн|ый, -ая, -ое, -ые *a* Omnibus-, Bus-; ~**ая остано́вка** Bushaltestelle

автомаши́на *f auch*: **маши́на** *f* Auto, Wagen

авторучка *f (G pl* **авторучек)** Füllfederhalter

адреса́т *m* Briefempfänger, Adressat

англи́йск|ий, -ая, -ое, -ие *a* englisch; ~ **язы́к** Englisch

англича́нин *m (pl* **англича́не,** *G pl* **англича́н)** Engländer

апте́ка *f* Apotheke

арти́ст *m* Schauspieler; Künstler

арти́стка *f (G pl* **арти́сток)** Schauspielerin; Künstlerin

аспира́нт *m* Aspirant

аспиранту́ра *f* Aspirantur

аудито́рия *f* Auditorium, Hörsaal

Б, б

ба́бушка *f (G pl* **ба́бушек)** Großmutter, Oma

бакале́я *f* Spezereiwaren, Nährund Genußmittel

балери́на *f* Ballettänzerin, Ballerina

бандеро́ль *f* Streifband; Drucksache; **посыла́ть** ~**ю** als Päckchen (Drucksache) schicken

ба́нка *f* (*G pl* **ба́нок**) Glas, Konservenglas; Büchse

бассе́йн *m* Schwimmbecken, -bassin, -halle

ба́шня *f* (*G pl* **ба́шен**) Turm

бе́гать I *imp* laufen

бе́дн|ый, **-ая**, **-ое**, **-ые** *a* arm; bemitleidenswert

бежа́ть *imp* (**бегу́**, **бежи́шь**, ... **бегу́т**) laufen

бе́жев|ый, **-ая**, **-ое**, **-ые** *a* beige, beigefarben

без *prp* (+ *G*) ohne

бе́л|ый, **-ая**, **-ое**, **-ые** *a* weiß

бельё *n* (*nur sg*) Wäsche; Unterwäsche

бе́рег *m* (*Pr* о **бе́реге**, **на берегу́**) Ufer; Küste

бесе́довать I *imp* (**бесе́дую**, **бесе́дуешь**) sich unterhalten, sprechen

беспоко́ить II *imp* beunruhigen, Sorgen machen; stören

беспоко́йство *n* Beunruhigung, Unruhe; Sorgen; Aufregung

бессо́нница *f* Schlaflosigkeit

биле́т *m* Fahrschein, -karte; Eintrittskarte

биологи́ческий: ~ **факульте́т** Fakultät für Biologie

бифште́кс *m* Beefsteak

благода́рен, **благода́рн|а**, **-о**, **-ы** *a* (*Kurzform*) dankbar

благодари́ть II *imp* danken

благодаря́ *prp* (+ *D*) dank

бланк *m* Formular

блестя́щ|ий, **-ая**, **-ее**, **-ие** glänzend

ближа́йш|ий, **-ая**, **-ее**, **-ие** *a* nächst; nächstliegend

бли́же (*comp von* **бли́зкий** *und* **бли́зко**) näher

бли́зко *adv* nahe

блокно́т *m* Notizblock

блю́до *n* Gericht, Gang

богате́йш|ий, **-ая**, **-ее**, **-ие** *a* äußerst reich

бога́т|ый, **-ая**, **-ое**, **-ые** *a* reich; ~ **вы́бор** reiche Auswahl

бо́др|ый, **-ая**, **-ое**, **-ые** *a* munter; rüstig

бока́л *m* Glas, Pokal

болга́рск|ий, **-ая**, **-ое**, **-ие** *a* bulgarisch

бо́лее mehr

боле́льщик *m* Anhänger, Sportbegeisterter, Fan

бо́лен, **больн|а́**, **-ы́** *a* (*Kurzform*) krank; **я** ~ ich bin krank

боле́ть [1] I *imp* 1. (*чем?*) (**боле́ю**, **боле́ешь**) krank sein; 2. (*за кого́?*) passionierter Anhänger (einer Sportgemeinschaft *usw.*) sein

боле́ть [2] II *imp* (**боли́т**, **боля́т**) (*nur 3. P.*) weh tun, schmerzen; **у меня́ боли́т голова́** ich habe Kopfschmerzen

боль *f* Schmerz; **головна́я** ~ Kopfschmerzen

больни́ца *f* Krankenhaus

бо́льно *präd imp* es ist schmerzhaft; **мне** ~ es tut mir weh

больн|о́й, **-а́я**, **-о́е**, **-ы́е** *a* krank

больно́й *m* der Kranke, Patient

бо́льше (*comp von* **большо́й** *und* **мно́го**) größer, weiter, geräumiger; mehr

бо́льш|ий, **-ая**, **-ее**, **-ие** *a* (*comp von* **большо́й**) größer; ~ **ая часть** der größere (der größte) Teil

больш|о́й, **-а́я**, **-о́е**, **-и́е** *a* groß, weit, geräumig

бортпроводни́ца *f* Stewardeß

борщ *m* (*G* **борща́**) Borstsch, rote Rübensuppe

борьба́ *f* Kampf

ботани́ческ|ий, **-ая**, **-ое**, **-ие** *a* botanisch

боти́нки *pl* (*sg* **боти́нок** *m*) Schuhe

боя́ться II *imp* sich fürchten, Angst haben

брат *m* (*pl* **бра́тья**, **бра́тьев** *usw.*) Bruder

брать I *imp.* (**беру́**, **берёшь**, *Prät* **брал**, **-о**, **-и**, **брала́**) nehmen

бри́ться I *imp* (**бре́юсь**, **бре́ешься**) sich rasieren

броди́ть II *imp* (**брожу́**, **бро́дишь**) wandern, umherirren

броса́ть I *imp.* 1. werfen; 2. aufgeben

брю́ки (*nur pl*) (*G* **брюк**) Hose

бу́дничн|ый, **-ая**, **-ое**, **-ые** *a* alltäglich, prosaisch

бу́дущее *n* Zukunft

бу́дущ|ий, **-ая**, **-ее**, **-ие** *a* künftig

бу́лочка *f* (*G pl* **бу́лочек**) Semmel, Brötchen

бу́лочная *f* Backwarengeschäft, Bäckerei

бульо́н *m* Fleischbrühe

бума́га *f* Papier

бума́жник *m* Brieftasche

бу́сы (*nur pl*) (*G* **бус**) Halskette

бутербро́д *m* belegtes Brot, Stulle

буты́лка *f* (*G pl* буты́лок) Flasche

быва́ть I *imp* sein; von Zeit zu Zeit besuchen

бы́стро *adv* schnell, rasch

быть I *imp* sein; (*Präs* есть *wird gewöhnlich weggelassen; Fut* бу́ду, бу́дешь, ... бу́дут; *Prät* был, -о, -и, была́); В ко́мнате бы́ло мно́го сту́льев. Im Zimmer gab es viele Stühle. У меня́ была́ кни́га. Ich hatte ein Buch.

бюро́ *n, inv* Büro, Amt; ~ обслу́живания Kundendienst

В, в

в, во *prp* (+ *Pr und A*) in, innerhalb, während; nach, zu

ва́жн|ый, -ая, -ое, -ые *a* wichtig

ва́нная *f* Bad; Baderaum

варён|ый, -ая, -ое, -ые *a* gekocht

вдвоём *adv* zu zweit

вдоль *prp.* (+ *G.*) entlang

вдруг *adv* plötzlich

ведь *prtc* doch, immerhin; aber

везти́ I *vimp* (везёт, везло́) Glück haben, ему́ везёт er hat Glück, ist ein Glückspilz

век *m* (*pl* века́) Jahrhundert; Zeitalter

веле́ть II *imp und p* befehlen, heißen

вели́к, вели́к|а́, -о́, -и́ (*Kurzform von* большо́й) zu groß, weit

вели́к|ий, -ая, -ое, -ие *a* groß, bedeutend

велосипе́д *m* Fahrrad; ката́ться на ~е Rad fahren

велосипеди́ст *m* Radfahrer

ве́рить II *imp* glauben

ве́рно *adv* richtig, korrekt; э́то ~ das stimmt

верну́ться I *p* (верну́сь, вернёшься) zurückkehren

Верхо́вный Сове́т *m* der Oberste Sowjet

вес *m* Gewicht

ве́село *adv* lustig, fröhlich; мне ~ *präd imp* ich bin froh

весёл|ый, -ая, -ое, -ые *a* lustig, fröhlich, froh, heiter

весе́нн|ий, -яя, -ее, -ие *a* Frühlings-, Frühjahrs-

весна́ *f* Frühling, Frühjahr

весно́й *adv* im Frühjahr

вести́ I *imp* (веду́, ведёшь, ... ве-

ду́т; *Prät* вёл, вел|а́, -о́, -и́) führen

весь, вся, всё, все *pron* ganz, gänzlich, всё alles

ве́тер *m* (*G* ве́тра) Wind

ве́чер *m* (*pl* вечера́) Abend

ве́чером *adv* am Abend, abends; сего́дня ~ heute abend

вещь *f* (*G pl* веще́й) Ding, Sache

взве́сить II *p* (взве́шу, взве́сишь) wägen, abwägen; (ab-)wiegen

взять I *p* (возьму́, возьмёшь; *Prät* взял, -о, -и, взяла́) nehmen

вид[1] *m* Aussicht; Aussehen; Aspekt

вид[2] *m* Art, Sorte

ви́деть II *imp* (ви́жу, ви́дишь) sehen

ви́деться II *imp* (ви́жусь, ви́дишься) (*с кем?*) sich (einander) sehen

ви́дно *präd imp* sichtbar, ist zu sehen

ви́лка *f* (*G pl* ви́лок) Gabel

виногра́д *m* Wein(trauben)

висе́ть II *imp* (вишу́, виси́шь) hängen

витри́на *f* Schaufenster

вкус *m* Geschmack

вку́сно *präd imp:* э́то ~ das schmeckt, ist schmackhaft

вку́сн|ый, -ая, -ое, -ые *a* schmackhaft

вме́сте zusammen, gemeinsam

вме́сто *prp* (+ *G*) statt, anstatt, anstelle

вмеща́ть I *imp* fassen, enthalten, umfassen

вне́шн|ий, -яя, -ее, -ие *a* äußerlich

вниз *adv* (*куда́?*) nach unten

внизу́ *adv* (*где?*) unten

внима́ние *n* Aufmerksamkeit

внима́тельно *adv* aufmerksam

вничью́ *adv:* сыгра́ть ~ Remis machen

внук *m* Enkel

вну́тренн|ий, -яя, -ее, -ие *a* inner, innerlich

внутри́ *adv und prp* (+ *G*) innerhalb, drinnen; in

внутрь *adv und prp* (+ *G*) nach innen, in (+ *A*)

вну́чка *f* (*G pl* вну́чек) Enkelin

во вре́мя *prp* (+ *G*) während

во́время *adv* rechtzeitig

вода́ *f* (*A* во́ду, *pl* во́ды) Wasser

води́ть II *imp* (вожу́, во́дишь) führen, fahren (*vt*)

водопрово́д *m* Wasserleitung

вождь *m* (*G* вождя́) Führer

возвраща́ться I *imp* zurückkehren

во́здух *m* Luft; на ~е an der frischen Luft

война́ *f* (*pl* во́йны) Krieg

войти́ I *p* (войду́, войдёшь; *Prät* вошёл, вошл|а́, -о́, -и́) hereinkommen

вокза́л *m* Bahnhof

вокру́г *prp* (+ *G*) um, um ... herum, rund um ...

волне́ние *n* Aufregung

волнова́ться I *imp* (волну́юсь, волну́ешься) sich aufregen

волну́ющ|ий, -ая, -ее, -ие *a* aufregend, aufwühlend

вообще́ *adv* überhaupt

вопро́с *m* Frage

воспале́ние *n* Entzündung; ~ лёгких Lungenentzündung

восто́к *m* Osten; Orient

восто́чн|ый, -ая, -ое, -ые *a* östlich; orientalisch

впервы́е *adv* erstmalig, zum erstenmal

вперёд *adv* (*куда́?*) vorwärts, nach vorn

впереди́ *adv* (*где?*) vorne

впечатле́ние *n* Eindruck

врата́рь *m* (*G* вратаря́) Torwart

врач *m* (*G* врача́) Arzt

вре́менн|ый, -ая, -ое, -ые *a* provisorisch, zeitweilig

вре́мя *n* (*G* вре́мени, *Instr* вре́менем; *pl* времена́, времён, времена́м *usw*.) Zeit

вруча́ть I *imp* aushändigen

всегда́ *adv* immer

всего́ *adv* alles in allem, zusammengenommen; nur, lediglich; всего́ хоро́шего alles Gute!

всеми́рн|ый, -ая, -ое, -ые *a* weltweit, weltumfassend; Welt-

всё-таки *cj und prtc* immerhin, nichtsdestoweniger

вско́ре *adv* bald

вспо́мнить II *p* sich erinnern, sich besinnen

встава́ть I *imp* (встаю́, встаёшь) aufstehen, sich erheben

встать I *p* (вста́ну, вста́нешь) aufstehen, sich erheben

встре́ча *f* Zusammenkunft; Treffen, Empfang; Spiel

встреча́ть I *imp* empfangen, begrüßen, treffen, begegnen; abholen

встреча́ться I *imp* sich treffen, einander begegnen

всю́ду *adv* überall

в тече́ние *prp* (+ *G*) im Laufe von ..., während

втор|о́й, -а́я, -о́е, -ы́е *num* zweiter; ~ о́е блю́до *oder* второ́е *n* zweiter Gang

втроём *adv* zu dritt

вход *m* Eingang

входи́ть II *imp* (вхожу́, вхо́дишь) hineingehen

вчера́ *adv* gestern

вчера́шн|ий, -яя, -ее, -ие *a* gestrig

выбира́ть I *imp* wählen; auswählen

вы́бор *m* Auswahl, Wahl; большо́й ~ това́ров reiche Warenauswahl

вы́брать I *p* (вы́беру, вы́берешь) auswählen

выдаю́щ|ийся, -аяся, -ееся, -иеся *a* hervorragend

вы́ехать I *p* (вы́еду, вы́едешь) ausziehen; fortfahren

вы́зов *m* Ruf; Aufforderung

вызыва́ть I *imp* rufen; ~ врача́ на́ дом den Arzt bestellen, nach dem Arzt schicken

вы́играть I *p* gewinnen

вы́лечить II *p* auskurieren, heilen

вы́писать I *p* (вы́пишу, вы́пишешь); ~ реце́пт ein Rezept schreiben

вы́пить I *p* (вы́пью, вы́пьешь) (aus)trinken

выполня́ть I *imp* ausführen, erfüllen

выража́ть I *imp* ausdrücken

выраже́ние *n* Ausdruck

вы́расти I *p* (вы́расту, вы́растешь; *Prät* вы́рос, -ла, -ло, -ли) wachsen, groß werden

высо́к|ий, -ая, -ое, -ие *a* hoch, hochgewachsen

высоко́ *adv* hoch

высота́ *f* (*pl* высо́ты) Höhe

высо́тн|ый, -ая, -ое, -ые *a* Hoch-; hoch

вы́ставка *f* (*G pl* вы́ставок) Ausstellung

высш|ий, -ая, -ее, -ие *a* höchst

выходи́ть II *imp* (выхожу́, выхо́дишь) ausgehen, hinausgehen; aussteigen

Г, г

газе́та *f* Zeitung
газе́тн|ый, -ая, -ое, -ые: ~ кио́ск Zeitungsstand, -kiosk
галантере́я *f* (*nur sg*) Kurzwaren
га́лстук *m* Krawatte; Schlips; пионе́рский ~ Pionierhalstuch
гардеро́б *m* Garderobe; Kleiderschrank
гарни́р *m* Beilage (*zu einer Speise*)
га́снуть I *imp* (га́снет, *Prät* гас, -ла, -ло, -ли) erlöschen, ausgehen
гастро́ли *pl* (*G pl* гастро́лей) Gastspiel, Gastreise
гастроно́м *m* Lebensmittelgeschäft
где *adv* wo
геро́й *m* (*G* геро́я; *pl* геро́и) Held
ги́бель *f* Untergang, Tod
глава́[1] *m* (*pl* гла́вы) Oberhaupt, Anführer
глава́[2] *f* (*pl* гла́вы) Kapitel
гла́вн|ый, -ая, -ое, -ые *a* wichtigst; Haupt-; ~ым о́бразом hauptsächlich
гла́дк|ий, -ая, -ое, -ие *a* glatt
глаз *m* (*Pr* в глазу́; *pl* глаза́, глаз *usw.*) Auge
глота́ть I *imp* schlucken; verschlingen
глубо́к|ий, -ая, -ое, -ие *a* tief
глу́п|ый, -ая, -ое, -ые *a* dumm
гляде́ть II *imp* (гляжу́, гляди́шь) schauen, hinsehen
говори́ть II *imp* sprechen; sagen
год *m* (*Pr* о го́де, в году́; *pl* го́ды, года́, *G pl* лет) Jahr
гол *m* (*pl* го́лы, голо́в) Treffer, Tor
голова́ *f* (*A* го́лову; *pl* го́ловы, голо́в *usw.*) Kopf
головн|о́й, -а́я, -о́е, -ы́е *a*: ~ а́я боль Kopfschmerzen
голо́дн|ый, -ая, -ое, -ые *a* hungrig
го́лос *m* (*pl* голоса́) Stimme
голуб|о́й, -а́я, -о́е, -ы́е *a* blau
гора́ *f* (*A* го́ру, *pl* го́ры) Berg; Ле́нинские го́ры Lenin-Berge
горди́ться II *imp* (*чем?*) (горжу́сь, горди́шься) stolz sein (auf)
го́рдость *f* Stolz
горе́ть II *imp* brennen
го́рло *n* Hals
го́рничная *f* Zimmermädchen
го́рн|ый, -ая, -ое, -ые *a* gebirgig, Berg-: ~ институ́т Bergbauinstitut

го́род *m* (*pl* города́) Stadt
городск|о́й, -а́я, -о́е, -и́е *a* städtisch; Stadt-
го́рьк|ий, -ая, -ое, -ие *a* bitter
горя́ч|ий, -ая, -ее, -ие *a* heiß; flammend
гостеприи́мн|ый, -ая, -ое, -ые *a* gastfreundlich
гости́ница *f* Hotel
гость *m* (*pl* го́сти, госте́й, гостя́м) Gast, Besuch
госуда́рственн|ый, -ая, -ое, -ые *a* staatlich, Staats-
госуда́рство *n* Staat
гото́в, -а, -о, -ы *a* (*Kurzform von* гото́вый) bereit; fertig
гото́вить II *imp* (гото́влю, гото́вишь) vorbereiten; kochen
гото́виться II *imp* (гото́влюсь, гото́вишься) sich vorbereiten; sich auf etwas bereit, gefaßt machen
гото́в|ый, -ая, -ое, -ые *a* 1. fertig; 2. gar
граждани́н *m* (*pl N* гра́ждане, *G* гра́ждан *usw.*) Staatsbürger
гражда́нка *f* (*G pl* гражда́нок) Staatsbürgerin
грамма́тика *f* Grammatik
грани́ц|а *f* Grenze; за ~у (*куда́?*) ins Ausland; за ~ей (*где?*) im Ausland; из-за ~ы (*отку́да?*) aus dem Ausland
греть I *imp* wärmen
грипп *m* Grippe
гроза́ *f* (*pl* гро́зы) Gewitter
гро́мк|ий, -ая, -ое, -ие *a* laut
гро́мче (*comp von* гро́мкий *und* гро́мко) lauter
гру́б|ый, -ая, -ое, -ые *a* grob, rauh
грузи́нск|ий, -ая, -ое, -ие grusinisch, georgisch
гру́стно *adv* traurig
гру́стн|ый, -ая, -ое, -ые *a* traurig
гря́зно *präd imp* (es ist) schmutzig
гудо́к *m* (*G* гудка́) Hupe; Sirene; Signal
гуля́ть I *imp* spazierengehen
гуманита́рн|ый, -ая, -ое, -ые *a* geisteswissenschaftlich; ~ ые нау́ки Geisteswissenschaften
густ|о́й, -а́я, -о́е, -ы́е *a* dickflüssig; dick, dicht

Д, д

да *prtc* ja
дава́йте *prtc* laßt uns, lassen Sie

uns...; ~ игра́ть wollen wir spielen, laßt uns spielen

дава́ть I *imp* (даю́, даёшь) geben

давно́ *adv* vor langer Zeit

да́же *prtc* sogar, selbst

далёк|ий, -ая, -ое, -ие *a* fern

далеко́ *adv* weit

да́льше (*comp von* далёкий *und* далеко́) weiter; ferner

да́мск|ий, -ая, -ое, -ие *a* Damen-

да́нн|ый, -ая, -ое, -ые *part* gegeben; betreffend

дари́ть II *imp* (дарю́, да́ришь) schenken

да́ром *adv* umsonst; vergebens

дать *p* (дам, дашь, даст, дади́м, дади́те, даду́т; *Prät* да́л, -о, -и, дала́) geben; gewähren

да́ча *f* Datsche, Landhaus

дверь *f* (*G pl* двере́й) Tür

дви́гаться I *imp* sich bewegen

движе́ние *n* Bewegung; Verkehr

дво́е *num* zwei

двор *m* (*G* двора́) Hof

де́вочка *f* (*G pl* де́вочек) kleines Mädchen

де́вушка *f* (*G pl* де́вушек) junges Mädchen

дед *m* Großvater

де́душка *m* (*G pl* де́душек) Großvater, Opa

дежу́рный *m* diensthabend

де́йствие *n* Handlung; Akt

действи́тельно *adv* wirklich, tatsächlich

декора́ции *pl* Bühnenbild

де́лать I *imp* machen, tun

делега́т *m* Delegierter, Abgeordneter

делега́ция *f* Delegation, Abordnung

де́л|о *n* (*pl* дела́) Sache; Angelegenheit; В чём ~? Worum handelt es sich; по ~ám geschäftlich; dienstlich; Как ~á? Wie geht es?

демисезо́нн|ый, -ая, -ое, -ые *a* Übergangs-

де́нежн|ый, -ая, -ое, -ые *a* Geld-; ~ перево́д Geldüberweisung

день *m* (*G* дня) Tag

де́ньги (*nur pl*) (*G pl* де́нег) Geld

дере́вня *f* (*G pl* дереве́нь) Dorf

де́рево *n* (*pl* дере́вья) Baum

деревя́нн|ый, -ая, -ое, -ые *a* hölzern, aus Holz, Holz-

держа́ть II *imp* (держу́, де́ржишь) halten

деся́ток *m* (*G* деся́тка) zehn

де́ти *pl* (*sg* ребёнок) Kinder

де́тск|ий, -ая, -ое, -ие *a* Kinder-; kindisch; ~ сад Kindergarten

де́тство *n* Kindheit

дешёв|ый, -ая, -ое, -ые *a* billig

де́ятель *m*: госуда́рственный ~ Staatsmann

джаз *m* Jazz; Jazzmusik; Jazzband

джем *m* Jam, Marmelade, Konfitüre

диа́гноз *m* Diagnose; ста́вить ~ Diagnose stellen

дива́н *m* Sofa, Couch

дирижёр *m* Dirigent

диссерта́ция *f* Dissertation

дли́нн|ый, -ая, -ое, -ые *a* lang

для *prp* (+ *G*) für; zu

дневн|о́й, -а́я, -о́е, -ы́е *a*: ~ спекта́кль Tagesvorstellung

днём *adv* am Tage

до *prp* (+ *G*) bis, bis zu; vor

добива́ться I *imp* (чего́?) erreichen, anstreben

добр, -а́, -ы́ (*Kurzform von* до́брый) gut, gütlich; бу́дьте добры́ seien Sie so gut

до́бр|ый, -ая, -ое, -ые *a* gut, gutherzig

дово́лен, дово́льн|а, -о, -ы (*Kurzform von* дово́льный) zufrieden

дово́льно *adv* genug; recht, recht sehr

до востре́бования postlagernd

догада́ться I *p* erraten

договори́ться I *imp* sich verabreden; übereinkommen

дое́хать I *p* (дое́ду, дое́дешь) erreichen, ankommen

дождли́в|ый, -ая, -ое, -ые *a* regnerisch

дождь *m* (*G* дождя́) Regen; идёт ~ es regnet

дойти́ I *p* (дойду́, дойдёшь; *Prät.* дошёл, дошл|а́, -о́, -и́) erreichen

докла́д *m* Bericht, Referat

до́ктор *m* (*pl* доктора́) Doktor, Arzt

документа́льн|ый, -ая, -ое, -ые *a* Dokumentar-

до́лг|ий, -ая, -ое, -ие *a* langwierig

до́лго *adv* lange; lange Zeit

до́лжен, должн|а́, -о́, -ы́ 1. (er, sie, es) muß; sie müssen; я ~ (+ *inf*) ich muß ...; 2. schuldig sein; Он

~ мне 3 рубля́. Er ist mir 3 Rubel schuldig.

дом *m* (*pl* дома́) Haus; Heim; Gebäude

до́ма *adv* (*где?*) zu Hause

дома́шн|ий, -яя, -ее, -ие *a* häuslich, Haus-

домо́й *adv* (*куда́?*) nach Hause

дописа́ть I *p* (допишу́, допи́шешь) zu Ende schreiben, hinzuschreiben

доро́га *f* Weg; Straße

дорог|о́й, -а́я, -о́е, -и́е *a* teuer, lieb; kostspielig

до свида́ния auf Wiedersehen

доска́ *f* (*A* до́ску, *pl* до́ски, до́сок, до́скам *usw.*) Brett; Tafel; ша́хматная ~ Schachbrett

достава́ть I *imp.* (достаю́, достаёшь) 1. holen, herausnehmen; 2. etwas (mit Schwierigkeiten) beschaffen

доставля́ть I *imp* liefern, zustellen; (Sorgen) bereiten, machen

доста́точно *adv* genügend, genug

доста́ть I *p* (доста́ну, доста́нешь) 1. herausnehmen, holen; 2. etwas (mit Schwierigkeiten) beschaffen

достига́ть I *imp* erreichen

доходи́ть II *imp* (дохожу́, дохо́дишь) zu Fuß ankommen; erreichen

до́чка *f* (*G pl* до́чек) *umg* Tochter, Töchterchen

дочь *f* (*G, D, Pr* до́чери; *pl* до́чери, дочере́й, дочеря́м, дочерьми́, о дочеря́х) Tochter

дошко́льник *m* Vorschulkind

дре́вн|ий, -яя, -ее, -ие *a* alt, altertümlich, antik

друг *m* (*pl* друзья́, друзе́й, друзья́м *usw.*) Freund; ~ дру́га einander

друг|о́й, -а́я, -о́е, -и́е *a* anderer

дру́жба *f* Freundschaft

дру́жеск|ий, -ая, -ое, -ие *a* freundschaftlich

дружи́ть II *imp* (дружу́, дру́жишь) (*с кем?*) befreundet sein (mit)

дру́жн|ый, -ая, -ое, -ые *a* einträchtig, einig

ду́мать I *imp* denken, glauben

дупло́ *n* Höhlung

духи́ (*nur pl*) Parfüm

душ *m* Brause, Dusche; Duschraum

душ|а́ *f* (*A* ду́шу, *pl* ду́ши) Seele; мне э́то не по ~е́ das ist nicht nach meinem Geschmack, das gefällt mir nicht

дыша́ть II *imp* (дышу́, ды́шишь) atmen

дя́дя *m* Onkel

Е, е

еда́ *f* Essen; Nahrung

еди́нственн|ый, -ая, -ое, -ые *a* einzig, einzigartig

еже́го́дно *adv* jährlich, alljährlich

ежедне́вно *adv* täglich, alltäglich

е́здить II *imp* (е́зжу, е́здишь) fahren, reisen

е́ле *adv* kaum, mit Mühe

е́сли *cj* wenn

есте́ственн|ый, -ая, -ое, -ые *a* natürlich, Natur-

есть [1] (ем, ешь, ест, еди́м, еди́те, едя́т; *Prät* ел, е́ла, е́ли) essen

есть [2] (*Präs von* быть) ist, sind; у меня́ ~ ich habe

е́хать I *imp* (е́ду, е́дешь) fahren; reisen

ещё *adv* noch; wieder; schon; ~ раз noch einmal; ~ не noch nicht; Он прие́хал ~ вчера́. Er ist schon gestern angekommen.

Ж, ж

жа́дн|ый, -ая, -ое, -ые *a* gierig, geizig

жале́ть I *imp* Mitleid haben; bedauern; bereuen

жа́лко *präd imp*: мне ~, что ... es tut mir leid, daß ...

жа́ловаться I *imp* (жа́луюсь, жа́луешься) (*на что?*) klagen (über); sich beschweren

жаль *präd imp* es ist schade; Мне ~, что ... Es tut mir leid, daß ...

жа́рен|ый, -ая, -ое, -ые *a* gebraten, geröstet

жа́рк|ий, -ая, -ое, -ие *a* heiß, hitzig

жа́рко *präd imp* es ist heiß

ждать I *imp* (жду, ждёшь; *Prät* жда́л, -о, -и, ждала́) (*кого́? что? oder чего́?*) warten, erwarten

же *prtc* doch, jedoch; всё ~ immerhin; trotzdem

жела́ние *n* Wunsch

жела́тельно *präd imp* es ist wünschenswert

желать I *imp* (*чего?*) wünschen

желе́зн|ый, -ая, -ое, -ые *a* aus Eisen; ~ая доро́га Eisenbahn

жёлт|ый, -ая, -ое, -ые *a* gelb

желу́док *m* (*G* желу́дка) Magen

жена́ *f* (*pl* жёны) (Ehe-)Frau, Gattin

жена́т|ый, -ые *part* verheiratet (*von Männern*)

жени́ться II *imp und p* (женю́сь, же́нишься) (*на ком?*) heiraten (*von Männern*)

же́нск|ий, -ая, -ое, -ие Frauen-, Damen-; weiblich

же́нщина *f* Frau

жёстк|ий, -ая, -ое, -ие *a* hart

жи́в, -о, -ы, жива́ (*Kurzform von* живо́й) lebend, lebendig, ~ и здоро́в gesund und munter

жив|о́й, -а́я, -о́е, -ы́е *a* lebend, lebendig, am Leben

жи́вопись *f* Malerei, Malkunst

живо́т *m* (*G* живота́) Bauch

жизнера́достн|ый, -ая, -ое, -ые *a* lebensfroh

жизнь *f* Leben

жил|о́й, -а́я, -о́е, -ы́е *a* Wohn-; bewohnt

жи́рн|ый, -ая, -ое, -ые *a* fett

жи́тель *m* Einwohner; Bewohner

жить I *imp* (живу́, живёшь; *Prät* жи́л, -о, -и, жила́) leben; wohnen

журна́л *m* Zeitschrift

З, з

за *prp* 1. (+ A) (*куда?*) hinter; in; ~ два дня до (*чего?*) zwei Tage vor ...; 2. (+ *Instr*) (*где?*) hinter, jenseits; идти́, посыла́ть ~ (*кем? чем?*) nach (*j-m, etwas*) schicken

заби́ть I *p* (забью́, забьёшь): ~ гол ein Tor schießen

заблуди́ться II *p* (заблужу́сь, заблу́дишься) sich verirren

заболе́ть I *p* (заболе́ю, заболе́ешь) krank werden

забо́титься II *imp* (забо́чусь, забо́тишься) (*о ком? о чём?*) sorgen für; sich Sorgen machen (um)

забо́тлив|ый, -ая, -ое, -ые *a* sorgsam, aufmerksam

забыва́ть I *imp* vergessen

забы́ть I *p* (забу́ду, забу́дешь) vergessen

заведе́ние *n*: уче́бное ~ Bildungseinrichtung

заверну́ть I *p* (заверну́, завернёшь) einwickeln, einpacken

завёртывать I *imp* einwickeln, einpacken

заво́д *m* Werk, Betrieb, Fabrik

за́втра *adv* morgen

за́втрак *m* Frühstück

за́втракать I *imp* frühstücken

за́втрашн|ий, -яя, -ее, -ие *a* morgig

загла́вие *n* Überschrift, Titel

загора́ть I *imp* sich in der Sonne bräunen (lassen)

за́городн|ый, -ая, -ое, -ые *a* Vorstadt-, Land-; ~ая прогу́лка eine Fahrt ins Grüne

задава́ть I *imp* (задаю́, задаёшь) aufgeben; ~ вопро́сы Fragen stellen

зада́ча *f* Aufgabe

заже́чь I *p* (зажгу́, зажжёшь, ... зажгу́т; *Prät* зажёг, зажгл|а́, -о́, -и́) anstecken, anzünden

зайти́ I *p* (зайду́, зайдёшь; *Prät* зашёл, зашл|а́, -о́, -и́) einkehren, vorbeikommen

зака́з *m* Bestellung, Auftrag

заказа́ть I *p* (закажу́, зака́жешь) bestellen

заказн|о́й, -а́я, -о́е, -ы́е *a*: ~о́е письмо́ eingeschriebener Brief

зака́зывать I *imp* bestellen

зако́нчить II *p* abschließen, beenden

зако́нчиться II *p* enden

закрыва́ть I *imp* zumachen, schließen; bedecken

закры́т, -а, -о, -ы *a* (*Kurzform von* закры́тый) geschlossen

закры́т|ый, -ая, -ые *a* geschlossen

закури́ть II *p* (закурю́, заку́ришь) sich eine Zigarette anstecken

закуси́ть II *p* (закушу́, заку́сишь) einen Imbiß nehmen

заку́ска *f* (*G pl* заку́сок) Vorspeise

заку́сочная *f* Imbißstube

заку́сывать I *imp* einen Imbiß, etwas zu sich nehmen

зал *m* Saal

замени́ть II *p* (заменю́, заме́нишь) ersetzen, auswechseln

заме́тить II *p* (заме́чу, заме́тишь) bemerken, merken

замеча́тельн|ый, -ая, -ое, -ые *a* ausgezeichnet, bemerkenswert

замеча́ть I *imp* bemerken

замолча́ть II *p* (замолчу́, замол-
чи́шь) schweigen, zu sprechen
aufhören

за́муж *adv*: выходи́ть ~ (*за кого́?*)
heiraten (*von Frauen*)

за́мужем *adv*: быть ~ (*за кем?*)
verheiratet sein (*von Frauen*)

за́навес *m* Vorhang

занима́ть I *imp* besetzen, einnehmen; ~ пе́рвое ме́сто den ersten
Platz belegen

занима́ться I *imp* (*чем?*) sich be-
schäftigen, befassen (mit); arbeiten, beschäftigt sein; studieren,
lernen; treiben (*von Sport*)

за́нят, -о, -ы, занята́ *a* (*Kurzform
vom part* за́нятый) beschäftigt

заня́тие *n* Beschäftigung

заня́тия *pl* Unterricht, Lehrveran-
staltung

заня́ть I *p* (займу́, займёшь, ...
займу́т; *Prät* за́нял, -о, -и, заня-
ла́) besetzen, einnehmen; ~ пе́р-
вое ме́сто den ersten Platz belegen

за́пад *m* Westen

за́падн|ый, -ая, -ое, -ые *a* westlich

записа́ть I *p* (запишу́, запи́шешь)
aufschreiben, notieren

заплати́ть II *p* (заплачу́, запла́-
тишь) zahlen, bezahlen

запо́лнить II *p* ausfüllen

запо́мнить II *p* behalten, sich merken

запреща́ть I *imp* verbieten

зара́нее *adv* im voraus

зарубе́жн|ый, -ая, -ое, -ые *a* aus-
ländisch

заря́дк|а *f* Gymnastik; де́лать ~у
Gymnastik machen

заседа́ть I *imp* eine Sitzung abhal-
ten

заслу́женно *adv* verdientermaßen;
~ по́льзоваться успе́хом sich
eines verdienten Erfolges erfreuen

засмея́ться I *p* anfangen zu lachen

зате́м *adv* dann, später

зато́ *cj* dafür

заходи́ть II *imp* (захожу́, захо́-
дишь) *bei j-m* vorbeikommen

захоте́ть *p* (захочу́, захо́чешь, за-
хо́чет, захоти́м, захоти́те, захо-
тя́т) wollen; wünschen, die Lust
bekommen (*etwas zu tun*)

захоте́ться *vimp p* (захо́чется, за-
хоте́лось) (*кому? чего?*) wollen:
мне захоте́лось ... ich bekam
Lust

заче́м *adv* wozu, warum, weshalb

защища́ть I *imp* verteidigen

зва́ние *n* Rang, Titel

звать I *imp* (зову́, зовёшь; *Prät*
зва́л, -о, -и, звала́) rufen; heißen;
его́ (её) зову́т ... er (sie) heißt ...

звезда́ *f* (*pl* звёзды) Stern

звене́ть II *imp* klingeln, läuten

звоно́к *m* (*G* звонка́) Klingel; Klin-
gelzeichen

звук *m* Laut, Ton

звуча́ть II *imp* klingen

зда́ние *n* Gebäude

здесь *adv* hier

здоро́в, -а, -о, -ы *a* (*Kurzform von*
здоро́вый) gesund

здоро́ваться I *imp* (*с кем?*) grüßen,
begrüßen

здоро́вье *n* Gesundheit

здра́вствуй(те) Guten Tag (Morgen, Abend)!

зелён|ый, -ая, -ое, -ые *a* grün

земля́ *f* (*A* зе́млю; *pl* зе́мли, зе-
ме́ль, зе́млям) Erde, Boden,
Grund und Boden

зе́ркало *n* (*pl* зеркала́, зерка́л)
Spiegel

зима́ *f* (*A* зи́му; на́ зиму; *pl* зи́мы)
Winter

зи́мн|ий, -яя, -ее, -ие *a* winterlich,
Winter-

зимо́й *adv* im Winter

знако́м, -а, -о, -ы (*Kurzform von*
знако́мый) bekannt, я с ним
~ ich kenne ihn, bin mit ihm bekannt

знако́мить II *imp* (знако́млю, зна-
ко́мишь) (*кого? с кем?*) bekannt
machen, vorstellen

знако́миться II *imp* (знако́млюсь,
знако́мишься) (*с кем? с чем?*)
sich bekannt machen, j-s Bekanntschaft machen

знако́м|ый, -ая, -ое, -ые *a* be-
kannt

знамени́т|ый, -ая, -ое, -ые *a* be-
rühmt

зна́ние *n* Kenntnis, Wissen

знать I *imp* wissen; kennen

зна́чит das heißt

значи́тельн|ый, -ая, -ое, -ые *a* be-
deutend, wichtig

зна́чить II *imp* bedeuten, bezeichnen

золот|о́й, -а́я, -о́е, -ы́е *a* golden, aus Gold

зонт *m* (*G* зонта́) Regenschirm

зре́ние *n* Sehvermögen

зри́тель *m* Zuschauer; зри́тели *pl* die Zuschauer, das Publikum

зри́тельн|ый, -ая, -ое, -ые *a*: ~ зал Zuschauerraum

зря *adv* vergeblich

зуб *m* (*pl* зу́бы, зубо́в) Zahn

зубн|о́й, -а́я, -о́е, -ы́е *a* Zahn-; ~ врач Zahnarzt

И, и

и *cj* und

игра́ *f* (*pl* и́гры) Spiel

игра́ть I *imp* spielen; ~ в волейбо́л Volleyball spielen; ~ на ро́яле Klavier spielen

игро́к *m* (*G* игрока́) Spieler

игру́шка *f* (*G pl* игру́шек) Spielsache, Spielzeug

идти́ I *imp* (иду́, идёшь; *Prät* шёл, шла, шло, шли) gehen; wandern; vergehen, verlaufen

из, изо́ *prp* (+ *G*) aus; von

изве́стие *n* Nachricht

изве́стн|ый, -ая, -ое, -ые *a* bekannt

извини́ть II *p* entschuldigen

извини́ться II *p* sich entschuldigen, um Entschuldigung bitten

и́здали *adv* von fernher, aus der Ferne

изда́ние *n* Ausgabe; Herausgabe

изде́лие *n* Ware, Artikel, Erzeugnis

из-за *prp* (+ *G*) hinter ... hervor; wegen ...

излю́бленн|ый, -ая, -ое, -ые *a* beliebt, Lieblings-

измени́ть II *p* (изменю́, изме́нишь) ändern

изме́рить II *p* messen; ~ температу́ру die Temperatur messen

изобража́ть I *imp* darstellen

изобрази́тельн|ый, -ая, -ое, -ые *a* bildend; Музе́й ~ых иску́сств Museum der bildenden Künste

из-под *prp* (+ *G*) unter .... hervor

изуча́ть I *imp* studieren; lernen

икра́ *f* Kaviar

и́ли *cj* oder; и́ли ... и́ли entweder ... oder ...

и́мени benannt nach, namens; теа́тр ~ Маяко́вского Majakowski-Theater

име́ть I *imp* haben, besitzen

име́ться I *imp:* име́ется es gibt

и́мя *n* (*G* и́мени; *pl* имена́, имён, имена́м) Name

ина́че *adv* sonst; anders

инициа́лы *pl* Anfangsbuchstaben (*von Vor- und Vatersnamen*)

иногда́ *adv* manchmal

ин|о́й, -а́я, -о́е, -ы́е *a* andersartig; anders; so mancher

иностра́нец *m* (*G* иностра́нца) Ausländer

иностра́нн|ый, -ая, -ое, -ые *a* ausländisch, Fremd-

инструме́нт *m* Instrument, Werkzeug; музыка́льный ~ Musikinstrument

интере́с *m* Interesse

интере́сн|ый, -ая, -ое, -ые *a* interessant

интересова́ть I *imp* (интересу́ю, интересу́ешь) interessieren

интересова́ться I *imp* (интересу́юсь, интересу́ешься) (*кем? чем?*) sich interessieren

иска́ть I *imp* (ищу́, и́щешь) suchen

иску́сственн|ый, -ая, -ое, -ые *a* künstlich; nachgeahmt

иску́сство *n* Kunst

испа́нск|ий, -ая, -ое, -ие *a* spanisch

исполня́ть I *imp* ausführen; spielen, darbieten

испо́льзовать I *imp und p* (испо́льзую, испо́льзуешь) nutzen, benutzen

исправля́ть I *imp* korrigieren, ausbessern

иссле́довать I *imp und p* (иссле́дую, иссле́дуешь) forschen

истори́ческ|ий, -ая, -ое, -ие *a* geschichtlich; historisch

исто́рия *f* Geschichte

исчеза́ть I *imp* verschwinden

ита́к *cj* demnach, also, auf diese Weise ...

и т. д. (= и так да́лее) usw., usf.

К, к

к, ко *prp* (+ *D*) zu; auf ... zu; an; gegen, gegenüber

кабине́т *m* Arbeitszimmer, Kabinett

каблу́к *m* (*G* каблука́) Absatz

Кавка́з *m* Kaukasus

ка́жд|ый, -ая, -ое, -ые *pron* jeder, jedermann

ка́жется *siehe* каза́ться

каза́ться I *imp* 1. (кажу́сь, ка́жешься) scheinen; 2. *vimp und intr* (ка́жется; каза́лось) es scheint, daß ...; scheinen + *inf*

как *adv und cj* wie; ähnlich wie; soviel wie; als wenn; ~ бу́дто als ob, es sieht so aus, als ob ...; ~ раз genau; быть ~ раз *umg.* richtig nach dem Maß sein; ~ сле́дует wie es sich gehört

как|о́й, -а́я, -о́е, -и́е *pron* welch, was für ein

како́й-нибудь *pron* ein, irgendein, eine Art von ...

како́й-то *pron* ein, ein gewisser; beliebiger

календа́рь *m* (*G* календаря́) Kalender

ка́мера *f* Raum; ~ хране́ния Gepäckaufbewahrung

кани́кулы (*nur pl*) Ferien

капита́н *m* Hauptmann; Kapitän

ка́пля *f* (*G pl* ка́пель) Tropfen

капу́ста *f* Kohl

каранда́ш *m* (*G* карандаша́) Bleistift

карма́н *m* Tasche

карти́на *f* Gemälde; Bild; Szene

карто́фель *m* Kartoffeln

каса́ться I *imp* berühren; betreffen, anbelangen

ка́сса *f* Kasse

касси́р *m* Kassier(er)

кастрю́ля *f* Kochtopf

ката́ться I *imp:* ~ на конька́х Schlittschuh laufen; ~ на лы́жах Ski laufen; ~ на ло́дке Boot fahren

като́к *m* (*G* катка́) Eisbahn

ка́федра *f* Rednerpult; Lehrstuhl

ка́чество *n* Qualität; Eigenschaft

ка́шель *m* (*G* ка́шля) Husten

каю́та *f* Kajute

квадра́тн|ый, -ая, -ое, -ые *a* quadratisch, Quadrat-

кварта́л *m* (Häuser)block, Viertel

кварти́ра *f* Wohnung

квита́нция *f* Quittung; бага́жная ~ Gepäckempfangsschein

кило́ *n inv, umg* Kilogramm

кино́ *n inv* Kino; Lichtspielhaus; Film

киноактёр *m* Filmschauspieler

киножурна́л *m* Wochenschau

кинотеа́тр *m* Lichtspielhaus

кинофи́льм *m* Film

класс *m* Klasse; Klassenraum

класси́ческ|ий, -ая, -ое, -ие *a* klassisch

класть I *imp* (кладу́, кладёшь; *Prät* кла́л, -а, -о, -и) legen, hinlegen, hineintun

кли́мат *m* Klima

ключ *m* (*G* ключа́) Schlüssel

кни́га *f* Buch

кни́жн|ый, -ая, -ое, -ые *a* Buch-; ~ шкаф Bücherschrank

ковёр *m* (*G* ковра́) Teppich

когда́ *adv und cj* wenn; als

когда́-нибудь *adv* einmal, irgendwann, eines Tages, einst

ко́жа *f* Leder; Haut

ко́жан|ый, -ая, -ое, -ые *a* aus Leder, ledern

колбаса́ *f* Wurst

коли́чество *n* Menge, Quantität

кольцо́ *n* (*pl* ко́льца, коле́ц) Ring

кома́нда *f* Mannschaft; Team

командиро́вк|а *f* Dienstreise; е́здить в ~у eine Dienstreise machen, dienstlich verreisen

комбина́т *m:* ~ бытово́го обслу́живания Dienstleistungskombinat

ко́мната *f* Zimmer, Raum

ко́мплекс *m* Komplex; ~ упражне́ний Übungskomplex

конве́рт *m* Briefumschlag

конди́терск|ий, -ая, -ое, -ие *a* Konditorei-, Süßwaren-

коне́ц *m* (*G* конца́) Ende

коне́чно [-шн-] *prtc* natürlich, selbstverständlich

коне́чн|ый, -ая, -ое, -ые *a* End-

консервато́рия *f* Konservatorium

консе́рвы (*nur pl*) Konserven

конфе́та *f* Bonbon, Praline

конча́ть I *imp* beenden, abschließen, fertig machen

ко́нчить II *p* beenden, abschließen, fertig werden

ко́нчиться II *p* enden

коньки́ *pl* (*sg* конёк *m*) Schlittschuhe

конькобе́жн|ый, -ая, -ое, -ые *a:* ~ спорт Schlittschuhsport

копе́йка *f* (*G pl* копе́ек) Kopeke

кора́бль *m* (*G* корабля́) Schiff

коренн|о́й *a:* ~ зуб Backenzahn

кори́чнев|ый, -ая, -ое, -ые *a* braun

коро́бка *f* (*G pl* коро́бок) Karton, Schachtel

коро́тк|ий, -ая, -ое, -ие *a* kurz

ко́рпус *m* Gebäude

корреспонде́нция *f* Korrespondenz

корт *m* Tennisplatz

косми́ческ|ий, -ая, -ое, -ие *a* kosmisch

космона́вт *m* Kosmonaut, Astronaut, Raumflieger

ко́смос *m* Weltall, Weltraum, Kosmos

косну́ться I *p* (косну́сь, коснёшься) berühren, streifen

костёр *m* (*G* костра́) Lagerfeuer, Scheiterhaufen

кость *f* (*pl* ко́сти, косте́й, костя́м *usw.*) Knochen

костю́м *m* Anzug; Kostüm

котле́та *f* Kotelett; Bulette

кото́р|ый, -ая, -ое, -ые *pron* welcher; wer; wievielter

ко́фе *m, inv* Kaffee

ко́фточка *f* (*G pl* ко́фточек) Bluse; Jacke

краси́вее (*comp von* краси́вый *und* краси́во) schöner

краси́в|ый, -ая, -ое, -ые *a* schön, hübsch

кра́сн|ый, -ая, -ое, -ые *a* rot

красота́ *f* Schönheit

Кремль *m* (*G* Кремля́) der Kreml

кре́пк|ий, -ая, -ое, -ие *a* fest; rüstig, gesund

кре́пость *f* Festung; Festigkeit

кре́сло *n* (*G pl* кре́сел) Sessel

крестья́нин *m* (*pl* крестья́не, крестья́н) Bauer

крив|о́й, -а́я, -о́е, -ы́е *a* schief; krumm; gebogen

крик *m* Schrei

критикова́ть I *imp* (критику́ю, критику́ешь) kritisieren

крича́ть II *imp* schreien

крова́ть *f* Bett

кроль *m* Kraul (*Schwimmart*)

кро́ме *prp* (+ *G*) außer, neben; mit Ausnahme von; ~ того́ außerdem

кру́гл|ый, -ая, -ое, -ые *a* rund; ~ год das Jahr über, das ganze Jahr

круго́м *adv* rundherum

кружи́ться II *imp* (кружу́сь, кру́жишься) sich drehen

кружо́к *m* (*G* кружка́) Zirkel; ~ худо́жественной самоде́ятельности Laienkunstzirkel

крупне́йш|ий, -ая, -ее, -ие *a* größt, bedeutendst

кру́пн|ый, -ая, -ое, -ые *a* groß, bedeutend, wichtig; prominent

крут|о́й, -а́я, -о́е, -ы́е *a* steil; scharf

Крым *m* (*Pr o* Кры́ме, *в* Крыму́) die Krim

кста́ти übrigens; gerade recht

кто *pron* wer

кто́-нибудь *pron* irgendwer, irgendjemand

кто́-то *pron* jemand

куда́ *adv* wohin

куда́-нибудь *adv* irgendwohin, wohin auch immer

куда́-то *adv* irgendwohin

ку́кла *f* (*G pl* ку́кол) Puppe

культу́рн|ый, -ая, -ое, -ые *a* gebildet, kultiviert

купа́ние *n* Baden

купа́ться I *imp* baden

купе́ *n, inv* Abteil, Coupé

купи́рованн|ый, -ая, -ое, -ые *a:* ~ ваго́н Schlafwagen

купи́ть II *p* (куплю́, ку́пишь) kaufen, besorgen

ку́пол *m* (*pl* купола́, куполо́в) Kuppel, Dom

кури́ть II *imp* (ку́рю, ку́ришь) rauchen

ку́рица *f* (*pl* ку́ры, кур *usw.*) Huhn

куро́рт *m* Bad, Kurort

курс *m* Kurs; Lehrgang

кусо́к *m* (*G* куска́) Stück, Teil

ку́хня *f* (*G pl* ку́хонь) Küche

ку́хонн|ый, -ая, -ое, -ые *a* Küchen-

Л, л

лаборато́рия *f* Labor(atorium)

ла́герь *m* Lager

латви́йск|ий, -ая, -ое, -ие *a* lettisch

ле́в|ый, -ая, -ое, -ые *a* link

лёгкие *pl* (*sg* лёгкое *n*) Lungen

лёгк|ий, -ая, -ое, -ие *a* leicht; einfach

легко́ *adv* leicht; *präd imp:* einfach; es ist leicht (einfach)

лёд *m* (*G* льда) Eis

ледни́к *m* (*G* ледника́) Gletscher

лежа́ть II *imp* (лежу́, лежи́шь) liegen

лека́рство *n* Arznei, Medizin

ле́ктор *m* Dozent, Referent, Redner

ле́кция *f* Vorlesung

ле́нта *f* Band, Schleife

лес *m* (*Pr* о ле́се, в лесу́, *pl* леса́) Wald

лесн|о́й, -а́я, -о́е, -ы́е *a* Wald-, Forst-

ле́стница *f* Treppe, Leiter, Stiege

лет (*G pl von* год) *siehe* год

лета́ть I *imp* fliegen

лете́ть II *imp* (лечу́, лети́шь) fliegen

ле́тн|ий, -яя, -ее, -ие *a* sommerlich, Sommer-

ле́то *n* Sommer

ле́том *adv* im Sommer

лётчик *m* Flieger, Pilot; ~-космона́вт Weltraumflieger, Astronaut

лече́бн|ый, -ая, -ое, -ые *a:* ~ое учрежде́ние medizinische Einrichtung

лечи́ть II *imp* (лечу́, ле́чишь) heilen, kurieren, behandeln

лечь I *p* (ля́гу, ля́жешь, ... ля́гут; *Prät* лёг, легл|а́, -о́, -и́) sich hin-, niederlegen

ли *prtc* wirklich?, tatsächlich?, ... denn?

ли́бо *cj* oder; bald; ли́бо ... ли́бо entweder ... oder

лимо́н *m* Zitrone

ли́ния *f* Linie

лист[1] *m* (*G* листа́, *pl* ли́стья) Baum-, Pflanzenblatt

лист[2] *m* (*G* листа́, *pl* листы́) Blatt; Bogen

лито́вск|ий, -ая, -ое, -ие *a* litauisch

лить I *imp* (лью, льёшь; *Prät* лил, -о, -и, лила́) gießen

лифт *m* Aufzug, Fahrstuhl

лицо́ *n* (*pl* ли́ца) Gesicht; Antlitz

ли́чн|ый, -ая, -ое, -ые *a* persönlich; privat

ли́шн|ий, -яя, -ее, -ие *a* überflüssig, unnötig; übrig

лишь *prtc* nur, lediglich

лоб *m* (*G* лба) Stirn

лови́ть II *imp* (ловлю́, ло́вишь) fangen

ло́дка *f* (*G pl* ло́док) Boot

ло́жа *f* Loge

ложи́ться II *imp* (ложу́сь, ложи́шься) sich hin-, niederlegen; ~ спать schlafen gehen

ло́жка *f* (*G pl* ло́жек) Löffel

ло́шадь *f* (*G pl* лошаде́й) Pferd

луг *m* (*Pr* о лу́ге, на лугу́) Wiese

луна́ *f* Mond

лу́чше (*comp von* хоро́ший *und* хоро-

шо́) besser; ~ всех besser als alle; ~ всего́ es ist das beste

лу́чш|ий, -ая, -ее, -ие *a* best; besser

лы́ж|и *pl* (*sg* лы́жа *f*) Ski; ходи́ть на ~ах, ката́ться на ~ах Ski laufen

лы́жник *m* Skiläufer

люби́м|ый, -ая, -ое, -ые *a* beliebt; geliebt; Lieblings-

люби́тель *m* Amateur, Laie; Anhänger

люби́ть II *imp* (люблю́, лю́бишь) lieben; mögen, gern haben

любова́ться I *imp* (любу́юсь, любу́ешься) (*чем?*) bewundern

любо́вь *f* (*G* любви́) Liebe

люб|о́й, -а́я, -о́е, -ы́е *a* beliebig

лю́ди *pl* (*G* люде́й, *D* лю́дям, *Instr* людьми́, *Pr* о лю́дях; *sg* челове́к *m*) Menschen

лю́стра *f* Kronleuchter, Lüster

М, м

мавзоле́й *m* (*G* мавзоле́я) Mausoleum

мал, -а́, -о́, -ы́ *a* (*Kurzform von* ма́ленький, ма́лый) zu klein, zu eng

ма́леньк|ий, -ая, -ое, -ие *a* klein; eng

ма́ло *adv* wenig; nicht genug

ма́льчик *m* Junge

ма́ма *f* Mama, Mutti

ма́рка *f* (*G pl* ма́рок) Briefmarke

маршру́т *m* Route

ма́сло *n* Butter; Öl

ма́стер *m* (*pl* мастера́, мастеро́в *usw.*) Meister; ~ спо́рта Meister des Sports

материа́л *m* Material; Stoff

мать *f* (*G,D,Pr* ма́тери; *pl* ма́тери, матере́й, матеря́м *usw.*) Mutter

маши́на *f* 1. Maschine; Werkbank; 2. Auto, Wagen

машини́ст *m* Lokführer

ме́бель *f* *nur sg* die Möbel

медици́на *f* Medizin

медици́нск|ий, -ая, -ое, -ие *a* medizinisch

ме́дленн|ый, -ая, -ое, -ые *a* langsam

медсестра́ *f* (*pl* медсёстры, медсестёр *usw.*) Krankenschwester

ме́жду *prp* (+ *G oder Instr*) zwischen; unter

междунаро́дн|ый, -ая, -ое, -ые *a* international

197

ме́лк|ий, -ая, -ое, -ие *a* klein, flach, seicht; ~ая таре́лка flacher Teller

мелька́ть I *imp* erscheinen, auftauchen; hindurchschimmern

ме́ньше (*comp von* ма́ленький *und* ма́ло) weniger; geringer

ме́ньш|ий, -ая, -ее, -ие *a* der kleinere; der jüngere

меня́ть I *imp* wechseln; verändern

меня́ться I *imp* sich verändern; tauschen (*mit j-m*); austauschen

ме́рить II *imp* messen; anprobieren

ме́стн|ый, -ая, -ое, -ые *a* örtlich, lokal

ме́сто *n* (*pl* места́) Platz, Ort, Stelle

ме́сяц *m* Monat

мета́лл *m* Metall

метро́ *n inv* Untergrundbahn, Metro

мех *m* (*pl* меха́) Pelz, Fell

меха́нико-математи́ческий *a:* ~ факульте́т mechanisch-mathematische Fakultät

мечта́ *f* (*G pl* мечта́ний) Traum; Träumerei

мечта́ть I *imp* (*о ком? о чём?*) träumen (*von*), schwärmen (*für*)

меша́ть I *imp* (*кому? чему?*) stören; hindern

милиционе́р *m* Milizionär

ми́л|ый, -ая, -ое, -ые *a* nett, lieb

ми́мо *prp* (+ *G*) vorbei, vorüber (an)

минера́льны|ый, -ая, -ое, -ые *a:* ~ая вода́ Mineralwasser

мину́та *f* Minute

мир[1] *m* (*pl* миры́) Welt

мир[2] *m* (*nur sg*) Frieden

ми́рн|ый, -ая, -ое, -ые *a* friedlich, friedvoll

миров|о́й, -а́я, -о́е, -ы́е *a* weltweit, international, Welt-

мла́дш|ий, -ая, -ее, -ие *a* der jüngere

мне́ние *n* Meinung, Ansicht

мно́гие *pl* (*G pl* мно́гих) viele

мно́го *adv* viel

мно́гое *a* (*G* мно́гого) vieles

многочи́сленн|ый, -ая, -ое, -ые *a* zahlreich

многоэта́жн|ый, -ая, -ое, -ые *a* vielgeschossig, mehrstöckig

мо́дн|ый, -ая, -ое, -ые *a* modisch, Mode-

мо́жет быть vielleicht

мо́жно *präd imp* man kann (darf) (*кому?*); Мне мо́жно войти́? Darf ich eintreten?

мо́кр|ый, -ая, -ое, -ые *a* naß; feucht

молда́вск|ий, -ая, -ое, -ие *a* moldauisch

молодёжь *f* (*nur sg*) Jugend, junge Leute

молоде́ц *m* Prachtkerl

молод|о́й, -а́я, -о́е, -ы́е *a* jung

мо́лодост|ь *f* Jugend: в ~и in der Jugend

моло́же (*comp von* молодо́й) jünger

молоко́ *n* Milch

моло́чн|ый, -ая, -ое, -ые *a* Milch-

мо́лча *adv* schweigend

молчали́в|ый, -ая, -ое, -ые *a* schweigsam

молча́ть II *imp* schweigen

моне́та *f* Münze

мо́ре *n* (*pl* моря́) Meer, die See

моро́женое *n* (*nur sg*) Speiseeis

моро́з *m* Frost

морск|о́й, -а́я, -о́е, -и́е *a* Meer-, Meeres-, See-

москви́ч *m* (*G* москвича́) Moskauer, Einwohner Moskaus

моско́вск|ий, -ая, -ое, -ие *a* Moskauer

мост *m* (*G* моста́, мо́ста; *Pr* о мо́сте, на мосту́; *pl* мосты́) Brücke

мочь 1 *imp* (могу́, мо́жешь, ... мо́гут; *Prät* мог, могл|а́, -о́, -и́) 1. können; 2. dürfen

муж *m* (*pl* мужья́, муже́й, мужья́м usw.) Ehemann

мужск|о́й, -а́я, -о́е, -и́е *a* männlich; Herren-

мужчи́на *m* Mann

музе́й *m* (*G* музе́я) Museum

му́зыка *f* Musik

музыка́льн|ый, -ая, -ое, -ые *a* Musik-, musikalisch

мусоропрово́д *m* Müllschluckanlage, Müllschacht

мы́ло *n* Seife

мыть I *imp* (мо́ю, мо́ешь) waschen

мы́ться I *imp* (мо́юсь, мо́ешься) sich waschen

мы́шца *f* Muskel

мя́гк|ий, -ая, -ое, -ие *a* weich

мя́со *n* Fleisch

мясн|о́й, -а́я, -о́е, -ы́е *a* Fleisch-

мяч *m* (*G* мяча́) (Spiel-)Ball

Н, н

на *prp* (+ *A und Pr*) auf; an; über; nach, in; zu; für

на́бережная *f* Kai

набира́ть I *imp:* ~ высоту́ in die Höhe steigen; ~ но́мер телефо́на eine Telefonnummer wählen

наблюда́ть I *imp* beobachten

набо́р *m* Sammlung; Satz; Komplex

набра́ть I *p* (наберу́, наберёшь; *Prät* набра́л, -и, набрала́) *siehe* **набира́ть**

набра́ться I *p* (наберу́сь, наберёшься) sich ansammeln, sich anhäufen

наве́рно(е) *adv* wahrscheinlich; sicher, zweifellos

наве́рх *adv* (куда́?) nach oben

наверху́ *adv* (где?) oben

навеща́ть I *imp* besuchen, aufsuchen

над, на́до *prp* (+ *Instr*) über

надева́ть I *imp* anziehen

наде́яться I *imp* (на кого́? на что?) hoffen

на дня́х *adv* vor (in) einigen Tagen; dieser Tage; demnächst

на́до *präd imp* (кому́?) es ist notwendig, man muß...; мне ~ рабо́тать ich muß arbeiten

надоеда́ть I *imp* lästig werden

надо́лго *adv* für lange Zeit

на́дпись *f* Aufschrift

наза́д *adv* 1. (куда́?) nach hinten, zurück; 2. vor; неде́лю ~ vor einer Woche

назва́ние *n* Name; Titel; Überschrift

называ́ть I *imp* nennen, benennen

называ́ться I *imp* genannt, benannt werden; heißen

наибо́лее *adv* meist; ~ удо́бный der bequemste

наизу́сть *adv* auswendig

найти́ I *p* (найду́, найдёшь; *Prät* нашёл, нашла́|а, -о́, -и́) finden; stoßen (auf); glauben, meinen

найти́сь I *p* (найдётся; *Prät* нашёлся, нашла́|ась, -ось, -ись) sich finden; gefunden werden

накану́не *adv und prp* (+ *G*) am Tag zuvor; kurz vor ...

накле́ить II *p* (auf)kleben

наконе́ц *adv* schließlich, endlich, zu guter Letzt

накрыва́ть I *imp* decken, bedecken

накры́ть I *p* (накро́ю, накро́ешь) decken, bedecken

нале́во *adv* nach links; links, linkerhand

нали́ть I *p* (налью́, нальёшь; *Prät* нали́л, -о, -и, налила́) (ein-) gießen, einschenken

намно́го *adv* (um)viel(es), bedeutend

наоборо́т *adv* im Gegenteil, dagegen

напеча́тать I *p* maschineschreiben

написа́ть I *p* (напишу́, напи́шешь) auf-, niederschreiben

напо́мнить II *p* erinnern

напра́виться II *p* (напра́влюсь, напра́вишься) sich begeben; sich richten (nach)

направле́ние *n* Richtung

напра́во *adv* rechts; nach rechts; rechterhand

напра́сно *adv* vergebens, vergeblich; ~ вы э́то сде́лали Sie hätten das nicht tun sollen

наприме́р *intr* zum Beispiel, beispielsweise

напро́тив *adv und prp* (+ *G*) gegenüber

нарисова́ть I *p* (нарису́ю, нарису́ешь) zeichnen

наро́д *m* Volk

наро́дн|ый, -ая, -ое, -ые *a* Volks-; Folklore-; volkstümlich

наро́чно [-шн-] *adv* mit Absicht; eigens, extra

наруша́ть I *imp* verstoßen (gegen); verletzen

наря́дн|ый, -ая, -ое, -ые *a* elegant, schmuck

населе́ние *n* Bevölkerung

на́сморк *m* Schnupfen

наста́ть I *p* (наста́нет) kommen, anbrechen

насто́йчив|ый, -ая, -ое, -ые *a* beharrlich

насто́льн|ый, -ая, -ое, -ые *a* Tisch-; ~ая ла́мпа Tischlampe

настоя́щ|ий, -ая, -ее, -ие *a* gegenwärtig; wirklich, real; echt

настра́ивать I *imp* stimmen

настрое́ние *n* Stimmung

наступа́ть I *imp* kommen; sich nähern; folgen; angreifen

наступи́ть II *p* (наступлю́, насту́пишь) kommen, anbrechen

нау́ка *f* Wissenschaft

научи́ть I *p* (**научу́, нау́чишь**) (*кого́? чему́?*) lehren, beibringen

научи́ться II *p* (**научу́сь, нау́чишься**) (*чему́?*) lernen

нау́чн|ый, **-ая**, **-ое**, **-ые** *a* wissenschaftlich

находи́ть II *imp* (**нахожу́, нахо́дишь**) finden; herausfinden; meinen

находи́ться II *imp* (**нахожу́сь, нахо́дишься**) sein, sich befinden

национа́льн|ый, **-ая**, **-ое**, **-ые** *a* national

нача́ло *n* Anfang, Beginn

нача́льник *m* Vorgesetzter, Chef

нача́ть I *p* (**начну́, начнёшь**; *Prät* **на́чал, -о, -и, начала́**) beginnen, anfangen (*vt*)

нача́ться I *p* (**начнётся**; *Prät* **начался́, начал|а́сь, -о́сь, -и́сь**) beginnen, anfangen (*vi*)

начина́ть I *imp* beginnen, anfangen

не *prtc* nicht

не́бо *n* (*pl* **небеса́, небе́с, небеса́м**) Himmel

небольш|о́й, **-а́я**, **-о́е**, **-и́е** *a* nicht groß, klein

нева́жн|ый, **-ая**, **-ое**, **-ые** *a* unwichtig, unbedeutend; nicht besonders gut

неве́ста *f* Braut

невозмо́жно *adv, präd imp* unmöglich; **э́то** ~ das ist unmöglich

не́где *adv* (*где?*) es ist kein Platz da; **мне** ~ **взять** ich kann das nirgendsher bekommen

неда́вно *adv* unlängst

недалеко́ *adv* nicht weit

неде́ля *f* (*G pl* **неде́ль**) Woche

недоста́ток *m* (*G* **недоста́тка**) Mangel

не́жн|ый, **-ая**, **-ое**, **-ые** *a* zart; zärtlich

незаме́тно *adv* unmerklich

нездоро́виться II *imp* (**нездоро́вится, нездоро́вилось**) (*кому́?*): **мне нездоро́вится** ich fühle mich nicht wohl

незнако́мец *m* (*G* **незнако́мца**) Unbekannter

незнако́м|ый, **-ая**, **-ое**, **-ые** *a* unbekannt

не́когда *präd imp*: **мне** ~ ich habe keine Zeit

не́котор|ый, **-ая**, **-ое**, **-ые** manch

не́куда *adv* (*куда́?*) *präd imp* nirgends; **мне** ~ **идти́** ich habe nirgendshin zu gehen

нелёгк|ий, **-ая**, **-ое**, **-ие** *a* nicht leicht

нельзя́ *präd imp* man kann (darf) nicht; **неуже́ли** ~? kann (darf) man wirklich nicht ...?

нема́ло *adv* (*чего́?*) nicht wenig

немно́го *adv* ein wenig

необходи́мо *präd imp* (es ist) nötig, erforderlich

необыкнове́нн|ый, **-ая**, **-ое**, **-ые** *a* ungewöhnlich, außergewöhnlich

неожи́данно *adv* unerwartet, unvermittelt

неожи́данность *f* Überraschung

неохо́тно *adv* unwillig, nicht gern

непло́хо *adv* nicht schlecht, nicht übel

неплох|о́й, **-а́я**, **-о́е**, **-и́е** *a* nicht schlecht, gut

непра́вильно *adv* unrichtig, falsch, inkorrekt

неприя́тность *f* Unannehmlichkeit

неприя́тн|ый, **-ая**, **-ое**, **-ые** *a* unangenehm

нерв *m* Nerv

не́рвн|ый, **-ая**, **-ое**, **-ые** *a* nervös

нере́дко *adv* nicht selten, recht oft

не́сколько *adv und num* etwas, ein wenig; einige

несмотря́ на *prp* (+ *A*) trotz, ungeachtet

нести́ I *imp* (**несу́, несёшь**; *Prät* **нёс, несл|а́, -о́, -и́**) tragen

несча́стн|ый, **-ая**, **-ое**, **-ые** *a* unglücklich, unglückselig; ~ **слу́чай** Unfall

несча́стье *n* Unglück

нет *prtc* nein, nicht; es gibt kein ...; **у меня́** ~ **кни́ги** ich habe kein Buch

неуже́ли *prtc* wirklich; ~? ist es möglich?

не хвата́ть *siehe* **хвата́ть**

неча́янно *adv* versehentlich, unabsichtlich

не́чего [**-во-**] *pron und präd imp* es ist nicht nötig, unnütz

ни *prtc* nicht ein ...; **ни ... ни ...** weder ... noch

нигде́ *adv* nirgends

ни́жн|ий, **-яя**, **-ее**, **-ие** *a* der untere

ни́зк|ий, **-ая**, **-ое**, **-ие** *a* niedrig

никак *adv* auf keine Weise, auf keinen Fall

никак|ой, -ая, -ое, -ие kein

никогда *adv* nie, niemals

никто *pron* keiner, niemand

ничего 1. *pron* (*G von* **ничто**); 2. *adv* nicht schlecht, nicht übel; 3. *prtc* macht nichts, ist nicht der Rede wert

нич|ей, -ья, -ье, -ьи *pron* niemandem gehörig

но *cj* aber

новогодн|ий, -яя, -ее, -ие *a* Neujahrs-; Silvester-

новоселье *n* Einzugsfeier; **справлять ~** Einzug feiern

новость *f* (*G pl* **новостей**) Neuigkeit

нов|ый, -ая, -ое, -ые *a* neu; modern

нога *f* (*A* **ногу**; *pl* **ноги, ног, ногам**) Bein; Fuß

нож *m* (*G* **ножа**) Messer

номер *m* (*pl* **номера**) Nummer; Größe; Hotelzimmer; **сегодняшний ~ газеты** die heutige Zeitung

нормально *adv* normal

нос *m* (*Pr* **на носу**; *pl* **носы**) Nase

носить II *imp* (**ношу, носишь**) tragen

носки *pl* (*sg* **носок**) *m* Socken

ночн|ой, -ая, -ое, -ые Nacht-, nächtlich

ночь *f* Nacht; **спокойной ~и!** gute Nacht!

ночью *adv* nachts, in der Nacht

нравиться II *imp* (**нравлюсь, нравишься**) gefallen

ну *interj* na, also; denn

нуждаться I *imp* (**в ком? в чём?**) brauchen, benötigen

нужен, нужна, нужны (*Kurzform von* **нужный**) (**кому?**) notwendig, nötig, erforderlich; **мне ~ карандаш** ich brauche einen Bleistift

нужно *präd imp* (es ist) notwendig, nötig; man muß, soll...

нужн|ый, -ая, -ое, -ые *a* notwendig, erforderlich

нынешн|ий, -яя, -ее, -ие *a* heutig; gegenwärtig; derzeitig

О, о

о, об, обо *prp* (+ *Pr*) an, gegen, über, von; bezüglich; für, um

оба *m, n* (*f* **обе**) beide

обдумывать I *imp* bedenken, überlegen

обед *m* Mittagessen

обедать I *imp* zu Mittag essen

обеденн|ый, -ая, -ые *a* Mittags-, mittaglich; **~ перерыв** Mittagspause

обещать I *imp und p* versprechen

обзор *m* Revue; Umschau, Überblick

обидеться II *p* (**обижусь, обидишься**) (**на кого? на что?**) sich beleidigt, gekränkt fühlen

обидно *präd imp* beleidigend; **мне ~** es ist mir peinlich, es kränkt mich

обильн|ый, -ая, -ое, -ые *a* reichlich, ausgiebig

облако *n* (*pl* **облака, облаков**) Wolke

область *f* (*G pl* **областей**) Region; Bereich, Gebiet

облик *m* Äußeres, Aussehen, Antlitz

обмениваться I *imp* (**чем? с кем?**) austauschen

обниматься I *imp* sich umarmen

обнять I *p* (**обниму, обнимешь**; *Prät* **обнял, -о, -и, обняла**) umarmen

обозначение *n* Bezeichnung

обойти I *p* (**обойду, обойдёшь**; *Prät* **обошёл, обошл|а, -о, -и**) herumgehen, eine Runde machen (durch)

обрадоваться I *p* (**обрадуюсь, обрадуешься**) sich freuen

образец *m* (*G* **образца**) Muster; Vorbild

образование *n* Bildung

обратиться II *p* (**обращусь, обратишься**) sich wenden (an)

обратно *adv* rückwärtis, zurück; **идти, ехать ~** zurückkehren; **туда и ~** hin und zurück

обратн|ый, -ая, -ое, -ые *a* Rück-; **~ путь** Rückweg; **~ адрес** Absenderadresse

обращаться I *imp* sich wenden (an)

обслуживание *n* Bedienung

обслуживать I *imp* bedienen

обстановка *f* Lage, Situation

обстоятельство *n* Umstand

обсуждать I *imp* besprechen, diskutieren, erörtern

обувь *f* (*nur sg*) Schuhwerk; Schuhe

обходи́ть II *imp* (обхожу́, обхо́-
дишь) herumgehen, eine Runde
machen

общежи́тие *n* Wohnheim; студе́-
нческое ~ Studentenheim

обще́ственн|ый, -ая, -ое, -ые *a* ge-
sellschaftlich, Gesellschafts-, so-
zial; öffentlich; ~ де́ятель Vertreter der Öffentlichkeit, im öf-
fentlichen Leben wirkende Per-
sönlichkeit

о́бщество *n* Gesellschaft; Gemein-
schaft

о́бщ|ий, -ая, -ее, -ие *a* allgemein;
gemeinsam

объяви́ть II *p* (объявлю́, объя́-
вишь) erklären, verkünden

объявле́ние *n* Erklärung, Annonce,
Veröffentlichung

объясне́ние *n* Erklärung, Erläute-
rung

объясня́ть I *imp* erklären, erläutern

обыкнове́нн|ый, -ая, -ое, -ые *a* ge-
wöhnlich

обы́чай *m* (G обы́чая) Sitte

обы́чно *adv* gewöhnlich

обы́чн|ый, -ая, -ое, -ые *a* gewöhn-
lich, alltäglich

обяза́тельно *adv* unbedingt

овладе́ть I *p* (*чем?*) beherrschen;
Besitz ergreifen

о́вощи *pl* (G *pl* овоще́й; *sg* о́вощ *m*)
Gemüse

овощн|о́й, -а́я, -о́е, -ы́е *a* Gemüse-,
Grün-

огляну́ться I *p* (огляну́сь, огля́-
нешься) zurückblicken; sich umsehen

ого́нь *m* (G огня́, *pl* огни́, огне́й)
Feuer; Licht

огро́мн|ый, -ая, -ое, -ые *a* riesig,
riesenhaft

огуре́ц *m* (G огурца́) Gurke

одева́ть I *imp* j-n anziehen

оде́жда *f* Kleidung

оде́ть I *p* (оде́ну, оде́нешь) j-n anziehen

оде́ться I *p* (оде́нусь, оде́нешься)
sich anziehen

одея́ло *n* Bettdecke

одна́жды *adv* einmal, einst, eines
Tages

одна́ко *cj* aber, doch, jedoch

одновре́ме́нно *adv* gleichzeitig, zu
gleicher Zeit

одобря́ть I *imp* billigen

оживлённо *adv* lebhaft, belebt

ожида́ть I *imp* warten, erwarten

о́зеро *n* (*pl* озёра, озёр) der See

оказа́ться I *p* (окажу́сь, ока́-
жешься) sich erweisen; sich ent-
puppen; (hin)geraten

ока́нчивать I *imp* beenden, fertig
machen; absolvieren

океа́н *m* Ozean

окно́ *n* (*pl* о́кна, око́н) Fenster

о́коло *prp* (+ G) bei, nicht weit von;
gegen

оконча́ние *n* Schluß, Abschluß, Ende

око́нчить II *p* beenden, abschließen; absolvieren

око́нчиться II *p* enden, zu Ende
sein

око́шко *n* (*pl* око́шки, око́шек)
umg (kleineres) Fenster

окра́ина *f* Außen-, Randbezirk;
Provinz, Peripherie

окре́пнуть I *p* (окре́пну, окре́п-
нешь; *Prät* окре́п, -ла, -ло, -ли)
sich festigen; zu Kräften kommen

окружа́ть I *imp* umgeben, einkrei-
sen

опа́здывать I *imp* sich verspäten,
zu spät kommen

опа́сность *f* Gefahr

опа́сн|ый, -ая, -ое, -ые *a* gefähr-
lich

опера́ци|я *f* Operation, Eingriff;
де́лать ~ю einen chirurgischen
Eingriff vornehmen, operieren

о́перн|ый, -ая, -ое, -ые *a* Opern-

описа́ние *n* Beschreibung

описа́ть I *p* (опишу́, опи́шешь) beschreiben

опозда́ть I *p* (опозда́ю) (*на что?*)
sich verspäten, zu spät kom-
men

определе́ние *n* Bestimmung, Defi-
nition; Attribut

определя́ть I *imp* bestimmen, defi-
nieren

опуска́ть I *imp* weglassen; senken,
herunterlassen; einwerfen (*den
Brief*)

опусти́ть II *p* (опущу́, опу́стишь)
weglassen; senken, herunterlassen; einwerfen (*den Brief*)

о́пытн|ый, -ая, -ое, -ые *a* Prüf-,
Versuchs-; experimentell; erfahren

опя́ть *adv* wieder, noch einmal, von
neuem

организова́ть I *imp und p* (**организу́ю, организу́ешь**) organisieren, veranstalten

оригина́льн|ый, -ая, -ое, -ые *a* originell; original

осе́нн|ий, -яя, -ее, -ие *a* Herbst-, herbstlich

о́сень *f* Herbst

осетри́на *f* Stör, Störfleisch

осма́тривать I *imp* besichtigen (*Museum usw.*); untersuchen

осмотре́ть II *p* (**осмотрю́, осмо́тришь**) besichtigen; untersuchen

осмотре́ться II *p* (**осмотрю́сь, осмо́тришься**) sich umsehen

основа́тель *m* Gründer, Begründer

основа́ть I *p* (*nur Prät*) gründen, begründen

основн|о́й, -а́я, -о́е, -ы́е *a* wichtigst, hauptsächlich; Grund-, Haupt-

осо́бенно *adv* besonders; namentlich

осо́бенн|ый, -ая, -ое, -ые *a* besonders, speziell, ungewöhnlich

остава́ться I *imp* (**остаю́сь, остаёшься**) bleiben

оставля́ть I *imp* verlassen; aufgeben

остальн|о́й, -а́я, -о́е, -ы́е *a* übrig, restlich

остана́вливать I *imp* aufhalten, stoppen

остана́вливаться I *imp* stehenbleiben; haltmachen; einkehren

останови́ть II *p* (**остановлю́, остано́вишь**) zum Stehen bringen

остано́вка *f* (*G pl* **остано́вок**) Haltestelle

оста́ться I *p* 1. (**оста́нусь, оста́нешься**) bleiben, zurückbleiben; 2. *vimp* (*nur:* **оста́нется; оста́лось**): Мне оста́лось учи́ться год. Ich habe noch ein Jahr zu studieren.

осторо́жно *adv* vorsichtig; ~! Achtung! Vorsicht!

остроу́мн|ый, -ая, -ое, -ые *a* witzig

о́стр|ый, -ая, -ое, -ые *a* scharf; heftig

осуществи́ться II *p* sich verwirklichen

от, ото *prp* (+ *G*) von; gegen; für; vor; aus; mit

отвезти́ I *p* (**отвезу́, отвезёшь**; *Prät* **отвёз, отвезл|а́, -о́, -и́**) fort-, wegbringen; abtransportieren

отве́т *m* Antwort

отве́тить II *p* (**отве́чу, отве́тишь**) antworten; erwidern

отве́тн|ый, -ая, -ое, -ые *a* Antwort-, Gegen-

отвеча́ть I *imp* antworten, beantworten

отдава́ть I *imp* (**отдаю́, отдаёшь**) weg-, zurückgeben

отда́ть *p* (**отда́м, отда́шь, отда́ст, отдади́м, отдади́те, отдаду́т**; *Prät* **о́тдал, -о, -и, отдала́**) weg-, zurückgeben

отде́л *m* Abteilung; Sektion; Teil, Rubrik

отделе́ние *n* Abteilung, Teil; Trennung; почто́вое ~ Postamt

отде́льно *adv* getrennt

о́тдых *m* Erholung

отдыха́ть I *imp* sich erholen; sich ausruhen

оте́ц *m* (*G* **отца́**) Vater

отказа́ться I *p* (**откажу́сь, отка́жешься**) verzichten, aufgeben; ablehnen

откла́дывать I *imp* aufschieben; weg-, zur Seite legen

открыва́ть I *imp* öffnen, aufmachen

откры́тка *f* (*G pl* **откры́ток**) Post-, Ansichtskarte

откры́ть I *p* (**откро́ю, откро́ешь**) öffnen, aufmachen

отку́да *adv* woher

отлича́ться I *imp* sich unterscheiden; sich auszeichnen

отли́чно *adv* ausgezeichnet; sehr gut

отмени́ть II *p* (**отменю́, отме́нишь**) aufheben; absetzen

отнима́ть I *imp* (*у кого́? что?*) wegnehmen

относи́ться II *imp* (**отношу́сь, отно́сишься**) sich beziehen; betreffen, belangen; sich verhalten

отплы́ть I *p* (**отплыву́, отплывёшь**) weg-, fortschwimmen; abfahren, in See stechen

отпра́вить II *p* (**отпра́влю, отпра́вишь**) senden, schicken

отпра́виться II *p* (**отпра́влюсь, отпра́вишься**) sich begeben; ~ в путь sich auf den Weg machen

отправля́ть I *imp* senden, schicken

отправля́ться I *imp* sich begeben; ~ в путь sich auf den Weg machen, ausziehen

о́тпуск *m* (*G* о́тпуска) Urlaub; идти́ в ~ auf Urlaub gehen; быть в ~e in Urlaub sein

отстава́ть I *imp* (отстаю́, отстаёшь) zurückbleiben; часы́ отстаю́т die Uhr geht nach

отста́ть I *p* (отста́ну, отста́нешь) zurückbleiben; nachgehen; in Ruhe lassen

отсю́да *adv* von hier (aus)

отту́да *adv* von dort (aus)

отходи́ть II *imp* (отхожу́, отхо́дишь) fort-, zur Seite gehen; abfahren

о́тчество *n* Vatersname

отчи́зна *f* Vaterland

отъе́зд *m* Abfahrt

отъезжа́ть I *imp* abfahren, sich in Bewegung setzen

официа́нт *m* Kellner

охо́тно *adv* gern

охраня́ть I *imp* beschützen, bewahren; bewachen

оцени́ть II *p* (оценю́, оце́нишь) bewerten, einschätzen

о́чень *adv* sehr; ~ хорошо́ sehr gut; я ~ люблю́ ich mag sehr

о́чередь *f* (*G pl* очереде́й) Reihe, Schlange

очки́ (*nur pl*) (*G pl* очко́в) Brille

ошиби́ться I *p* (ошибу́сь, ошибёшься) sich irren, einen Fehler, Irrtum begehen

оши́бка *f* (*G pl* оши́бок) Fehler

П, п

па́дать I *imp* fallen; hinfallen; sinken

па́луба *f* Deck

пальто́ *n inv* Mantel

па́мятник *m* Denkmal, Monument

па́мять *f* Gedächtnis

пансиона́т *m*: ~ для автомобили́стов Motel

па́пка *f* (*G pl* па́пок) Mappe

па́ра *f* Paar; Ehepaar

парикма́херская *f* Frisiersalon

парте́р *m* Parkett, Parterre

па́ртия *f* Partei; Partie

пассажи́р *m* Fahrgast, Fluggast, Reisender

пассажи́рск|ий, -ая, -ое, -ие *a* Passagier-, Personen-

пацие́нт *m* Patient, Kranker

па́чка *f* (*G pl* па́чек) Päckchen; Stoß

певе́ц *m* (*G* певца́; *pl* певцы́, певцо́в) Sänger

певи́ца *f* Sängerin

педагоги́ческ|ий, -ая, -ое, -ие *a* pädagogisch, Lehrer-

пе́нсия *f* Pension; Rente

первокла́ссн|ый, -ая, -ое, -ые *a* erstklassig, ausgezeichnet

пе́рв|ый, -ая, -ое, -ые *num* erster; ~ое блю́до oder пе́рвое *n* erster Gang, (в) пе́рвое вре́мя zu Anfang, in erster Zeit, zuerst

перево́д *m* 1. Geldanweisung; 2. Übersetzung

переводи́ть II *imp* (перевожу́, перево́дишь) 1. überweisen, anweisen; 2. übersetzen, übertragen

перево́дчик *m* Übersetzer, Dolmetscher

пе́ред(о) *prp* (+*Instr*) vor; gegenüber

передава́ть I *imp* (передаю́, передаёшь) geben, übergeben, weitergeben; überreichen; ausrichten

переда́ть *p* (переда́м, переда́шь, переда́ст, передади́м, передади́те, передаду́т; *Prät* пе́редал, -о, -и, передала́) geben, übergeben, weitergeben; überreichen; ausrichten

переда́ча *f* Übertragung, Sendung

пере́дн|ий, -яя, -ее, -ие *a* vorder

пере́дняя *f* Flur, Halle, Vorzimmer

переезжа́ть I *imp* übersiedeln, umziehen

перее́хать I *p* (перее́ду, перее́дешь) übersiedeln, umziehen

перейти́ I *p* (перейду́, перейдёшь, *Prät* перешёл, перешл|а́, -о́, -и́) übergehen, auf die andere Seite gehen, überqueren, überlaufen

перенести́ I *p* (перенесу́, перенесёшь, *Prät* перенёс, перенесл|а́, -о́, -и́) hinübertragen; ertragen, durchmachen; ~ боле́знь eine Krankheit überstehen

переодева́ться I *imp* sich umziehen

перепи́ска *f* Korrespondenz, Briefwechsel; вести́ ~у Briefe austauschen, im Briefwechsel stehen

перепи́сываться I *imp* einander schreiben, Briefe austauschen, korrespondieren

перерыв *m* Pause; обеденный
~ Mittagspause
пересадк|а *f* Umsteigen; делать
~у umsteigen
пересесть I *p* (пересяду, пересядешь; *Prät* пересел, -а, -о, -и)
umsteigen; den Platz wechseln,
sich umsetzen
пересказать I *p* (перескажу, перескажешь) wiedergeben, nacherzählen
переставать I *imp* (перестаю, перестаёшь) aufhören
перестать I *p* (перестану, перестанешь) aufhören
переулок *m* (*G* переулка) Gasse
перец *m* (*G* перца) Pfeffer; Paprika
перо *n* (*pl* перья, перьев) Feder
перрон *m* Bahnsteig
перчатка *f* (*G pl* перчаток) Handschuh
песня *f* (*G pl* песен) Lied
песок *m* (*G* песка *und* песку) Sand;
Streuzucker
петь I *imp* (пою, поёшь) singen
печальн|ый, -ая, -ое, -ые *a* traurig
печатать I *imp* maschineschreiben;
drucken
печать *f* (*nur sg*) Presse; Siegel,
Stempel
печенье *n* Gebäck; Biskuite, Kekse
пешеход *m* Fußgänger
пешком *adv* zu Fuß
пианино *n inv* Klavier
пирог *m* (*G* пирога) Pirogge; Kuchen
писатель *m* Schriftsteller
писать I *imp* (пишу, пишешь)
schreiben
письменн|ый, -ая, -ое, -ые *a*
schriftlich; Schreib-; ~ стол
Schreibtisch
письмо *n* (*pl* письма, писем) Brief
питаться I *imp* (чем?) sich nähren,
sich ernähren, essen
пить I *imp* (пью, пьёшь, ... пьют;
Prät пил, -о, -и, пила) trinken
пища *f* (*nur sg*) Essen, Nahrung
плавание *n* (*nur sg*) Schwimmen
плавательн|ый, -ая, -ое, -ые *a*:
~ бассейн Schwimmhalle
плавать I *imp* schwimmen
плакать I *imp* (плачу, плачешь)
weinen
планета *f* Planet
пластинка *f* (*G pl* пластинок)
Schallplatte

пластмасса *f* Kunststoff, Plaste
платить II *imp* (плачу, платишь)
zahlen
платок *m* (*G* платка) Taschentuch;
Kopftuch
платформа *f* Bahnsteig; Plattform
платье *n* 1. (*nur sg*) Kleidung; 2. (*pl*
платья, платьев) Kleid
плащ *m* (*G* плаща) Regenmantel
племянник *m* Neffe
плечо *n* (*pl* плечи, плеч, плечам
usw.) Schulter
плотн|ый, -ая, -ое, -ые *a* dicht,
fest; stämmig, kräftig
плохо *adv* schlecht, schlimm, übel;
~ *präd imp* (es ist) schlecht
плох|ой, -ая, -ое, -ие *a* schlecht,
schlimm
площадка *f* (*G pl* площадок) Platz,
Spielplatz
площадь *f* (*G pl* площадей) Platz;
Raum
плыть I *imp* (плыву; плывёшь;
Prät плыл, -о, -и, плыла)
schwimmen
по *prp* (+ *D, A, Pr*) auf, über;
entlang, in; an, durch, zu; mit;
laut, nach, gemäß; halber, wegen, aus; per; je, pro; bis; nach,
um
победа *f* Sieg
победитель *m* Sieger, Gewinner
побережье *n* Küste
поблагодарить II *p* danken
поблизости *adv* nah, in der Nähe
побриться I *p* (побреюсь, побреешься) sich rasieren
побродить II *p* (поброжу, побродишь) wandern
побывать I *p* (где? у кого?) sein,
besuchen
повезти I *p* 1. (повезу, повезёшь;
Prät повёз, повезл|а, -о, -и) fahren (*vt*), bringen (nach); 2. *vimp*
(повезёт, повезло) Glück haben;
ему (ей) везёт er (sie) hat Glück
поверить II *p* glauben
повесить II *p* (повешу, повесишь)
hängen, aufhängen
повесть *f* (*G pl* повестей) Erzählung
поворачивать I *imp* wenden, drehen; abbiegen
поворот *m* Wendung
повторить II *p* wiederholen
повторять I *imp* wiederholen

погаси́ть II *p* (погашу́, пога́сишь) löschen; ausschalten

пога́снуть I *p* (пога́снет; *Prät* пога́с, пога́сл|а, -о, -и) ausgehen, erlöschen

погла́дить II *p* (погла́жу, погла́дишь) bügeln; streichen

погляде́ть I *p* (погляжу́, погляди́шь) (hin)blicken, -sehen

поговори́ть II *p* sich (kurz) unterhalten, sprechen

пого́да *f* Wetter

погуля́ть I *p* einen (kleinen) Spaziergang machen

под, подо *prp* 1. (+ *Instr*) unter, vor, bei, in der Nähe von; 2. (+ *A*) gegen, auf, für

подава́ть I *imp* (подаю́, подаёшь) geben; auftragen; reichen

пода́льше *adv* etwas weiter; etwas ferner

подари́ть II *p* (подарю́, пода́ришь) schenken

пода́рок *m* (*G* пода́рка) Geschenk

пода́ть *p* (пода́м, пода́шь, пода́ст, подади́м, подади́те, подаду́т; *Prät* по́дал, -о, -и, подала́) geben; auftragen; reichen

подво́дн|ый, -ая, -ое, -ые *a* Unterwasser-

подготови́тельн|ый, -ая, -ое, -ые *a*: ~ факульте́т Vorstudienabteilung

подгото́виться II *p* (подгото́влюсь, подгото́вишься) sich vorbereiten

подде́рживать I *imp* unterstützen

подзе́мн|ый, -ая, -ое, -ые *a* unterirdisch

Подмоско́вье *n* die Moskauer Umgebung

поднима́ть I *imp* heben; steigern; aufheben

поднима́ться I *imp* sich heben; erheben; aufstehen; steigen

подня́ться I *p* (поднalgorithmму́сь, подни́мешься; *Prät* подня́лся, подня́л|ась, -ось, -ись) sich heben; sich erheben; aufstehen, steigen

подожда́ть I *p* (подожду́, подождёшь; *Prät* подожда́л, -о, -и, подождала́) warten, erwarten

подойти́ I *p* (подойду́, подойдёшь; *Prät* подошёл, подошл|а́, -о́, -и́) 1. herankommen, sich nähern; 2. (*nur 3. P*) passen

подписа́ть I *p* (подпишу́, подпи́-

шешь) unterschreiben, unterzeichnen

по́дпись *f* Unterschrift

подро́бно *adv* ausführlich

подру́га *f* Freundin

подружи́ться II *p* (подружу́сь, подру́жишься) sich befreunden

поду́мать I *p* denken; nachdenken

подходи́ть II *imp* (подхожу́, подхо́дишь) herankommen, sich nähern; 2. (*nur 3. P*) passen

подходя́щ|ий, -ая, -ее, -ие *a* passend

подчеркну́ть I *p* (подчеркну́, подчеркнёшь) unterstreichen; betonen

подъе́зд *m* Aufgang; Eingang; Zufahrt

подъезжа́ть I *imp* (к чему́?) auf ... zufahren, sich nähern

по́езд *m* (*pl* поезда́) Zug

пое́здка *f* (*G pl* пое́здок) Fahrt, Reise

пое́хать I *p* (пое́ду, пое́дешь) (куда́?) (hin)fahren

пожале́ть I *p* bereuen; bemitleiden

пожа́луйста *interj* wahrscheinlich, wohl; meinetwegen

пожа́луйста *prtc* bitte

пожела́ние *n* Wunsch

пожени́ться II *p* (поже́нимся) heiraten

пожива́ть I *imp*: Как пожива́ете? Wie geht es Ihnen?

пожил|о́й, -а́я, -о́е, -ы́е *a* bejahrt

поза́втракать I *p* frühstücken

позавчера́ *adv* vorgestern

позва́ть I *p* (позову́, позовёшь; *Prät* позва́л, -о, -и, позвала́) rufen

позво́лить II *p* erlauben; gestatten

позвони́ть II *p* telefonieren, anrufen; klingeln; läuten

поздне́е (*comp von* по́здно) später

по́здн|ий, -яя, -ее, -ие *a* spät

по́здно *präd imp* (es ist) spät

поздоро́ваться I *p* sich, einander grüßen, (*j-n*) grüßen

поздрави́тельн|ый, -ая, -ое, -ые Glückwunsch-

поздра́вить II *p* (поздра́влю, поздра́вишь) (с чем?) gratulieren

поздравле́ние *n* Glückwunsch, Gratulation

поздравля́ть I *imp* (с чем?) beglückwünschen, gratulieren; ~

с **Но́вым го́дом!** ein glückliches Neues Jahr wünschen

по́зже (*comp von* **по́здно**) später, danach

познако́миться II *p* (**познако́млюсь, познако́мишься**) sich bekannt machen

пойма́ть I *p* fangen

пойти́ I *p* (**пойду́, пойдёшь;** *Prät* **пошёл, пошл│а́, -о́, -и́**) (hin)gehen

пока́ *cj* 1. während; solange; 2. bis, bevor; **пока́ не ...** nicht eher als, bis ... solange

показа́ть I *p* (**покажу́, пока́жешь**) zeigen

пока́зывать I *imp* zeigen

поката́ться I *p* eine (kleine) Spazierfahrt machen; *siehe* **ката́ться**

покупа́тель *m* Käufer, Kunde

покупа́ть I *imp* kaufen

поку́пка *f* (*G pl* **поку́пок**) Kauf; Einkauf

покури́ть II *p* (**покурю́, поку́ришь**) (eine Zigarette) rauchen

пол *m* (*pl* **полы́**) Fußboden, Diele

по́ле *n* (*pl* **поля́, поле́й**) Feld; Wiese

полежа́ть II *p* (**полежу́, полежи́шь**) liegen

поле́зн│ый, -ая, -ое, -ые *a* nützlich

полёт *m* Flug

полете́ть II *p* (**полечу́, полети́шь**) fliegen

по́лка *f* (*G pl* **по́лок**) Fach, Regal

по́лн│ый, -ая, -ое, -ые *a* voll, ganz; vollschlank

полови́на *f* Hälfte; ~ **чёрного (хле́ба)** ein halbes Schwarzbrot

положи́ть II *p* (**положу́, поло́жишь**) legen, hineintun

по́лон, полна́, полно́, полны́ *a* (*Kurzform von* **по́лный**) voll, ganz

полоса́ *f* (*A* **по́лосу;** *pl* **по́лосы, поло́с**) Streifen, Zone

полоска́ть I *imp* (**полощу́, поло́щешь**) spülen; ~ **го́рло** gurgeln

полтор│а́ *m und n*: ~ **ы́** anderthalb

получа́ть I *imp* bekommen, erhalten

получи́ть II *p* (**получу́, полу́чишь**) bekommen, erhalten

по́льза *f* Nutzen

по́льзоваться I *imp* (**по́льзуюсь, по́льзуешься**) nutzen, benutzen; ~ **успе́хом** sich eines Erfolges erfreuen

по́льск│ий, -ая, -ое, -ие *a* polnisch

полюби́ть II *p* (**полюблю́, полю́бишь**) liebgewinnen

полюбова́ться I *p* (**полюбу́юсь, полюбу́ешься**) bewundern

поля́к *m* Pole

поме́рить II *p* anprobieren

помести́ть II *p* (**помещу́, помести́шь**) unterbringen; (hin)stellen, -setzen, -bringen, -legen

помеша́ть I *p* hindern; stören; verhindern

помеща́ть I *imp* unterbringen; (hin)stellen, -setzen, -bringen, -legen

помеще́ние *n* Raum

поме́щик *m* Gutsbesitzer

помидо́р *m* Tomate

по́мнить II *imp* sich merken, behalten, im Gedächtnis haben

помога́ть I *imp* helfen

помо́чь I *p* (**помогу́, помо́жешь;** *Prät* **помо́г, -ла́, -ло́, -ли́**) helfen

по́мощь *f* Hilfe, Beistand

пони́зиться II *p* fallen, sinken

понима́ть I *imp* verstehen, begreifen

понра́виться II *p* (**понра́влюсь, понра́вишься**) gefallen

поня́тно *adv und präd imp* begreiflich, verständlich, klar

поня́ть I *p* (**пойму́, поймёшь;** *Prät* **по́нял, -о, -и, поняла́**) verstehen, begreifen

пообе́дать I *p* zu Mittag essen

пообеща́ть I *p* versprechen

попада́ть I *imp* (*куда́?*) (hin)kommen, geraten

попа́сть I *p* (**попаду́, попадёшь;** *Prät* **попа́л, -а, -о, -и**); **попада́ть** (hin)kommen, geraten

попо́зже *adv* etwas später

попола́м *adv* zur Hälfte, in zwei Hälften; mittendurch, entzwei

по-по́льски *adv* polnisch, auf polnisch; auf polnische Art

попра́виться II *p* (**попра́влюсь, попра́вишься**) gesund werden; zunehmen

по-пре́жнему *adv* nach wie vor, wie früher

попро́бовать I *p* (**попро́бую, попро́буешь**) versuchen; probieren

попроси́ть II *p* (**попрошу́, попро́сишь**) bitten

популя́рн│ый, -ая, -ое, -ые *a* beliebt, populär

пора́ *präd imp* (es ist) Zeit; **до сих по́р** bis jetzt, bis zu diesem Augenblick, bis heute, bislang

порабо́тать I *p* (*ein wenig*) arbeiten

по-ра́зному *adv* verschieden, auf unterschiedliche Weise

порошо́к *m* (*G* **порошка́**) Pulver

порт *m* (*Pr* **о по́рте** *und* **в порту́**) Hafen

портфе́ль *m* Aktentasche, Schultasche

по-ру́сски *adv* russisch, auf russisch; auf russische Art

поруче́ние *n* Auftrag

по́рция *f* Portion

поря́док *m* (*G* **поря́дка**) Ordnung

посади́ть II *p* (**посажу́, поса́дишь**) 1. pflanzen; 2. setzen; (hin)setzen; 3. landen (*vt*)

поса́дка *f* Landung; Einsteigen; Einschiffung; Pflanzung

посла́ть I *p* (**пошлю́, пошлёшь**) senden, schicken

по́сле *prp* (+ *G*) nach

после́дн|ий, -яя, -ее, -ие *a* letzt

послеза́втра *adv* übermorgen

послу́шать I *p* (zu)hören

послу́шаться I *p* (*кого́? чего́?*) auf j-n hören; gehorchen; ~ **сове́та** j-s Rat befolgen

посмея́ться I *p* lachen

посмотре́ть II *p* (**посмотрю́, посмо́тришь**) (hin)sehen, -blicken

посо́бие *n* Lehr- und Übungsbuch

посове́товаться I *p* (**посове́туюсь, посове́туешься**) (*с кем?*) sich beraten, j-n zu Rate ziehen

поспо́рить II *p* streiten

посреди́ *prp* (+ *G*) mitten, inmitten

поссо́риться II *p* sich streiten, sich zanken

поста́вить II *p* (**поста́влю, поста́вишь**) stellen

постано́вка *f* (*G pl* **постано́вок**) Aufführung

постара́ться I *p* sich Mühe geben

по-ста́рому *adv* nach wie vor, auf alte Weise

посте́ль *f* Bett

постепе́нно *adv* allmählich, nach und nach

постоя́нн|ый, -ая, -ое, -ые *a* ständig

постоя́ть II *p* (**постою́, постои́шь**) (eine Zeitlang) stehen

постро́ить II *p* erbauen

поступи́ть II *p* (**поступлю́, посту́пишь**) (*куда́? во что?*) eintreten

постуча́ть II *p* anklopfen

посу́да *f* (*nur sg*) Geschirr

посыла́ть I *imp* schicken, senden

посы́лка *f* (*G pl* **посы́лок**) Paket

потанцева́ть I *p* (**потанцу́ю, потанцу́ешь**) tanzen

потеря́ть I *p* verlieren, einbüßen

потоло́к *m* (*G* **потолка́**) Zimmerdecke

пото́м *adv* dann, später

потому́ что *cj* weil, denn

потре́бовать I *p* (**потре́бую, потре́буешь**) verlangen, fordern

потро́гать I *p* berühren, anrühren

по-туре́цки I *adv* türkisch

поу́жинать I *p* zu Abend essen

по-францу́зски *adv* französisch

похо́д *m* Marsch; Wanderung; **ходи́ть в туристи́ческий** ~ eine Wanderung unternehmen

походи́ть II *p* (**похожу́, похо́дишь**) gehen, wandern; einen Spaziergang machen; ähneln

похо́ж, -а, -е, -и *a* (*Kurzform von* **похо́жий**) (*на кого́? на что?*) ähnlich; gleich; **похо́же, что ...** es sieht so aus, als ob ...

поцелова́ть I *p* (**поцелу́ю, поцелу́ешь**) küssen

почему́ *adv* warum, weshalb

почему́-нибудь *adv* aus irgendeinem Grunde

почини́ть II *p* (**починю́, почи́нишь**) reparieren

почи́стить II *p* (**почи́щу, почи́стишь**) reinigen

по́чта *f* Post; Postamt; Korrespondenz

почтальо́н *m* Briefträger

почти́ *adv* fast, beinahe

почти́ть II *p* (**почту́, почти́шь, ... поч|тя́т, -тут**) ehren

почто́в|ый, -ая, -ое, -ые *a* Post-

почу́вствовать I *p* (**почу́вствую, почу́вствуешь**) fühlen, spüren

пошути́ть II *p* (**пошучу́, пошу́тишь**) scherzen

поэ́тому *cj* darum, deshalb

появи́ться II *p* (**появлю́сь, поя́вишься**) erscheinen; herauskommen

по́яс *m* (*pl* **пояса́**) Gürtel; Taille

пра́в, -о, -ы, права́ *a* (*Kurzform von* **пра́вый**) recht; **она́ была́ права́** sie hatte recht

пра́вда *f* Wahrheit
пра́вило *n* Regel
пра́вильн│ый, -ая, -ое, -ые *a* richtig, korrekt
пра́в│ый, -ая, -ое, -ые *a* recht
пра́здник *m* Feier, Feiertag
пра́здничн│ый, -ая, -ое, -ые *a* festlich, Feier-, Fest-
предлага́ть I *imp* vorschlagen; anbieten
предложе́ние *n* 1. Vorschlag; Angebot; 2. Satz
предложи́ть II *p* (**предложу́, предло́жишь**) vorschlagen; anbieten
предме́т *m* Gegenstand; Objekt
предполага́ть I *imp* vermuten
предпочита́ть I *imp* vorziehen
представи́тель *m* Vertreter
предста́вить II *p* (**предста́влю, предста́вишь**) vorstellen; repräsentieren, vertreten
предупрежда́ть I *imp* vorher benachrichtigen; warnen
предъявля́ть I *imp* vorzeigen
пре́жде всего́ [-во́] vor allem
пре́жн│ий, -яя, -ее, -ие *a* vorig, vorherig; ehemalig
прекра́сно *adv* schön
прекра́сн│ый, -ая, -ое, -ые *a* schön; ausgezeichnet
прекраща́ть I *imp* aufhören; aufgeben
прекраща́ться I *imp* enden, aufhören
преодолева́ть I *imp* überwinden, bewältigen
преподава́тель *m* Lehrer; Dozent
преподава́ть I *imp* (**преподаю́, преподаёшь**) lehren, unterrichten
преподнести́ I *p* (**преподнесу́, преподнесёшь**; *Prät* **преподнёс, преподнесл│а́, -и́**) präsentieren, überreichen
при *prp* (+ *Pr*) bei, an; in Anwesenheit von; vor; unter, zu; in; trotz; mit
приближа́ться I *imp* sich nähern, näherkommen; ~ **к концу́** zu Ende gehen
приблизи́тельно *adv* ungefähr
прибо́р *m* Gerät; **столо́вый** ~ Besteck
прибыва́ть I *imp* ankommen, eintreffen
прибы́ть I *p* (**прибу́ду, прибу́дешь**; *Prät* **при́был, -о, -и, прибыла́**) ankommen

прива́л *m* Rast; **де́лать** ~ rasten
привезти́ I *p* (**привезу́, привезёшь**; *Prät* **привёз, привезл│а́, -о́, -и́**) mitbringen
приве́т *m* Gruß; **переда́ть** ~ grüßen lassen, Grüße übermitteln
приве́тлив│ый, -ая, -ое, -ые *a* freundlich
приве́тствовать I *imp* (**приве́тствую, приве́тствуешь**) begrüßen, willkommen heißen
привлека́ть I *imp* anziehen; heranziehen
привле́чь I *p* (**привлеку́, привлечёшь**; *Prät* **привлёк, привлекл│а́, -о́, -и́**) anziehen; heranziehen
приводи́ть II *imp* (**привожу́, приво́дишь**) mitbringen
привози́ть II *imp* (**привожу́, приво́зишь**) bringen, mitbringen
привыка́ть I *imp* sich gewöhnen
привы́чка *f* (*G pl* **привы́чек**) Gewohnheit
пригласи́ть II *p* (**приглашу́, пригласи́шь**) einladen
приглаша́ть I *imp* einladen
при́городн│ый, -ая, -ое, -ые *a* Vorort-, stadtnah
приго́товить II *p* (**пригото́влю, пригото́вишь**) bereiten, vorbereiten; kochen
приду́мать I *p* ausdenken; erfinden
прие́зд *m* Ankunft
приезжа́ть I *imp* kommen, ankommen
прие́м *m* Empfang
прие́хать I *p* (**прие́ду, прие́дешь**) kommen, ankommen
приз *m* (*pl* **призы́**) Preis
приземли́ться II *p* landen
призна́ться II *p* zugeben, gestehen
прийти́ I *p* (**приду́, придёшь**, ... приду́т; *Prät* **пришёл, пришл│а́, -о́, -и́**) kommen
прийти́сь *vimp* (**придётся, пришло́сь**); **мне придётся** ich werde ... müssen; **мне пришло́сь** ich mußte ...
прика́зывать I *imp* befehlen
прикладн│о́й, -а́я, -о́е, -ы́е *a* angewandt; ~**а́я киберне́тика** angewandte Kybernetik; ~**а́я матема́тика** angewandte Mathematik
приключе́ние *n* Abenteuer

приме́р *m* Beispiel; Vorbild
приме́рить II *p* anprobieren
приме́рно *adv* ungefähr
принадлежа́ть II *imp* gehören
принести́ I *imp* (принесу́, принесёшь; *Prät* принёс, принесл|а́, -о́, -и́) bringen, mitbringen
принима́ть I *imp* annehmen, akzeptieren; empfangen
приноси́ть II *imp* (приношу́, прино́сишь) bringen, mitbringen
приня́ть I *p* (приму́, при́мешь; *Prät* при́нял, -о, -и, приняла́) annehmen, akzeptieren; empfangen
приня́ться I *p* (приму́сь, при́мешься; *Prät* принялся́, приня́л|а́сь, -о́сь, -и́сь) (*за что?*) sich an etwas machen, beginnen
приро́да *f* Natur
присла́ть I *p* (пришлю́, пришлёшь) senden, schicken
при́стань *f* Anlegeplatz
прису́тствовать I *imp* (прису́тствую, прису́тствуешь) anwesend sein, dasein
приходи́ть II *imp* (прихожу́, прихо́дишь) kommen, ankommen
приходи́ться *imp* (прихо́дится, приходи́лось) genötigt sein
причёсываться I *imp* sich kämmen; sich das Haar legen lassen
причи́на *f* Grund, Ursache
прия́тно *adv* angenehm; *präd imp* es ist angenehm
прия́тн|ый, -ая, -ое, -ые *a* angenehm
про́бовать I *imp* (про́бую, про́буешь) versuchen; probieren
пробы́ть I *p* (пробу́ду, пробу́дешь; *Prät* про́был, -о, -и, пробыла́) sich aufhalten, weilen
прове́рить II *p* prüfen
провести́ I *p* (проведу́, проведёшь; *Prät* провёл, провел|а́, -о́, -и́): ~ вре́мя Zeit verbringen
проводи́ть II *imp* (провожу́, прово́дишь) verbringen; begleiten; durchführen
проводи́ться II *imp* (прово́дится) durchgeführt, verwirklicht werden
проводни́к *m* (*G* проводника́) Zug-, Wagenbegleiter; Wegweiser, Führer
провожа́ть I *imp* begleiten
проголода́ться I *p* Hunger bekommen

прогу́лка *f* (*G pl* прогу́лок) Spaziergang
продава́ть I *imp* (продаю́, продаёшь) verkaufen
продаве́ц *m* (*G* продавца́) Verkäufer
прода́ж|а *f* Verkauf; в ~e im Verkauf
прода́ть *p* (прода́м, прода́шь, прода́ст, продади́м, продади́те, продаду́т; *Prät* про́дал, -о, -и, продала́) verkaufen
продово́льственн|ый, -ая, -ое, -ые *a* Lebensmittel-; ~ магази́н Lebensmittelgeschäft
продолжа́ть I *imp* fortfahren; fortsetzen
продолжа́ться I *imp* weitergehen, fortgesetzt werden
проду́кты *pl* (*sg* проду́кт *m*) Lebensmittel, Nahrungsmittel
проезжа́ть I *imp* fahren, durchfahren, vorbeifahren
прое́хать I *p* (прое́ду, прое́дешь) fahren, durchfahren, vorbeifahren
прожи́ть I *p* (проживу́, проживёшь; *Prät* про́жил, -о, -и, прожила́) leben, verleben
прозра́чн|ый, -ая, -ое, -ые *a* durchsichtig
прои́грывать I *imp* verlieren; vorspielen
произведе́ние *n* Werk
произноше́ние *n* Aussprache
происходи́ть II *imp* (происхо́дит) stattfinden, geschehen
пройти́ I *p* (пройду́, пройдёшь; *Prät* прошёл, прошл|а́, -о́, -и́) vergehen; vorbeigehen, vorübergehen
пролета́ть I *imp* fliegen, überfliegen
промы́шленность *f* Industrie
пропада́ть I *imp* verschwinden; verlorengehen
пропуска́ть I *imp* auslassen; passieren lassen
проси́ть II *imp* (прошу́, про́сишь) (*чего?*) bitten
прослу́шать I *p* hören
просма́тривать I *imp* durchsehen
просмотре́ть II *p* (просмотрю́, просмо́тришь) durchsehen, übersehen
просну́ться I *p* (просну́сь, проснёшься) aufwachen

проспе́кт *m* Allee, (breite) Straße; Prospekt

прости́ть II *p* (прощу́, прости́шь) vergeben, verzeihen

прости́ться II *p* (прощу́сь, прости́шься) (*с кем? с чем?*) sich verabschieden

про́сто *adv* einfach

прост | о́й, -а́я, -о́е, -ы́е *a* einfach, unkompliziert

простуди́ться II *p* (простужу́сь, просту́дишься) sich erkälten

просту́живаться I *imp* sich erkälten

про́сьба *f* Bitte

про́тив *prp* (+ *G*) gegen, gegenüber

проти́вник *m* Gegner

протяну́ть I *p* (протяну́, протя́нешь) ausstrecken

профе́ссор *m* (*pl* профессора́) Professor

прохла́дн | ый, -ая, -ое, -ые *a* kühl

проходи́ть II *imp* (прохожу́, прохо́дишь) 1. vergehen; vorübergehen; 2. verlaufen, stattfinden

прохо́жий *m* Passant

проце́нт *m* Prozent

проце́сс *m* Prozeß, Vorgang

прочита́ть I *p* (zu Ende) lesen

про́чн | ый, -ая, -ое, -ые *a* dauerhaft; solide, fest

проше́дш | ий, -ая, -ее, -ие *a* vergangen

прошлого́дн | ий, -яя, -ее, -ие *a* vorjährig

про́шлое *n* Vergangenheit

про́шл | ый, -ая, -ое, -ые *a* vergangen; vorig

проща́ть I *imp* vergeben, verzeihen

проща́ться I *imp* (*с кем? с чем?*) sich verabschieden

пры́гать I *imp* springen

прыжо́к *m* (*G* прыжка́) Sprung

пря́мо *adv* gerade, geradeaus; direkt, unmittelbar

прям | о́й, -а́я, -о́е, -ы́е *a* gerade

пря́тать I *imp* (пря́чу, пря́чешь) verbergen, verstecken

психоло́гия *f* Psychologie

пти́ца *f* 1. Vogel; 2. (*nur sg*) Geflügel

пу́блика *f* Publikum, Zuschauer; Anwesende

пуска́ть I *imp* lassen, hereinlassen; in Gang setzen, anlassen

пусте́ть I *imp* sich leeren, leer werden

пуст | о́й, -а́я, -о́е, -ы́е *a* leer; menschenleer

пусть *prtc* soll es, möge es...

путёвка *f* Einweisungsschein (*in ein Sanatorium usw.*)

путеше́ственник *m* Reisende

путеше́ствие *n* Reise

путеше́ствовать I *imp* (путеше́ствую, путеше́ствуешь) reisen

путь *m* (*Instr* путём, *G, D, Pr* пути́) Weg

пыль *f* (*Pr* о пы́ли, в пыли́) Staub

пыта́ться I *imp* versuchen

пя́тница *f* Freitag

Р, р

рабо́та *f* Arbeit, Dienststelle

рабо́тать I *imp* arbeiten

рабо́тник *m* Arbeiter, Werktätige; (Kunst-)Schaffende

рабо́тница *f* Arbeiterin, Werktätige, Berufstätige

рабо́ч | ий, -ая, -ее -ие *a* Arbeits-, Arbeiter-

рабо́чий *m* Arbeiter

ра́вен, равн | á, -ó, -ы́ (*Kurzform von* ра́вный) gleich, egal; всё ~ ó alles gleich, alles egal

ра́вн | ый, -ая, -ое, -ые *a* gleich, egal

рад, -а, -о, -ы *a* (*Kurzform*) froh, erfreut

радиоприёмник *m* Rundfunkempfänger, Radio

ра́доваться I *imp.* (ра́дуюсь, ра́дуешься) (*чему?*) sich freuen

ра́достн | ый, -ая, -ое, -ые *a* freudig, erfreut

ра́дость *f* Freude

раз *m* Mal; ещё ~ noch einmal; как ~ gerade gut; мно́го ~ viele Male; два, три, четы́ре ра́за zwei-, drei-, viermal; не ~ mehrmals, mehr als einmal; ни ра́зу keinmal, nicht ein einziges Mal

разби́ть I *p* (разобью́, разобьёшь) zerbrechen

разбуди́ть II *p* (разбужу́, разбу́дишь) wecken

ра́зве? *prtc* wirklich? ist es möglich?

развива́ться I *imp* sich entwickeln

разгова́ривать I *imp* sprechen, sich unterhalten

разгово́р *m* Gespräch

разгово́рчив | ый, -ая, -ое, -ые *a* gesprächig

раздава́ться I *imp* (раздаётся) erklingen, ertönen

раздева́ться I *imp* sich ausziehen; ablegen

раздели́ть II *p* (разделю́, разде́лишь) teilen; dividieren

разде́ться I *p* (разде́нусь, разде́нешься) sich ausziehen; ablegen

разжига́ть I *imp* schüren; anzünden

разли́чие *n* Unterschied

разли́чн|ый, -ая, -ое, -ые *a* verschieden, unterschiedlich

разме́р *m* Größe

размести́ть II *p* (размещу́, размести́шь) unterbringen

размеща́ть I *imp* unterbringen

ра́зница *f* Unterschied; Differenz

разнообра́зн|ый, -ая, -ое, -ые *a* mannigfaltig, unterschiedlich

разноцве́тн|ый, -ая, -ое, -ые *a* bunt, vielfarbig

ра́зн|ый, -ая, -ое, -ые *a* verschieden, unterschiedlich

разойти́сь I *p* (разойдёмся) auseinandergehen

разреша́ть I *imp* erlauben, gestatten

разреши́ть II *p* erlauben, gestatten

разуме́ется *intr* selbstverständlich, zweifellos

разъе́хаться I *p* (разъе́демся) auseinanderfahren

райо́н *m* Bezirk, Rayon

ра́нн|ий, -яя, -ее, -ие *a* früh

ра́но *adv und präd imp* früh, es ist früh

ра́ньше 1. (*comp von* ра́но) früher; 2. *adv* früher, vor Jahren, in der Vergangenheit

раски́нуться I *p* sich erstrecken, sich dehnen

раскрыва́ть I *imp* öffnen, aufmachen; aufdecken

раскры́ть I *p* (раскро́ю, раскро́ешь) öffnen, aufmachen; aufdecken

расписа́ние *n* Fahrplan, Stundenplan

расплати́ться II *p* (расплачу́сь, распла́тишься) bezahlen

располо́жен, -а, -о, -ы (*Kurzform von* расположенный) gelegen

рассерди́ться II *p* (рассержу́сь, рассе́рдишься) böse werden

расска́з *m* Erzählung; Kurzgeschichte

рассказа́ть I *p* (расскажу́, расска́жешь) erzählen

расска́зывать I *imp* erzählen

рассма́тривать I *imp* besehen; betrachten, ansehen; erörtern

расста́ться I *p* (расста́нусь, расста́нешься) (*с чем? с кем?*) sich trennen

расстоя́ние *n* Entfernung

расстра́иваться I *imp* verstimmt werden; nicht zustande kommen, scheitern

расте́ние *n* Pflanze

расти́ I *imp* (расту́, растёшь; *Prät* рос, -ла́, -ло́, -ли́) wachsen

расходи́ться II *imp* (расхо́димся) auseinandergehen

расширя́ть I *imp* ausdehnen, erweitern, breiter machen

рвать I *imp* (рву, рвёшь; *Prät* рвал, -о, -и, рвала́) abreißen; zerreißen, pflücken

ребёнок *m* (*G* ребёнка; *pl* де́ти, де́тей) Kind

револю́ция *f* Revolution

регуля́рно *adv* regelmäßig

ре́дк|ий, -ая, -ое, -ие *a* selten

ре́дко *adv* selten

ре́же (*comp von* ре́дко) seltener

ре́зать I *imp* (ре́жу, ре́жешь) schneiden

ре́зко *adv* heftig, scharf

река́ *f* (*A* реку́; *pl* ре́ки) Fluß; Strom

реце́пт *m* Rezept

речн|о́й, -а́я, -о́е, -ы́е *a* Fluß-

реша́ть I *imp* beschließen, entscheiden; lösen

реше́ние *n* Beschluß, Entschluß; Lösung

реши́ть II *p* beschließen, entscheiden; lösen

рис *m* Reis

рискова́ть I *imp* (риску́ю, риску́ешь) riskieren

рисова́ть I *imp* (рису́ю, рису́ешь) zeichnen

ри́сов|ый, -ая, -ое, -ые *a* Reis-

рису́нок *m* (*G* рису́нка) Zeichnung

ро́вно *adv* genau; ~ в час Punkt eins

ро́вн|ый, -ая, -ое, -ые *a* eben, plan, glatt

род *m* Geschlecht; Art, Sorte

ро́дина *f* Heimat

роди́тели *pl* (*G* роди́телей) Eltern

роди́ться II *imp und p* geboren werden, zur Welt kommen

родн|о́й, -а́я, -о́е, -ы́е *a* verwandt; lieb; ~ язы́к Muttersprache

ро́дственник *m* Verwandte

рожде́ни|е *n* Geburt; день ~я Geburtstag

ро́зов|ый, -ая, -ое, -ые *a* rosa

роль *f* (*G pl* роле́й) Rolle

росси́йск|ий, -ая, -ое, -ие *a* russisch (*aufs Land bezogen*)

рост *m* Größe, Wuchs

рот *m* (*G* рта, *Pr* во рту́) Mund

роя́ль *m* Flügel

руба́шка *f* (*G pl* руба́шек) Hemd

рубе́ж *m* (*G* рубежа́) Grenze, Rand; за ~о́м im Ausland

руга́ть I *imp* schimpfen

рука́ *f* (*A* ру́ку; *pl* ру́ки, рук, рука́м) Hand; Arm

руководи́тель *m* Leiter

руководи́ть II *imp* (руковожу́, руково́дишь) leiten, führen

ру́копись *f* Handschrift, Manuskript

румы́нск|ий, -ая, -ое, -ие *a* rumänisch

ру́сск|ий, -ая, -ое, -ие *a* russisch

ру́сский *m* Russe

ру́чка *f* (*G pl* ру́чек) Füll(feder)-halter

ры́ба *f* Fisch

ры́бн|ый, -ая, -ое, -ые *a* Fisch-

ры́нок *m* (*G* ры́нка) Markt

ряд *m* (*G* ря́да; 2, 3, 4 ря́да; *Pr* о ря́де, в ряду́; *pl* ряды́) Reihe

ря́дом *adv* in der Nähe, ganz nah, nebenan

С, с

с, со *prp* 1. (+ *Instr*) mit, und; 2. (+ *G*) von, seit

сад *m* (*Pr* о са́де, в саду́; *pl* сады́) Garten; де́тский ~ Kindergarten

сади́ться II *imp* (сажу́сь, сади́шься) sich setzen; einsteigen

сала́т *m* Salat

салфе́тка *f* (*G pl* салфе́ток) Serviette

сам, сама́, само́, са́ми *pron* selbst, selber

самоде́ятельность *f* Laienkunst

самолёт *m* Flugzeug

самостоя́тельн|ый, -ая, -ое, -ые *a* selbständig

са́м|ый, -ая, -ое, -ые *pron*; ~ большо́й der größte; тот ~ derselbe, derjenige

санато́рий *m* Sanatorium

са́хар *m* Zucker

сбо́рная кома́нда *f* Auswahlmannschaft

све́ж|ий, -ая, -ее, -ие *a* frisch

сверну́ть I *p* abbiegen; rollen; zusammenfalten

све́рху *adv* von oben

свет *m* (*Pr* в све́те, на свету́) Licht

светло́ *präd imp* (es ist) hell

све́тл|ый, -ая, -ое, -ые *a* hell, licht

свида́ние *n* Stelldichein, Rendezvous

свиде́тель *m* Zeuge; Augenzeuge

свист *m* Pfeifen

свисто́к *m* (*G* свистка́) Pfiff; Pfeife

сви́тер *m* Pullover, Wolljacke

свобо́ден, свобо́дн|а, -о, -ы *a* (*Kurzform von* свобо́дный) frei, unbesetzt

свобо́дно *adv* frei; ungehindert

свобо́дн|ый, -ая, -ое, -ые *a* frei; unbesetzt

сво́йство *n* Eigenschaft

свы́ше *prp* (+ *G*) mehr als, über

свя́зывать I *imp* binden; zusammenbinden; in Zusammenhang bringen; verbinden

связь *f* Verbindung; Kommunikationsmittel

сдава́ть I *imp* (сдаю́, сдаёшь): ~ экза́мены Prüfungen ablegen

сдать *p* (сдам, сдашь, сдаст, сдади́м, сдади́те, сдаду́т; *Prät* сдал, -и, сдала́): ~ экза́мены Prüfungen bestehen

сде́лать I *p* machen, tun

себя́ *pron* (*D* себе́, *Instr* собо́й) sich

се́вер *m* Norden

се́верн|ый, -ая, -ое, -ые *a* nördlich, Nord-

сего́дня *adv* heute

сего́дняшн|ий, -яя, -ее, -ие *a* heutig

сейча́с *adv* jetzt, sofort, gleich

секу́нда *f* Sekunde

село́ *n* (*pl* сёла) Dorf

се́льск|ий, -ая, -ое, -ие *a* Dorf-, Land-; ~ое хозя́йство Landwirtschaft

семина́р *m* Seminar

семья́ *f* (*pl* се́мьи) Familie

серди́т|ый, -ая, -ое, -ые *a* böse, verärgert

серди́ться II *imp* (сержу́сь, се́рдишься) sich ärgern, böse sein

се́рдце *n* (*pl* сердца́, серде́ц, серд-ца́м) Herz

середи́на *f* Mitte

се́р|ый, -ая, -ое, -ые *a* grau

серьёзн|ый, -ая, -ое, -ые *a* ernst; ernstlich

се́ссия *f* Tagung; экзаменаци́онная ~ Prüfungszeit

сестра́ *f* (*pl* сёстры, сестёр, сё-страм *usw.*) Schwester; меди-ци́нская ~ Krankenschwester

сесть I *p* (ся́ду, ся́дешь; *Prät* сел, се́л|а, -о, -и) sich setzen; einsteigen; *siehe* сади́ться

сза́ди *adv* (*где?*) hinten

сигна́л *m* Signal

сиде́ть II *imp* (сижу́, сиди́шь) sitzen

си́льн|ый, -ая, -ое, -ые *a* stark; kräftig, kraftvoll; heftig, mächtig, gewaltig

симфони́ческ|ий, -ая, -ое, -ие *a* symphonisch

си́н|ий, -яя, -ее, -ие *a* (dunkel)blau

систе́ма *f* System; не́рвная ~ Nervensystem

сказа́ть I *p* (скажу́, ска́жешь) sagen

ска́терть *f* (*G pl* скатерте́й) Tischdecke

сквозь *prp* (+ *A*) durch

ско́лько *adv* wieviel, wie viele

скоре́е (*comp von* ско́ро) rascher, schneller

ско́ро *adv* bald

скорости|о́й, -а́я, -о́е, -ы́е *a* Schnell-

ско́рость *f* (*G pl* скоросте́й) Geschwindigkeit

ско́р|ый, -ая, -ое, -ые *a* baldig; schnell; ~ по́езд Schnellzug, D-Zug

скри́пка *f* (*G pl* скри́пок) Geige

скро́мн|ый, -ая, -ое, -ые *a* bescheiden

скрыва́ть I *imp* verheimlichen

скуча́ть I *imp* sich langweilen

ску́чно [-шн-] *adv* langweilig; *präd imp* мне ~ ich langweile mich

сла́бость *f* Schwäche

сла́б|ый, -ая, -ое, -ые *a* schwach; kaum merklich

сла́ва *f* Ruhm

сла́вн|ый, -ая, -ое, -ые *a* ruhmreich, glorreich

славя́нск|ий, -ая, -ое, -ие *a* slawisch

сла́дк|ий, -ая, -ое, -ие *a* süß

сле́ва *adv* links, linkerhand

следи́ть II *imp* (слежу́, следи́шь) beobachten, aufmerksam verfolgen, aufpassen

сле́довательно *intr* also, folglich

сле́довать I *imp* 1. (сле́дую, сле́дуешь) (*за кем?*) folgen, nachgehen; 2. *vimp* (сле́дует, сле́довало) man soll ...

сле́дующ|ий, -ая, -ее, -ие nächst, folgend

слеза́ *f* (*pl* слёзы, слёз, слеза́м) Träne

сли́шком *adv* zu; zuviel

слова́рь *m* (*G* словаря́) Wörterbuch; Wortschatz

сло́во *n* (*pl* слова́) Wort

сложи́ть II *p* (сложу́, сло́жишь; *imp* скла́дывать) 1. zusammenlegen; 2. addieren

сло́жн|ый, -ая, -ые *a* kompliziert

слома́ть I *p* brechen, kaputt machen

слу́ча|й *m* (*G* слу́чая) Fall; в ~е im Falle, wenn; несча́стный ~ Unfall

случа́йно *adv* zufällig

случа́ться I *imp* sich ereignen, passieren, geschehen

случи́ться II *p* sich ereignen, passieren

слу́шатель *m* Zuhörer, Hörer

слу́шать I *imp* hören, zuhören

слы́шать I *imp* hören

слы́шно *präd imp* es ist zu hören

сме́л|ый, -ая, -ое, -ые *a* kühn, mutig

смеша́ть I *p* mischen; durcheinanderbringen, vermischen; verwechseln

сме́шивать I *imp* mischen; durcheinanderbringen, vermischen; verwechseln

смешно́ 1. *adv.* lächerlich; komisch; 2. *präd imp* es ist lächerlich, komisch

смешн|о́й, -а́я, -о́е, -ы́е *a* lächerlich; komisch

смея́ться I *imp* lachen

смотре́ть II *imp* (смотрю́, смо́тришь) schauen, blicken

смочь I *p* (смогу́, смо́жешь, ... смо́гут; *Prät* смог, смогл|а́, -о́, -и́) können, imstande sein, fähig sein

снача́ла *adv* zuerst, anfangs

снег *m* (*Pr* **на снегу́**; *pl* **снега́**) Schnee

снёжн│ый, -ая, -ое, -ые *a* Schnee-, schneereich

снима́ть I *imp* abnehmen, fotografieren

сно́ва *adv* von neuem, wieder

снять I *p* (**сниму́, сни́мешь;** *Prät* **снял, -о, -и, сняла́**) abnehmen, wegbringen; fotografieren

соба́ка *f* Hund

собира́ть I *imp* sammeln; kollektionieren, zusammentragen

собира́ться I *imp* 1. zusammenkommen, sich (ver)sammeln; 2. beabsichtigen, planen

собо́р *m* Kathedrale, Dom

собра́ние *n* Versammlung; Sammlung

собы́тие *n* Ereignis

соверша́ть I *imp* vollbringen

сове́т *m* Rat

сове́товать I *imp* (**сове́тую, сове́туешь**) raten

сове́товаться I *imp* (**сове́туюсь, сове́туешься**) (*с кем?*) sich beraten, konsultieren

сове́тск│ий, -ая, -ое, -ие *a* Sowjet-, sowjetisch

совеща́ние *n* Beratung, Konferenz

совреме́нн│ый, -ая, -ое, -ые *a* modern, gegenwärtig

совсе́м *adv* völlig, gänzlich; ~ **не** nicht im geringsten, gar nicht

согла́сен, согла́сн│а, -о, -ы *a* (*Kurzform von* **согла́сный**) einverstanden

согласи́ться II *p* (**соглашу́сь, согласи́шься**) einverstanden sein, zugeben

соглаша́ться I *imp* sich einverstanden erklären, zugeben

сожале́ни│е *n* Bedauern; Reue; **к ~ю** leider

создава́ть I *imp* (**создаю́, создаёшь**) schaffen

созда́ть *p* (**созда́м, созда́шь, созда́ст; создади́м, создади́те, создаду́т;** *Prät* **со́здал, -о, -и, создала́**) schaffen

сойти́ I *p* (**сойду́, сойдёшь;** *Prät* **сошёл, сошл│а́, -о́, -и́**) aussteigen; hinuntergehen, hinabgehen

со́лнечн│ый, -ая, -ое, -ые *a* Sonnen-, sonnig

со́лнце *n* Sonne

соль *f* Salz

сомнева́ться I *imp* zweifeln

сообща́ть I *itp* (*о чём? кому?*) mitteilen

сообще́ни│е *n* 1. Mitteilung, Information, Bericht; 2. **сре́дства ~я** Verkehrsmittel

сообщи́ть II *p* (*о чём? кому?*) mitteilen

сооруже́ние *n* Bau, Gebäude; Anlage; Errichtung

соревнова́ние *n* Wettbewerb

сосе́д *m* (*pl* **сосе́ди, сосе́дей, сосе́дям** *usw.*) Nachbar

сосе́дн│ий, -яя, -ее, -ие *a* benachbart

сосно́в│ый, -ая, -ое, -ые *a* Kiefern-

соста́в *m* Zusammensetzung; Bestand

состоя́ть II *imp* (*из чего?*) sich zusammensetzen, bestehen

состоя́ться II *p* stattfinden

со́тня *f* (*G pl* **со́тен**) Hundert

со́ус *m* Soße

спа́льня *f* (*G pl* **спа́лен**) Schlafzimmer

спаси́бо *prtc* danke

спать II *imp* (**сплю, спишь;** *Prät* **спал, -о, -и, спала́**) schlafen

спеши́ть II *imp* eilen, sich beeilen

спина́ *f* (*A* **спи́ну;** *pl* **спи́ны**) Rükken

спи́сок *m* (*G* **спи́ска**) Liste, Verzeichnis

спи́чка *f* (*G pl* **спи́чек**) Streichholz

сплошн│о́й, -а́я, -о́е, -ы́е *a* dicht, geschlossen, kompakt, ununterbrochen

споко́йно 1 *adv* ruhig; 2. *präd imp* (es ist) ruhig

споко́йн│ый, -ая, -ое, -ые *a* ruhig, gelassen

спо́рить II *imp* streiten

спорти́вн│ый, -ая, -ое, -ые *a* Sport-, sportlich, sportgerecht

спортсме́н *m* Sportler

спосо́бн│ый, -ая, -ое, -ые *a* fähig, begabt

спра́ва *adv* (*где?*) rechts

спра́вочное бюро́ *n* Auskunftsbüro

спра́шивать I *imp* fragen

спроси́ть II *p* (**спрошу́, спро́сишь**) fragen

спуска́ться I *imp* hinuntersteigen, sinken, fallen

спусти́ться II p (спущу́сь, спу́-
стишься) hinuntersteigen, hinab-
steigen; sinken, fallen
сравня́ть I p; ~ счёт die Punktlage
ausgleichen
сра́зу adv auf einmal
среди́ prp (+ G) mitten, inmitten,
unter
сре́дн|ий, -яя, -ее, -ие a durch-
schnittlich; mäßig, mittelmäßig;
~ род Neutrum, sächliches Geschlecht
сре́дство n Mittel; ~ сообще́ния
Verkehrsmittel
сро́чн|ый, -ая, -ое, -ые a eilig, drin-
gend
ссо́ра f Streit, Zwist
ссо́риться II imp sich streiten
ста́вить II imp (ста́влю, ста́вишь)
stellen, hinstellen
стадио́н m Stadion
стака́н m (Tee)Glas
станови́ться II imp (становлю́сь,
стано́вишься) werden
ста́нция f Station, Bahnhof
стара́ться I imp sich bemühen, sich
Mühe geben
стари́к m (G старика́) der Alte
стари́нн|ый, -ая, -ое, -ые a alt, al-
tertümlich
ста́рше (кого́?) älter
ста́рш|ий, -ая, -ее, -ие a älter; der
Älteste
ста́р|ый, -ая, -ое, -ые a alt
стать I p (ста́ну, ста́нешь) 1. werden; 2. beginnen (vi)
статья́ f (G pl стате́й) Artikel
стекло́ n (pl стёкла, стёкол) Glas;
Fensterscheibe
стемне́ть I p vimp (стемне́ет, стем-
не́ло) dunkel werden
стена́ f (A сте́ну; Pl сте́ны, D сте-
на́м) Wand; Mauer
стенн|о́й, -а́я, -о́е, -ы́е a Wand-;
~ шкаф Wandschrank
стипе́ндия f Stipendium
стира́льн|ый, -ая, -ое, -ые; ~ая
маши́на Waschmaschine
стихи́ pl (G pl стихо́в; sq стих m)
Verse, Gedicht
сто́ить II imp 1. kosten; 2. sich lohnen
стол m (G стола́) Tisch
столи́ца f Hauptstadt
столи́чн|ый, -ая, -ое, -ые a haupt-
städtisch

столо́вая f Eßzimmer; Gaststätte;
Mensa; Kantine
сто́лько adv soviel, soviel wie
сторона́ f (A сто́рону; pl сто́роны,
сторо́н, сторона́м) Seite
стоя́нка f (G pl стоя́нок): ~ такси́
Taxistand
стоя́ть II imp (стою́, стои́шь) stehen, sein; стои́т хоро́шая пого́да
das Wetter ist gut
страда́ть I imp leiden
страна́ f (pl стра́ны) Land
страни́ца f Seite
стра́стн|ый, -ая, -ое, -ые a leiden-
schaftlich; passioniert
стра́шн|ый, -ая, -ое, -ые a furcht-
erregend, furchtbar, schrecklich
стреми́ться II imp (стремлю́сь,
стреми́шься) (к чему́?) streben,
anstreben
строи́тельство n Bau, Baustelle
стро́ить II imp bauen, aufbauen
стро́йн|ый, -ая, -ое, -ые a schlank
студе́нт m Student
студе́нческ|ий, -ая, -ое, -ие a Stu-
denten-
стул m (pl сту́лья) Stuhl
сты́дно präd imp; мне ~ ich schä-
me mich
суббо́та f Sonnabend
суда́к m (G судака́) Zander
судья́ m (pl су́дьи, суде́й, су́дьям
usw.) Richter; Schiedsrichter
су́мка f (G pl су́мок) Tasche, Ein-
kaufstasche
су́мочка f (G pl су́мочек) Handta-
sche
суп m (pl супы́) Suppe
суро́в|ый, -ая, -ое, -ые a streng;
hart
су́тки (nur pl) (G су́ток) Tag und
Nacht, 24 Stunden
сух|о́й, -а́я, -о́е, -и́е a trocken
суши́ть II imp (сушу́, су́шишь)
trocknen
сходи́ть II imp (схожу́, схо́дишь)
hinunter-; hinabgehen; aussteigen
счастли́в|ый, -ая, -ое, -ые a glück-
lich; ~ого пути́! gute Reise!
сча́стье n Glück
счёт m Rechnung
счита́ть I imp 1. rechnen; 2. betrachten, ansehen, meinen
съезд m Kongreß; ~ па́ртии Par-
teitag
съесть p (съем, съешь, съест, съе-

дим, съедите, съедят; *Prät* съел, съела) aufessen

сыграть I *p* spielen

сын *m* (*pl* сыновья, сыновей, сыновьям *usw.*) Sohn

сыр *m* (*pl* сыры) Käse

сыр|ой, -ая, -ое, -ые *a* naß, feucht; roh, ungekocht

сюда *adv* (*куда?*) hierher, her

Т, т

таблетка *f* (*G pl* таблеток) Tablette

табличка *f* (*G pl* табличек) Tafel

тайна *f* Geheimnis

так *adv* so, auf diese Weise

также *cj* auch, ebenfalls

так как *cj* weil, denn

так|ой, -ая, -ое, -ие *pron* solch

талантлив|ый, -ая, -ое, -ые *a* talentiert, begabt

там *adv* (*где?*) dort, drüben

танец *m* (*G* танца) Tanz

танцевать I *imp* (танцую, танцуешь) tanzen

тарелка *f* (*G pl* тарелок) Teller

театральн|ый, -ая, -ое, -ые *a* Theater-, theatralisch

телевидение *n* Fernsehen

телевизор *m* Fernseher

телефон-автомат *m* Fernsprechautomat

телефонн|ый, -ая, -ое, -ые *a* Telefon-; ~ая трубка Hörer

темнеть I *imp vimp* (темнеет, темнело) dunkel werden

темно *präd imp* (es ist) dunkel

тёмн|ый, -ая, -ое, -ые *a* dunkel

темп *m* Tempo

теперь *adv* jetzt, im Augenblick

теплоход *m* Motorschiff

тёпл|ый, -ая, -ое, -ые *a* warm

терять I *imp* verlieren

тесно *adv* eng; здесь ~ *präd imp* es ist eng hier

тетрадь *f* Heft

тётя *f* Tante

тих|ий, -ая, -ое, -ие *a* still, leise; ~им голосом leise

тихо *adv* still, leise, ruhig; говорить ~ leise sprechen

тише (*comp von* тихий *und* тихо) leiser, ruhiger

тишина *f* Stille

ткань *f* Gewebe; Stoff

то *cj* dann; то ... то bald ... bald; не то ... не то ... entweder ... oder

товар *m* Ware

товарищ *m* Genosse; Freund, Kamerad

тогда *adv* dann

тоже *cj* auch, ebenfalls

толкать I *imp* stoßen

толпа *f* (*pl* толпы) Menschenmenge

толст|ый, -ая, -ое, -ые *a* dick; beleibt, korpulent

только *adv* nur; erst; ~ что eben erst

том *m* (*pl* тома) der Band

тонк|ий, -ая, -ое, -ие *a* dünn; mager; fein, raffiniert

тоннель *m* Tunnel

торт *m* Torte

тот, та, то, те *pron* jener, derjenige

точка *f* (*G pl* точек) Punkt

точно *adv* genau

точн|ый, -ая, -ое, -ые *a* genau, exakt

трава *f* (*pl* травы) Gras

трамвай *m* (*G* трамвая) Straßenbahn

требовать I *imp* (требую, требуешь) fordern, verlangen

требоваться I *vimp* (требуется, требовалось) erforderlich sein, gebraucht werden; на это требуется много времени das erfordert viel Zeit, nimmt viel Zeit in Anspruch

тренер *m* Trainer

тренироваться I *imp* (тренируюсь, тренируешься) trainieren

тренировка *f* Training, Üben

трое *num* drei (*Personen*)

троллейбус *m* Trolleybus

труба *f* (*pl* трубы) Trompete; Rohr

трубка *f* (*G pl* трубок) Pfeife; Röhre

труд *m* (*G* труда) Arbeit; Werk; с ~ом mit Mühe

трудиться II *imp* (тружусь, трудишься) arbeiten, schaffen

трудно *präd imp* (es ist) schwer, schwierig

трудн|ый, -ая, -ое, -ые *a* schwer, schwierig

туалет *m* Toilette, WC

туда *adv* (*куда?*) dorthin; ~ и обратно hin und zurück

турист *m* Tourist; Wanderer

туристическ|ий, -ая, -ое, -ие *a* touristisch

турнир *m* Tournier, Wettkampf

тýфли *pl* (*G pl* **тýфель;** *sg* **тýфля** *f*) (Damen-)Schuhe

тýча *f* (Gewitter-)Wolke

тяжелó *adv* schwer, schwierig; *präd im* (*комý дéлать? что?*) es ist j-m schwierig (*etwas zu tun*)

тянýть I *imp* (**тянý, тя́нешь**) ziehen, zerren; *vimp* (**тя́нет, тянýло**) ziehen (*nach etwas*); **егó тя́нет сюдá** es zieht ihn her

тянýться I *imp* (**тянýсь, тя́нешься**) dauern, sich (hin)ziehen; sich dehnen

У, у

у *prp* (+ *G*) bei, in der Nähe von; ~ **меня́**, ~ **тебя́**, ~ **негó** *usw.* **есть...** ich habe, du hast, er hat...

убеди́ть II *p* (–, **убеди́шь**) überzeugen

убеди́ться II *p* (–, **убеди́шься**) sich überzeugen

убивáть I *imp* totschlagen, morden

убирáть I *imp* forträumen, fortbringen; aufräumen

уби́т|ый, -ая, -ое, -ые *part* getötet, ermordet

убрáть I *p* (**уберý, уберёшь;** *Prät* **убрáл, -и, убралá**) forträumen, fortbringen; Ordnung machen

уважáем|ый, -ая, -ое, -ые *part und a* geachtet, geehrt

уважáть I *imp* achten, respektieren

увéрен, -а, -о, -ы *a* (*Kurzform von* **увéренный**) sicher, selbstsicher, überzeugt

увéренно *adv* sicher

уви́деть II *p* (**уви́жу, уви́дишь**) sehen, erblicken

увлекáться I *imp* (*чем?*) sich (*aus etwas*) viel machen, schwärmen (für)

ýгол *m* (*G* **углá;** *Pr* **в, на углý;** *pl* **углы́**) Ecke, Winkel

угости́ть II *p* (**угощý, угости́шь**) bewirten

удавáться *vimp* (**удаётся, удавáлось**) glücken, gelingen; **всё емý удавáлось** ihm gelang alles

удали́ть II *p* entfernen

удáр *m* Schlag, Hieb, Stoß

удáться *p vimp* (**удáстся, удалóсь**) glücken, gelingen; **емý удалóсь ...** er konnte ..., er brachte es fertig ...

удáчно *adv* gelungen, glücklicherweise

удáчн|ый, -ая, -ое, -ые *a* gelungen, geglückt

удóбн|ый, -ая, -ое, -ые *a* bequem, komfortabel

удóбства *pl* Bequemlichkeiten

удовóльствие *n* Vergnügen; **с ~м** gern, mit Vergnügen

уезжáть I *imp* fortfahren, abreisen

уéхать I *p* (**уéду, уéдешь**) fortfahren, abreisen

ужé *adv* schon, bereits

ýжин *m* Abendessen

ýжинать I *imp* zu Abend essen

ýзк|ий, -ая, -ое, -ие *a* eng

узнáть I *p* erfahren; kennenlernen; (wieder)erkennen

уйти́ I *p* (**уйдý, уйдёшь;** *Prät* **ушёл, ушл|á, -и́**) fortgehen

укáзывать I *imp* zeigen; hinweisen

укóл *m* Spritze, Injektion

украи́нск|ий, -ая, -ое, -ие *a* ukrainisch

укрепля́ть I *imp* festigen, stärken

ýксус *m* Essig

ýлица *f* Straße

улыбáться I *imp* lächeln

улы́бка *f* (*G pl* **улы́бок**) Lächeln

умéть I *imp* können, sich (*auf etwas*) verstehen

ýмн|ый, -ая, -ое, -ые *a* klug

умывáться I *imp* sich waschen

универмáг *m* Kaufhaus

университéтск|ий, -ая, -ое, -ие *a* Universitäts-

упаковáть I *p* (**упакýю, упакýешь**) verpacken

употреблéние *n* Gebrauch

употребля́ть I *imp* gebrauchen

упражнéние *n* Übung

урóк *m* Unterrichtsstunde; Lektion

усáдьба *f* (*G pl* **усáдеб**) Hof, Gehöft

услóвие *n* Bedingung

услы́шать II *p* hören

успевáть I *imp* es schaffen, Zeit haben (*für*); erfolgreich lernen (studieren); mitkommen

успéть I *p* es schaffen; rechtzeitig ankommen

успéх *m* Erfolg

успéшно *adv* erfolgreich

уставáть I *imp* (**устаю́, устаёшь**) müde werden, ermüden

устáлость *f* Müdigkeit

устáть I p (устáну, устáнешь) müde werden

ýстн|ый, -ая, -ое, -ые a mündlich

устрóиться II p sich einrichten; Arbeit finden

ýтка f (G pl ýток) Ente

ýтренн|ий, -яя, -ее, -ие a Morgen-, Früh-

ýтро n Morgen

ýтром adv morgens, früh

ýхо n (pl ýши, ушéй, ушáм usw.) Ohr

уходи́ть II imp (ухожý, ухóдишь) fortgehen, gehen

учáствовать I imp (учáствую, учáствуешь) (в чём?) teilnehmen, sich beteiligen

учáстие n Teilnahme; Beteiligung

учéбник m Lehrbuch

учени́к m (G ученикá) Lehrling; Schüler; Nachfolger

учени́ца f Schülerin; Nachfolgerin

учён|ый, -ая, -ое, -ые a wissenschaftlich; gelehrt

учёный m Gelehrte; Wissenschaftler

учи́тель m (pl учителя́) Lehrer

учи́тельница f Lehrerin

учи́ться II imp (учýсь, ýчишься) lernen, studieren

учрежде́ние n Amt, Büro; Einrichtung, Institution

ую́тн|ый, -ая, -ое, -ые a gemütlich

Ф, ф

фáбрика f Fabrik

факульте́т m Fakultät

фами́лия f Familienname

фигýра f Gestalt, Figur

фигýрн|ый, ~ое катáние Eiskunstlauf

фи́зика f Physik

физи́ческ|ий, -ая, -ое, -ие a physikalisch

филологи́ческ|ий, -ая, -ое, -ие a philologisch; ~ факульте́т philologische Fakultät

филосóфск|ий, -ая, -ое, -ие a philosophisch

фи́нск|ий, -ая, -ое, -ие a finnisch

фойе́ n, inv Foyer

фонд m Fonds; Vorrat

фонтáн m Springbrunnen, Wasserspiel

фóрма f Form

фотографи́ровать I m (фотографи́рую, фотографи́руешь) fotografieren

францýженка f Französin

францýз m Franzose

францýзск|ий, -ая, -ое, -ие a französisch; ~ язы́к Französisch

фруктóв|ый, -ая, -ое, -ые a Obst-

фрýкты pl (sg фрукт m) Obst

футбóл m Fußball

футбóльн|ый, -ая, -ое, -ые a Fußball-

Х, х

халáт m Schlafrock, Hauskleid; Kittel

харáктер m Charakter

хвали́ть II imp (хвалю́, хвáлишь) (за что?) loben, preisen

хватáть I imp 1. (что?) fassen, greifen; 2. vimp хватáет, хватáло (чегó?) reichen, ausreichen, genügen; не ~ es reicht nicht

хи́мик m Chemiker

хими́ческ|ий, -ая, -ое, -ие a chemisch

хи́мия f Chemie

хлеб m Brot

хле́бн|ый, -ая, -ое, -ые a Brot-; Bäcker-

ходи́ть II imp (хожý, хóдишь) gehen

ходьбá f Gehen

хозя́ин m (pl хозя́ева, хозя́ев) Wirt; Besitzer; Hausherr, Gastgeber

хозя́йка f (G pl хозя́ек) Wirtin; Besitzerin; Hausherrin, Gastgeberin

хозя́йство n Wirtschaft; Haushalt

хокке́й m (G хоккéя) Hockey

холл m Halle

хóлодность f Kälte, Gleichgültigkeit

холóдн|ый, -ая, -ое, -ые a kalt

холост|óй, -áя, -óе, -ы́е a unverheiratet, ledig

хор m Chor(gesang)

хорóш|ий, -ая, -ее, -ие a gut

хорошó adv gut; präd imp es ist gut

хоте́ть imp (хочý, хóчешь, хóчет, хоти́м, хоти́те, хотя́т) wollen, wünschen

хоте́ться vimp (хóчется, хотéлось): мне хóчется, мне хотéлось бы ich möchte (gern)...

хотя́ *cj* obwohl, obzwar; ~ бы we-
nigstens, zumindest
храм *m* Tempel; Kirche
храни́ть II *imp* bewahren, aufbe-
wahren
хро́ника *f* Chronik
худо́жественн|ый, -ая, -ое, -ые
a künstlerisch, Kunst-
худо́жник *m* Maler; Künstler
ху́же (*comp von* плохо́й *und* пло́хо)
schlechter, schlimmer; больно́му
ста́ло ~ dem Kranken geht es
schlechter

Ц, ц

царь *m* (*G* царя́) Zar
цена́ *f* (*A* це́ну, *pl* це́ны) Preis
це́нн|ый, -ая, -ое, -ые *a* wertvoll;
Wert-
цвет *m* (*pl* цвета́) Farbe
цветн|о́й, -а́я, -о́е, -ы́е *a* farbig;
~ фильм Farbfilm
цвето́к *m* (*G* цветка́; *pl* цветы́) Blu-
me
целова́ть I *imp* (целу́ю, целу́ешь)
sich küssen
целова́ться I *imp* (целу́ю, це-
лу́ешь) sich küssen
це́л|ый, -ая, -ое, -ые *a* ganz
цель *f* Ziel, Zweck; с ~ю zwecks
центр *m* Zentrum; Mitte
центра́льн|ый, -ая, -ое, -ые *a* zen-
tral
це́рковь *f* (*G, D, Pr* це́ркви) Kirche
цирк *m* Zirkus
цита́та *f* Zitat
ци́фра *f* Ziffer; Zahl

Ч, ч

чай *m* (*G* ча́я, ча́ю) Tee
ча́йн|ый, -ая, -ое, -ые *a* Tee-
час *m* (*G* ча́са; 2, 3, 4 часа́; *pl* часы́)
Stunde
ча́сто *adv* oft, häufig
ча́ст|ый, -ая, -ое, -ые *a* oft, häufig
часть *f* (*G pl* часте́й) Teil
часы́ (*nur pl*) (*G* часо́в) Uhr
ча́шка *f* (*G pl* ча́шек) Tasse
ча́ще (*comp von* ча́сто) häufiger
чей, чья, чьё, чьи *pron* wessen
челове́к *m* (*pl* лю́ди) Mensch
чемода́н *m* Koffer
чемпио́н *m* Champion, Meister
чемпиона́т *m* Meisterschaft

че́рез *prp* (+ *A*) durch, hindurch;
in, nach; mittels-
чёрн|ый, -ая, -ое, -ые *a* schwarz;
~ хлеб Schwarzbrot
че́стн|ый, -ая, -ое, -ые *a* ehrlich
честь *f* Ehre
четве́рг *m* Donnerstag
че́тверо *num* vier (*Personen*)
че́тверть *f* (*G pl* четверте́й) Viertel
чётко *adv* deutlich, klar, präzise
че́шск|ий, -ая, -ое, -ие *a* tsche-
chisch
число́ *n* (*pl* чи́сла, чи́сел, чи́слам
usw.) Zahl; Datum
чи́ст|ый, -ая, -ое, -ые *a* sauber,
rein
чита́льн|ый, -ые *a*: ~ зал Lesesaal
чита́тель *m* Leser
чита́ть I *imp* lesen
член *m* Mitglied
чте́ние *n* Lesen
что 1. *pron* was; 2. *cj* daß
что́бы *cj* daß, damit, auf daß
что́-нибудь *pron* etwas, irgend etwas
чу́вствовать I *imp* (чу́вствую, чу́в-
ствуешь) fühlen, empfinden;
~ себя́ sich fühlen
чуде́сн|ый, -ая, -ое, -ые *a* wunder-
bar, wundervoll

Ш, ш

ша́пка *f* (*G pl* ша́пок) Mütze
шарф *m* Schal
шахмати́ст *m* Schachspieler
ша́хматы (*nur pl*) Schachspiel;
игра́ть в ~ Schach spielen
шёлков|ый, -ая, -ое, -ые *a* Seiden-,
seiden
шерсть *f* Wolle; Wollstoff
шерстян|о́й, -а́я, -о́е, -ы́е *a* wollen,
Woll-; ~а́я ткань Wollstoff
ше́я *f* Hals; Nacken
широ́к|ий, -ая, -ое, -ие *a* breit; weit
шкаф *m* Schrank; кни́жный
~ Bücherschrank
шко́ла *f* Schule
шко́льник *m* Schüler
шля́па *f* Hut
шокола́д *m* Schokolade
шоссе́ *n, inv* Chaussee, Landstraße
шофёр *m* Fahrer, Chauffeur
шу́мно *adv, präd imp* lärmvoll
шути́ть II *imp* (шучу́, шу́тишь)
scherzen
шу́тка *f* (*G pl* шу́ток) Scherz, Spaß;
Streich

Щ, щ

щека́ *f* (*A* щёку; *pl* щёки, щёк, ще-
ка́м *usw.*) Backe, Wange
щётка *f* (*G pl* щёток) Bürste
щи (*nur pl*) (*G* щей, *D* щам) Kohl-
suppe

Э, э

экза́мен *m* Examen, Prüfung
экску́рсия *f* Ausflug
экскурсово́д *m* Führer, Guide
экспеди́ция *f* Forschungsreise, Ex-
pedition
электри́чество *n* Elektrizität
электри́чка *f* (*G pl* электри́чек)
(elektrisch betriebene) Vorstadt-
bahn
электробри́тва *f* Trockenrasierer
электроприбо́р *m* Elektrogerät
энерги́чн│ый, -ая, -ое, -ые *a* tat-
kräftig, energisch
эне́ргия *f* Tatkraft, Energie
эстра́дн│ый, -ая, -ое, -ые *a* Estra-
de-, Kabarett-; ~ арти́ст Unter-
haltungskünstler
эта́ж *m* (*G* этажа́) Etage, Geschoß

Ю, ю

ю́бка *f* (*G pl* ю́бок) Damenrock
ювели́рн│ый, -ая, -ое, -ые *a* Juwe-
lier-; ~ магази́н Juwelierladen
юг *m* Süden
ю́жн│ый, -ая, -ое, -ые *a* südlich
ю́мор *m* Humor
ю́ность *f* Jugend
ю́ноша *m* Junge, junger Mann
юриди́ческ│ий, -ая, -ое, -ие *a* juri-
disch, juristisch; Rechts-; ~ фа-
культе́т juristische Fakultät

Я, я

я́блоко *n* (*pl* я́блоки, я́блок) Apfel
явле́ние *n* Erscheinung; Phänomen;
Auftritt, Szene
явля́ться I *imp* 1. erscheinen; 2.
sein
я́года *f* Beere
язы́к *m* (*G* языка́) Zunge; Sprache
яйцо́ *n* (*pl* я́йца, яи́ц, я́йцами *usw.*)
Ei
янта́рь *m* (*G* янтаря́) Bernstein
я́рк│ий, -ая, -ое, -ие *a* grell, hell,
lebhaft; markant
я́сн│ый, -ая, -ое, -ые *a* klar, deutlich
я́щик *m* Kasten, Kiste; почто́вый
~ Briefkasten

SCHLÜSSEL

1. Немно́го о себе́

II. 1. вам, мне. 2. ему́, ему́. 3. ей, ей. 4. ва́шей сестре́, мое́й сестре́. 5. ва́шему бра́ту, моему́ бра́ту. 6. ва́шей до́чери, мое́й до́чери.

III. 1. лет. 2. го́да. 3. лет. 4. го́да. 5. год. 6. го́да. 7. лет. 8. го́да.

IV. 1. на заво́де. 2. на заво́д. 3. в Москве́. 4. в Москву́. 5. в институ́те. 6. в де́тской поликли́нике. 7. в бассе́йн. 8. в теа́тр, в кино́, на конце́рты. 9. в Оде́ссе. 10. в Оде́ссу. 11. в Ки́еве. 12. в шко́ле. 13. в шко́лу.

V. 1. меня́. 2. вас. 3. бра́та. 4. на́шего. 5. ва́шего. 6. вас. 7. Москвы́. 8. Ленингра́да.

VI. 1. на кото́ром. 2. в кото́ром. 3. в кото́ром. 4. в кото́ром. 5. в кото́рой. 6. в кото́рой. 7. в кото́ром.

VII. 1. и 2. и поэ́тому. 3. потому́ что. 4. где. 5. кото́рый.

VIII. 1. по суббо́там. 2. по среда́м. 3. по вечера́м. 4. по воскресе́ньям. 5. по утра́м. 6. по четверга́м.

IX. поступлю́, посту́пишь; люблю́, лю́бишь; хожу́, хо́дишь; живу́, живёшь; пою́, поёшь.

XI. 1. Меня́ зову́т Ири́на. А как вас зову́т? 2. Карл око́нчил институ́т и тепе́рь рабо́тает на заво́де. А где рабо́таете вы? 3. Моя́ сестра́ ста́рше меня́ на три го́да. Моя́ мать моло́же отца́ на пять лет. 4. — Ско́лько лет э́тому челове́ку? — Я ду́маю, ему́ со́рок лет. 5. Они́ ча́сто хо́дят в го́сти к друзья́м. Вчера́ они́ бы́ли в гостя́х у роди́телей. 6. По суббо́там мы хо́дим в теа́тр, в кино́ и́ли на конце́рты. 7. Приходи́те к нам в го́сти. 8. Переда́йте приве́т ва́шим роди́телям.

2. На́ша семья́

II. 1. есть,—. 2. есть,—. 3. есть,—. 4. есть,—. 5. есть,—. 6. есть,—.

III. 1. есть, есть,—. 2. есть, есть,—. 3. есть,—. 4. есть,—. 5. —. 6. —.

IV. 1. у меня́, у него́, у неё, у нас, у моего́ дру́га, у мое́й сестры́, у на́шего преподава́теля. 2. у э́того студе́нта, у моего́ сосе́да, у э́той де́вушки. 3. у моего́ мла́дшего бра́та, у одно́й на́шей студе́нтки, у на́шего профе́ссора.

VI. 1. ста́ршего бра́та. 2. меня́. 3. моего́ дру́га. 4. вас. 5. отца́.

XI. 1. Мои́ роди́тели живу́т в ма́леньком городке́ недалеко́ от Берли́на. Мой оте́ц рабо́тал дире́ктором шко́лы. Сейча́с он не рабо́тает. Он получа́ет пе́нсию. 2. У меня́ есть сестра́. Её зову́т Анна. Анна моло́же меня́ на четы́ре го́да. Она́ рабо́тает в библиоте́ке. Анна изуча́ет ру́сский язы́к. Она́ хо́чет преподава́ть ру́сский язы́к в шко́ле.

222

3. А это мой друг Отто. Недавно он женился. У Отто очень красивая жена. Её зовут Мария. У неё тёмные волосы и серые глаза. 4. — У вас есть дети? — Да. — У вас маленькие дети? — Нет. Сыну десять лет, а дочери — семь. — На кого похож ваш сын? — Говорят, он похож на меня. — А на кого похожа ваша дочь? — А дочь — на жену.

3. Дом и квартира

II. 1. в театре, в парке, в клубе, в музее, в университете, в школе, в библиотеке, в ресторане; на концерте, на лекции, на уроке. 2. в театр, в парк, в клуб, в музей, в университет, в школу, в библиотеку, в ресторан; на концерт, на лекцию, на урок. 3. в деревне, в другом городе, в Берлине, в Дрездене, в Минске, в Киеве, в Ленинграде, в Советском Союзе, в Польше, во Франции; на родине, на юге. 4. в деревню, в другой город, в Берлин, в Дрезден, в Минск, в Киев, в Ленинград, в Советский Союз, в Польшу, во Францию; на родину, на юг. 5. на заводе, на фабрике, на вокзале, на станции; в банке, в институте, в лаборатории, в школе. 6. на завод, на фабрику, на вокзал, на станцию; в банк, в институт, в университет, в лабораторию, в школу.

III. 1. в большом старом доме, на третьем этаже, в самом центре города, на улице Дружбы. 2. в другом районе, на Пушкинскую площадь, в маленьком доме, на втором этаже. 3. на большом автомобильном заводе, в лаборатории. 4. в университете, на историческом факультете, на втором курсе. 5. в большом старом парке, в одной маленькой деревне, на берегу реки. 6. в оперном театре, на симфоническом концерте.

IV. a) 1. стоят. 2. стоит. 3. стоит. 4. стоит. 5. стоят. 6. стоит. b) 7. лежат. 8. лежит. 9. лежат. 10. лежит 11. лежат. c) 12. висит. 13. висят, висят. 14. висят. 15. висит. 16. висит.

V. стоит, лежат, стоит, стоит, висит, стоят, лежат, стоит.

VI. жили, живут, получили, переехали, состоит, выходят, купили, пригласили.

VII. 1. в большом новом шестнадцатиэтажном. 2. в большом старом книжном. 3. в нашей маленькой, тёплой и уютной. 4. в своём старом любимом удобном. 5. в нашей самой большой.

VIII. 1. кладу, кладёшь; положу, положишь. 2. ставлю, ставишь; поставлю, поставишь. 3. вешаю, вешаешь; повешу, повесишь.

X. a) 1. стоит, поставил. 2. стоит, поставили. 3. стоял, поставили. 4. поставьте. 5. поставить. b) 6. положил, лежит. 7. положила, лежит. 8. кладу, лежат, положил. 9. положить. 10. положите. c) 11. висит, висит. 12. повесили. 13. висят, вешает. 14. висит. 15. повесить. 16. повесьте.

XII. 1. стульев, кресла. 2. комнаты. 3. газет и журналов. 4. книги. 5. столов, стула. 6. окна. 7. этажей. 8. дом. 9. картин. 10. книг. 11. детей. 12. гостей.

XV. 1. Мы живём в Цвикау, в небольшом доме. В нашем доме пять комнат, кухня, ванная и туалет. Кухня, столовая и гостиная находятся на первом этаже, а спальни — на втором. 2. Мой друг живёт в новом пятиэтажном доме. В новых домах есть все удобства: электричество, газ, горячая вода, телефон. Какие удобства есть в вашем доме? 3. Что стоит у вас в комнате? У меня в комнате стоит стол, книжный шкаф, диван, два стула и кресло. На стене висят картины. На полу лежит большой ковёр. 4. Я ставлю книги в шкаф. Газеты и журналы я кладу на стол. Куда можно положить портфель? Куда можно повесить пальто?

4. Мой день

II. 4.10; 12.25; 12.05; 2.15; 2.45; 1.40; 9.30; 12.50; 3.20; 4.55; 11.15; 12.30.

III. пять мину́т второ́го; два́дцать мину́т шесто́го; де́сять мину́т деся́того; два́дцать пять мину́т двена́дцатого; семна́дцать мину́т четвёртого; де́сять мину́т пе́рвого; полови́на пе́рвого; че́тверть (пятна́дцать мину́т) тре́тьего; без че́тверти (без пятна́дцати мину́т) три; без двадцати́ пять; без пятна́дцати пять; без двадцати́ де́сять; без двадцати́ пяти́ де́сять; без десяти́ де́сять; без пяти́ де́вять; де́сять мину́т оди́ннадцатого; че́тверть (пятна́дцать мину́т) оди́ннадцатого; полови́на оди́ннадцатого; без че́тверти оди́ннадцать; без пяти́ оди́ннадцать.

IV. без че́тверти семь; че́тверть восьмо́го; в полови́не девя́того; в полови́не пе́рвого; в полови́не шесто́го; че́тверть двена́дцатого.

VI. 1. с восьми́ часо́в утра́ до шести́ часо́в ве́чера. 2. с ча́су до двух. 3. с девяти́ часо́в утра́ до трёх часо́в дня. 4. в семи́ до девяти́ часо́в ве́чера. 5. с трёх часо́в дня до восьми́ часо́в ве́чера. 6. с пяти́ до шести́ часо́в ве́чера. 7. с двена́дцати часо́в дня до семи́ часо́в ве́чера. 8. с двух до четырёх. 9. с четырёх до шести́. 10. с шести́ часо́в утра́ до ча́су но́чи.

VII. 1. че́рез три часа́. 2. по́сле рабо́ты. 3. че́рез ме́сяц. 4. по́сле экза́менов. 5. по́сле ле́кции. 6. че́рез час. 7. че́рез три дня. 8. по́сле пра́здников. 9. по́сле обе́да. 10. че́рез год.

VIII. в семь часо́в, без че́тверти во́семь, де́сять мину́т девя́того, два́дцать мину́т девя́того, в полови́не девя́того, че́тверть двена́дцатого, без двадцати́ два, в два часа́, в полови́не пя́того, два часа́, в семь часо́в, в полови́не деся́того.

XI. А. 1. начина́ем, конча́ем; начина́ются, конча́ются. 2. откры́лась, откры́л. 3. продолжа́ется, продолжа́ют. 4. останови́л, останови́лась. 5. открыва́ется, закрыва́ется, закрыва́ем.

В. 1. мо́ет, мо́ется. 2. бре́юсь, бре́ет. 3. оде́лась, оде́ла.

XIII. 1. чита́л, прочита́ли, прочита́л. 2. гото́вит, пригото́вил, пригото́вил. 3. расска́зывал. 4. просмотре́л. 5. встá́ли, встаю́, встава́л. 6. ложи́тесь, ложу́сь, лёг. 7. у́жинали, поу́жинали.

XV. А. 1. идёте, иду́. 2. идёте, иду́; 3. хожу́, хожу́. 4. иду́т, иду́т. 5. ходи́ть.

В. 1. е́зжу, е́здите. 2. е́здите 3. е́хать. 4. е́дете, е́ду, пое́ду. 5. е́здит. 6. е́дем, е́дем.

XVI. 1. Обы́чно я встаю́ в семь часо́в утра́. Я де́лаю заря́дку и принима́ю душ. 2. Мы начина́ем рабо́тать (на́шу рабо́ту) в во́семь часо́в. Я выхожу́ и́з дому в полови́не восьмо́го. 3. Я рабо́таю во́семь часо́в в день, а Мари́на рабо́тает то́лько шесть часо́в. 4. Мы обе́даем с ча́су до двух. 5. Петро́в выхо́дит и́з дому в полови́не девя́того и прихо́дит на заво́д за де́сять мину́т до нача́ла рабо́ты. 6. Вы е́здите на рабо́ту и́ли хо́дите пешко́м? 7. По суббо́там к нам в го́сти прихо́дят на́ши друзья́. 8. По вечера́м мы смо́трим телеви́зор. 9. Я приду́ к вам часа́м к семи́. 10. — Чем занима́ется ваш брат?—Мой брат у́чится в университе́те. Он у́чится на истори́ческом факульте́те.

5. Мари́на е́дет на рабо́ту

II. 1. шла. 2. шёл. 3. е́здил. 4. шли. 5. ходи́л(а). 6. е́здили. 7. шла. 8. ходи́ли.

III. 1. пойдём. 2. пое́дем. 3. пое́ду. 4. пойдёт. 5. пойти́. 6. пойти́. 7. пое́хать.

IV. А. 1. иду́. 2. идёте, идём. 3. хо́дите. 4. идём. 5. хо́дите, хо́дим. 6. идёт, идёт, иду́т. 7. хо́дит.

В. 1. éздит, éздит. 2. éдут. 3. éздит. 4. éдут, éдут. 5. éздите. 6. éздим.

V. 1. бы́ли на концéрте. 2. не была́ на рабо́те. 3. был в столо́вой. 4. нé был в Ленингра́де. 5. бы́ли в Большо́м теа́тре. 6. был в Ита́лии. 7. была́ в университéте.

VI. 1. Куда́ вы éздили лéтом? 2. Куда́ вы ходи́ли вчера́? 3. Вы ходи́ли у́тром в библиотéку? 4. Вы ходи́ли вчера́ на вéчер? 5. Вы éздили в Москву́? 6. Когда́ вы éздили в Совéтский Сою́з? 7. Вы éздили лéтом на юг?

VII. 1. на, в. 2. в, на. 3. в, на. 4. на, на, в. 5. на, в.

IX. 1. останови́те. 2. сади́тесь. 3. спроси́те. 4. покажи́те. 5. скажи́те.

X. куда́, где, как, где, како́й, где, кака́я.

XI. 1. так как. 2. потому́ что. 3. éсли (когда́). 4. éсли. 5. éсли (когда́).

XII. 1. вы́шел из за́ла. 2. вы́шли и́з дому. 3. вы́шел из магази́на. 4. вошли́ в теа́тр. 5. вошла́ в метро́. 6. ушёл с рабо́ты. 7. уéхал из Москвы́. 8. приéхала из дерéвни. 9. пришёл с рабо́ты.

XIII. 1. — Вы éздите на рабо́ту и́ли хо́дите пешко́м? — Обы́чно я éзжу на рабо́ту на авто́бусе. Домо́й я хожу́ пешко́м, потому́ что в э́то врéмя в авто́бусе мно́го наро́ду. 2. — Скажи́те, пожа́луйста, отсю́да далеко́ до гости́ницы «Москва́»? — Нет, недалеко́, три остано́вки. — Как доéхать до гости́ницы? — Вам на́до сесть на трéтий авто́бус. — А где он остана́вливается? — Ви́дите, там напро́тив стоя́т лю́ди? Это и есть остано́вка трéтьего. — Спаси́бо. 3. — Скажи́те, пожа́луйста, где мне выходи́ть? Мне ну́жен Большо́й теа́тр. — Большо́й теа́тр — четвёртая остано́вка. Я вам скажу́, когда́ сходи́ть. 4. — Кака́я слéдующая остано́вка? — Музéй Чéхова. 5. — Вы не зна́ете, где остана́вливается второ́й тролле́йбус? — Прости́те, я не москви́ч. Спроси́те лу́чше у милиционéра. 6. — Где мне вы́йти, что́бы попа́сть на Кра́сную пло́щадь? — Вам ну́жно вы́йти на остано́вке «Пло́щадь Револю́ции». 7. — Мне ну́жен шесто́й авто́бус. — Шесто́й здесь не хо́дит. Остано́вка шесто́го у метро́. 8. — Ско́лько сто́ит билéт? 9. Да́йте, пожа́луйста, два билéта. 10. — Такси́ свобо́дно? — Свобо́дно. Сади́тесь. Вам куда́? — Мне в центр. 11. — Где ближа́йшая остано́вка авто́буса и́ли тролле́йбуса?

6. Прогу́лка за́ город

II. 1. с мои́м ста́рым знако́мым. 2. с на́шими друзья́ми и знако́мыми. 3. с жено́й и детьми́. 4. с рабо́чими и инженéром на́шей лаборато́рии. 5. со ста́рым о́пытным преподава́телем. 6. со свои́ми роди́телями, со своéй жено́й, со свои́ми друзья́ми. 7. с совéтскими тури́стами.

III. 1. ру́сским языко́м и ру́сской литерату́рой. 2. литерату́рой, му́зыкой, теа́тром. 3. ру́сско-немéцким словарём, учéбником и други́ми кни́гами. 4. спо́ртом и та́нцами.

IV. 1. встреча́емся, встреча́ю. 2. ви́димся, ви́дел. 3. собра́л, собрали́сь. 4. останови́лся, останови́л. 5. купа́емся, купа́ет.

V. 1. взя́ли. 2. сéли. 3. вы́шли. 4. останови́лись. 5. искупа́лись. 6. пригото́вили. 7. отпра́вились. 8. попроща́лись. 9. договори́лись.

VI. 1. на, в. 2. на, в. 3. на, на. 4. в. 5. на. 6. на, на. 7. на, на, в.

VIII. А. 1. приезжа́ли, приéхали. 2. пришёл, приходи́л. 3. приходи́л, пришёл. 4. прихо́дит, придёт. 5. приду́, прихожу́. 6. прихо́дим, прийти́.

В. 1. ушли́, уходи́ли. 2. уходи́ла, ушла́. 3. уходи́ли, ушёл. 4. ухо́дит, ушли́.

IX. че́тверо мужчи́н, две же́нщины, тро́е друзе́й, тро́е това́рищей, че́тверо солда́т, дво́е ма́льчиков, три сестры́, тро́е бра́тьев, пя́теро ученико́в, пять учени́ц, че́тверо дете́й, ше́стеро рабо́чих.

X. 1. оди́ннадцать. 2. два́дцать оди́н. 3. четы́ре. 4. тро́е. 5. во́семь.

XI. 1. в шесть часо́в, часо́в в шесть. 2. в во́семь часо́в, часо́в в во́семь. 3. в шесть часо́в, часо́в в шесть. 4. в два часа́, часа́ в два. 5. пятна́дцать лет, лет пятна́дцать. 6. два́дцать два го́да, го́да два́дцать два. 7. восемна́дцать дней, дней восемна́дцать. 8. четы́ре ра́за, ра́за четы́ре. 9. пять мину́т, мину́т пять. 10. со́рок копе́ек, копе́ек со́рок.

XII. е́здили, вы́ехали, пое́хали, е́хали, вы́ехали, прое́хали, вы́шли, побежа́ли, пое́хали, прие́хали.

XIII. 1. по университе́ту. 2. по институ́ту. 3. по рабо́те. 4. по шко́ле.

XV. 1.— Что вы де́лаете по воскресе́ньям? — Мы с друзья́ми ча́сто прово́дим воскресе́нье за́ городом, в лесу́ и́ли на берегу́ реки́. Обы́чно мы е́здим за́ город на по́езде и́ли на маши́не. 2. — Ми́ша, хо́чешь пое́хать в воскресе́нье за́ город? — На маши́не? — Нет, мы хоти́м пое́хать на велосипе́дах.— Кто ещё пое́дет с на́ми? Ско́лько челове́к пое́дет? — Нас бу́дет пя́теро.— Где мы встре́тимся? — Обы́чно мы собира́емся о́коло ста́нции метро́ «Ки́евская». 3. От Москвы́ до ста́нции «Лесна́я» по́езд идёт мину́т три́дцать — три́дцать пять. От ста́нции до ле́са киломе́тра три — четы́ре. 4. От ста́нции до реки́ мы шли пешко́м. Вы лю́бите ходи́ть пешко́м? 5. ·Обы́чно мы возвраща́емся в Москву́ часо́в в пять.

7. В продово́льственном магази́не

II. 1. хле́ба, сы́ра, са́хару, ма́сла, мя́са, ры́бы, конфе́т, я́блок, виногра́да. 2. молока́, ма́сла, сок. 3. со́ли, ча́я, ко́фе, са́хара, сигаре́т.

III. 1. в магази́не «Молоко́» и́ли моло́чном отде́ле «Гастроно́ма». 2. в овощно́м магази́не и на ры́нке. 3. в мясно́м отде́ле и́ли в магази́не «Мя́со». 4. в ры́бном отде́ле и́ли в ры́бном магази́не. 5. в конди́терских магази́нах. 6. в бу́лочной.

IV. 1. моло́чный магази́н (магази́н «Молоко́»). 2. бу́лочная. 3. овощно́й магази́н. 4. мясно́й магази́н (магази́н «Мя́со»). 5. ры́бный магази́н.

V. зашёл (зашла́), обошёл (обошла́), вы́брал (вы́брала), пошёл (пошла́), продаю́т, вы́брал(а), пошёл (пошла́), продаю́т, купи́л (купи́ла), заплати́л (заплати́ла).

VI. 1. покупа́ем, покупа́л, купи́л. 2. заплати́л, плати́ть, заплати́ли, плати́л. 3. выбира́л, вы́брал. 4. принося́т, принесу́т.

VII. А. 1. хожу́, иду́, пойду́. 2. идёте, иду́, хожу́, пойду́.

В. 3. прино́сит, принесли́. 4. прино́сит, принесла́. 5. принёс, прино́сит.

VIII. 1. па́чку, коро́бку, ба́нку. 2. ба́нку, па́чку, коробко́в. 3. па́чку, па́чку, ба́нку. 4. буты́лки.

IX. 1. три рубля́ во́семьдесят пять копе́ек. 2. три́дцать три копе́йки. 3. одну́ копе́йку. 4. оди́н рубль два́дцать две копе́йки. 5. девяно́сто четы́ре копе́йки. 6. три рубля́ пятьдеся́т шесть копе́ек. 7. рубль пятьдеся́т копе́ек. 8. два рубля́ пятна́дцать копе́ек.

X. 1. где. 2. куда́ (кому́). 3. что. 4. ско́лько. 5. где.

XII. А. Недалеко́ от на́шего до́ма есть большо́й продово́льственный магази́н. Там мо́жно купи́ть всё: мя́со, ры́бу, ма́сло, молоко́, чай, ко́фе, са́хар и други́е проду́кты. Магази́н рабо́тает с восьми́ часо́в утра́ до девяти́ часо́в ве́чера. Ря́дом с ним нахо́дится магази́н «Фру́кты—о́вощи», где мы покупа́ем карто́фель, капу́сту, лук, морко́вь, я́блоки, апельси́ны, сли́вы.

В. 1. — Вы не хоти́те зайти́ в магази́н? Мо́жет быть, вам на́до что́-нибудь купи́ть? — Да, мне на́до купи́ть сигаре́ты и спи́чки. 2. — Да́йте, пожа́луйста, сигаре́ты «Ко́смос» и спи́чки. — Пожа́луйста. Се́мьдесят одну́ копе́йку. 3. — Где мо́жно купи́ть грузи́нский чай? — В любо́м магази́не «Гастроно́м» и́ли в конди́терской. 4. — Ско́лько сто́ят э́ти конфе́ты? — Четы́ре рубля́ пятьдеся́т копе́ек килогра́мм. 5. — Скажи́те, пожа́луйста, ско́лько сто́ит краснода́рский чай? — Со́рок во́семь копе́ек па́чка. 6. — Скажи́те, пожа́луйста, хлеб све́жий? — Да, то́лько что привезли́. — Да́йте три бу́лочки и полови́ну чёрного. — Пожа́луйста. Два́дцать де́вять копе́ек. 7. Да́йте, пожа́луйста, три́ста грамм ма́сла и буты́лку молока́. 8. — Кака́я колбаса́ есть сего́дня? — У нас есть не́сколько сорто́в колбасы́. 9. — Ско́лько сто́ит мя́со? — Два рубля́ килогра́мм. — Покажи́те, пожа́луйста, э́тот кусо́к.

8. В универма́ге

II. 1. книг, тетра́дей, ру́чек, карандаше́й. 2. пальто́, пла́тьев, костю́мов, плаще́й, блу́зок. 3. су́мку и чемода́н. 4. руба́шку и га́лстук.

III. 1. сто́ит ... рубле́й, рубля́, рубль. 2. сто́ят ... рубля́, рубле́й, рубль. 3. сто́ит ... рубль, рубля́, рубле́й. 4. сто́ят ... рубле́й, рубля́, рубле́й. 5. сто́ит ... копе́ек, копе́ек, копе́ек. 6. сто́ят ... копе́йки, копе́йки, копе́ек. 7. сто́ит ... копе́ек, копе́йку, копе́йки.

IV. 1. сре́днего ро́ста. 2. шко́льного во́зраста. 3. я́рких цвето́в. 4. больши́х зна́ний. 5. си́него и́ли голубо́го цве́та.

V. 1. мои́х роди́телей. 2. моего́ ста́ршего бра́та. 3. мое́й мла́дшей сестры́. 4. на́ших сосе́дей. 5. на́шего преподава́теля. 5. одного́ изве́стного неме́цкого писа́теля.

VI. 1. на́шему но́вому студе́нту. 2. одно́й мое́й знако́мой де́вушке. 3. моему́ мла́дшему сы́ну. 4. своему́ дру́гу. 5. свои́м гостя́м. 6. свои́м това́рищам по рабо́те.

VIII. 1. Да, мне нра́вятся таки́е фи́льмы. Нет, мне не нра́вятся таки́е фи́льмы. 2. Да, мне нра́вится ... . Нет, мне не нра́вится ... . 3. Да, мне нра́вятся ... . Нет, мне не нра́вятся ... . 4. Да, мне нра́вится ... . Нет, мне не нра́вится ... . 5. Да, мне нра́вится ... . Нет, мне не нра́вится ... . 6. Да, мне нра́вится ... . Нет, мне не нра́вится ... .

IX. А. 1. мне понра́вилась. 2. мне понра́вилась. 3. нам понра́вился. 4. она́ понра́вилась. 5. мне не понра́вился.

В. 1. люблю́. 2. лю́бят. 3. люблю́. 4. лю́бят. 5. лю́бим. 6. лю́бите.

XI. 1. Я по́мню ... 2. Брат ... хо́чет ... 3. Я не ве́рю ... 4. Я не хоте́л ... 5. Я пло́хо рабо́тал. 6. Вы не хоти́те ... 7. Он жил ...

XII. 1. чита́л, прочита́ли, прочита́л. 2. купи́л, покупа́л, купи́л. 3. писа́л, написа́л. 4. понра́вился, нра́вятся. 5. да́рим, подари́ла. 6. ду́мал, поду́мал. 7. реши́л, реша́ли.

XVI. све́тлый костю́м, чёрные ту́фли, тяжёлый чемода́н, некраси́вая вещь, дешёвое пла́тье, гру́бая рабо́та, молодо́й челове́к, ле́тнее пальто́, жёсткая (гру́бая) ткань.

XVII. 1. Когда́ открыва́ются магази́ны? Я хочу́ зайти́ в универма́г. Мне на́до купи́ть не́сколько веще́й. 2. — Скажи́те, на како́м этаже́ продаю́тся костю́мы для ма́льчиков? 3. — Скажи́те, пожа́луйста, где я могу́ купи́ть зи́мнюю ша́пку? 4. — Ско́лько сто́ит э́тот га́лстук?—Два рубля́ два́дцать копе́ек. 5. — Мне нра́вится э́то пла́тье. Ско́лько оно́ сто́ит? 6. — Вам нра́вится э́та су́мка?—Очень нра́вится. 7. — Мне нра́вится э́то пальто́, но оно́ мне велико́. 8. — Покажи́те, пожа́луйста, да́мские перча́тки. Како́й э́то разме́р? 9. — Мо́жно приме́рить бе́лые ту́фли?—Како́й разме́р?—Три́дцать пя́тый.—Пожа́луйста. 10. — Эти боти́нки мне малы́. Да́йте, пожа́луйста, другу́ю па́ру. 11. — Да́йте, пожа́луйста, три ме́тра э́той ше́рсти.

9. В рестора́не

II. 1. с молоко́м. 2. с ма́слом и сы́ром. 3. с мя́сом. 4. с ри́сом и́ли карто́шкой. 5. с молоко́м. 6. с капу́стой.

III. 1. сто́ит. 2. лежа́т. 3. поста́вил, положи́л. 4. поста́вьте. 5. положи́те.

IV. 1. на столе́, на стол. 2. на стул, на сту́ле. 3. в буфе́те, в буфе́т. 4. на окно́, на окне́. 5. в шкафу́, в шкаф.

V. 1. Принеси́те ... 2. Переда́йте ... 3. Да́йте ...

VI. 1. одну́ котле́ту, холо́дную ры́бу, о́стрый сыр, ча́шку ко́фе. 2. мя́со с гарни́ром, котле́ту с капу́стой. 3. буты́лку воды́, таре́лку су́па, у́тку с ри́сом, ча́шку ко́фе. 4. воды́, молока́, лимона́да, со́ка.

VII. 1. в э́тот рестора́н, в э́том рестора́не. 2. в но́вой столо́вой, в но́вую столо́вую. 3. в э́том ма́леньком кафе́, в э́то ма́ленькое кафе́.

VIII. 1. ем, ешь, ест, еди́м, еди́те, едя́т; пью, пьёшь, пьёт, пьём, пьёте, пьют; беру́, берёшь, берёт, берём, берёте, беру́т; возьму́, возьмёшь, возьмёт, возьмём, возьмёте, возьму́т; закажу́, зака́жешь, зака́жет, зака́жем, зака́жете, зака́жут.

IX. 1. Мне нра́вится чай с молоко́м. 2. Мне нра́вится сок. 3. Мне нра́вятся я́блоки, апельси́ны, бана́ны и т. д. 4. Мне нра́вятся ры́бные блю́да. 5. Мне нра́вится о́стрый сыр. 6. Мне нра́вится ру́сская ку́хня.

X. 1. за за́втраком. 2. за у́жином. 3. за обе́дом.

XII. 1. — Вы не хоти́те пойти́ пообе́дать?—С удово́льствием. Я как раз собира́лся пойти́.— Куда́ мы пойдём? — Мо́жно пойти́ в кафе́ «Ко́смос». Там непло́хо гото́вят. И в э́то вре́мя там ма́ло наро́ду. 2. — Что мы возьмём на пе́рвое? Вы бу́дете зака́зывать суп? Что вы бу́дете пить: минера́льную во́ду «Боржо́ми» и́ли «Нарза́н»? — Я хоте́л бы попро́бовать «Нарза́н». 3. — Мне о́чень понра́вилось э́то вино́. Как оно́ называ́ется?—Это «Цинанда́ли». 4. — Я не зна́ю, что мне взять на второ́е.— Я бы посове́товал вам заказа́ть котле́ту по-ки́евски. Это о́чень вку́сно. 5. Принеси́те, пожа́луйста, сала́т и холо́дное мя́со. 6. Да́йте, пожа́луйста, счёт. 7. Переда́йте, пожа́луйста, ма́сло. Спаси́бо. 8. — Это ме́сто свобо́дно?—Да, сади́тесь, пожа́луйста. 9. Обы́чно я за́втракаю и у́жинаю до́ма, а обе́даю на рабо́те. У нас хоро́шая столо́вая. Здесь вку́сно гото́вят и всегда́ большо́й вы́бор мясны́х и ры́бных блюд.

10. На по́чте

II. 1. мо́жно. 2. Мне на́до. 3. мо́жно. 4. Мне на́до. 5. Им на́до. 6. мо́жно. 7. мо́жно.

III. 1. посла́л (отпра́вил), полу́чат. 2. посла́ть. 3. посла́ли. 4. бро́сить (опусти́ть). 5. получи́ли. 6. принёс. 7. бро́сьте (опусти́те) 8. писа́ть, получа́ть. 9. прино́сит.

IV. 1. из Ленингра́да, от моего́ дру́га. 2. из Москвы́, от мои́х сове́тских друзе́й. 3. из Ки́ева, от одного́ знако́мого студе́нта. 4. из родно́й дере́вни, от мои́х роди́телей. 5. из родны́х мест, от друзе́й ро́дственников и знако́мых.

V. 1. от бра́та из Ки́ева. 2. сро́чную телегра́мму сестре́ в Оде́ссу. 3. ма́рку на конве́рт ... письмо́ в конве́рт. 4. на по́чте. 5. и́з дому от роди́телей. 6. телегра́мму из Ленингра́да от моего́ мла́дшего бра́та.

VI. 1. со свои́м мла́дшим бра́том, с друзья́ми по институ́ту, со свои́ми роди́телями. 2. с Ни́ной и Ми́шей, со свои́ми това́рищами. 3. с одно́й знако́мой же́нщиной. 4. с одни́м интере́сным молоды́м челове́ком. 5. с инжене́ром и рабо́чими, с други́ми рабо́тниками.

VII. 1. встре́титься, встре́тил. 2. посове́товаться, посове́товал. 3. ви́дел, ви́делись, ви́дитесь. 4. обня́лись, обняла́.

X. 1. со свои́м сосе́дом, моего́ сосе́да. 2. с её мла́дшей до́черью, её мла́дшая дочь, свое́й мла́дшей до́черю. 3. свои́м преподава́телем, своему́ преподава́телю. 4. оди́н мой знако́мый, у одного́ моего́ знако́мого. 5. от свое́й ста́ршей сестры́, её ста́ршая сестра́.

XII. 1. пи́шут, написа́л. 2. получа́ю, получи́л. 3. начина́ла, начала́. 4. отпра́вил, отправля́л. 5. писа́ли, посыла́ли, написа́л, посла́л. 6. запи́сывал, записа́л. 7. забы́л, забыва́ет.

XIV. 1. — Скажи́те, пожа́луйста, где нахо́дится ближа́йшая по́чта? — По́чта нахо́дится недалеко́ отсю́да, на у́лице Ки́рова. — Вы не зна́ете, как (когда́) рабо́тает по́чта? — Я ду́маю, с восьми́ часо́в утра́ до восьми́ ве́чера. 2. — Где мо́жно купи́ть конве́рты и ма́рки? — В сосе́днем окне́. — Да́йте, пожа́луйста, конве́рт с ма́ркой и две откры́тки. 3. — Ско́лько сто́ит конве́рт? Шесть копе́ек. — Ско́лько дней идёт письмо́ из Москвы́ в Ки́ев? — Два дня. 4. — Мне на́до посла́ть не́сколько поздрави́тельных телегра́мм. Где принима́ют телегра́ммы? — В сосе́днем за́ле. — Ско́лько вре́мени идёт телегра́мма из Москвы́ в Ленингра́д? — Два часа́. 5. Ка́ждое у́тро почтальо́н прино́сит нам газе́ты и пи́сьма. Сего́дня у́тром он принёс мне не́сколько пи́сем. Одно́ письмо́ бы́ло из Ки́ева от моего́ ста́рого дру́га. Мне на́до отве́тить на э́то письмо́. Я не люблю́ писа́ть дли́нные пи́сьма. Обы́чно я пишу́ откры́тки.

11. В гости́нице

II. 1. мне ну́жно. 2. нам на́до. 3. вам ну́жно. 4. мне на́до. 5. мне на́до.

III. 1. мой, моего́, своего́. 2. своём, свои́м, его́. 3. свой, его́, его́. 4. своего́, его́, свое́й. 5. мой, свой, его́, своё.

IV. приезжа́л, остана́вливался, обраща́лся, дава́л, зака́зывал, поднима́лся, пока́зывала; прие́хал, останови́лся, обрати́лся, дал, заказа́л, подня́лся, показа́ла.

V. 1. рису́ет. 2. игра́ет, не танцу́ет. 3. организу́ет. 4. ночу́ют. 5. критику́ют. 6. бесе́дует. 7. волну́юсь. 8. интересу́ется.

VI. 1. проговори́ли. 2. поговори́ли, покури́ли. 3. проспа́л. 4. поспа́л. 5. прогуля́ла. 6. погуля́й. 7. пролежа́л. 8. просиде́ли. 9. посиде́ли.

VII. прие́хала, вы́ехали, прие́хали, е́здила, вы́ехала (уе́хала), прие́хала, ходи́ли, пошли́ (пойду́т), приду́т.

VIII. 1. Наш дом постро́ен пять лет наза́д. 2. В журна́ле напеча́таны мои́ стихи́. 3. Магази́н уже́ закры́т. 4. Телегра́мма уже́ посла́на? 5. Это письмо́ полу́чено на про́шлой неде́ле. 6. Го́сти приглашены́ к семи́ часа́м. 7. На ве́чере нам был пока́зан сове́тский фильм. 8. Эта кни́га ку́плена в кио́ске. 9. Но́мер в гости́нице ещё не зака́зан.

X. 1. и, но. 2. и, но, а. 3. но, а. 4. и, но, а. 5. а, и, но.

XI. 1. Если у вас бу́дет вре́мя, ... 2. ..., е́сли ра́но ко́нчу рабо́ту. 3. Если хоти́те посмотре́ть э́тот фильм, ... 4. ..., е́сли у меня́ бу́дут де́ньги. 5. Если в воскресе́нье бу́дет тепло́, ... 6. Если уви́дите где́-нибудь э́тот уче́бник, ... 7. Если ва́ши часы́ спеша́т, ...

XIV. 1. На́шу гру́ппу размести́ли в гости́нице «Украи́на». В хо́лле нас встре́тил администра́тор. Мы отда́ли ему́ свои́ паспорта́ и запо́лнили бла́нки для приезжа́ющих. Он сказа́л нам номера́ на́ших ко́мнат. 2. Мой но́мер на девя́том этаже́. Я подня́лся на ли́фте на девя́тый эта́ж. Дежу́рная дала́ мне ключ от моего́ но́мера и сказа́ла: «Когда́ бу́дете уходи́ть, оставля́йте ключ у меня́». Она́ проводи́ла меня́ и показа́ла мне мою́ ко́мнату. 3. Окна́ мое́й ко́мнаты выхо́дят на Москву́-реку́. Из окна́ я ви́жу у́лицы, дома́ и мост че́рез Москву́-реку́. Моя́ ко́мната больша́я, све́тлая и тёплая. 4. Нам сказа́ли, что за́втракать, обе́дать и у́жинать мы бу́дем в рестора́не, кото́рый нахо́дится на пе́рвом этаже́ гости́ницы. 5. — Скажи́те, пожа́луйста, у вас есть свобо́дные номера́? — Есть. Вам ну́жен но́мер на двои́х? — Да. Я с жено́й. — Запо́лните, пожа́луйста, бланк. Ваш но́мер на тре́тьем этаже́. Мо́жете подня́ться на ли́фте. Дежу́рная даст вам ключ от ва́шего но́мера. — Спаси́бо.

12. Разгово́р по телефо́ну

II. 1, 7. с мои́м ста́рым дру́гом Никола́ем и его́ жено́й; с мои́ми роди́телями и мое́й мла́дшей сестро́й; с Петро́выми. 2, 8. своего́ ста́рого дру́га Никола́я и его́ жену́; свои́х роди́телей и свою́ мла́дшую сестру́; Петро́вых. 3. у своего́ ста́рого дру́га Никола́я и его́ жены́; у свои́х роди́телей и свое́й мла́дшей сестры́; у Петро́вых. 4. о моём ста́ром дру́ге Никола́е и его́ жене́; о мои́х роди́телях и мое́й мла́дшей сестре́; о Петро́вых. 5, 6. моему́ ста́рому дру́гу Никола́ю и его́ жене́; мои́м роди́телям и мое́й мла́дшей сестре́; Петро́вым. 9. мой ста́рый друг Никола́й и его́ жена́; мои́ роди́тели и моя́ мла́дшая сестра́; Петро́вы.

III. 1. Позови́те. 2. Позвони́те. 3. Переда́йте. 4. Подожди́те. 5. Приходи́те.

IV. шёл, вошёл, подошла́, ушла́, зашла́, пошли́, придёт, придёт.

VI. 1. позвони́те. 2. набра́ли. 3. позвони́те. 4. положи́л. 5. набра́ть. 6. клади́те.

VII. 1. дава́йте, пусть. 2. дава́йте, пусть. 3. дава́йте, пусть.

VIII. 1. пое́дем. 2. напи́шем. 3. напи́шет. 4. возьмём. 5. возьмёт. 6. попро́сим. 7. попро́сит.

IX. 1. Ни́на сказа́ла мне, что́бы я купи́л(а) биле́ты в кино́. 2. ..., что́бы она́ пришла́ сего́дня в шесть часо́в ве́чера. 3. ..., что́бы мы присла́ли ей свои́ фотогра́фии. 4. ..., что́бы она́ позвони́ла ему́ ве́чером. 5. ..., что́бы он подожда́л меня́ здесь. 6. ..., что́бы я присла́л ему́ журна́л «Ра́дио». 7. ..., что́бы мы повтори́ли восьмо́й уро́к. 8. ..., что́бы я обяза́тельно прочита́л э́ту кни́гу.

X. 1. что́бы, что. 2. что́бы, что. 3. что, что́бы. 4. что, что́бы. 5. что́бы. 6. что, что́бы.

XII. 1. ли. 2. ли, если. 3. если, ли. 4. если, ли, если.

XV. 1. Когда́ я пришёл домо́й, жена́ сказа́ла, что мне звони́л мой ста́рый друг Серге́й. Он сказа́л, что позвони́т ещё раз. 2. — Вчера́ я хоте́л позвони́ть вам, но я не зна́ю ва́шего телефо́на.—Запиши́те его́: 253-80-85. Это дома́шний телефо́н. 3. — Вы не мо́жете позвони́ть мне за́втра у́тром, часо́в в де́вять?—Могу́. По како́му телефо́ну?—291-22-11. 4. — Когда́ я могу́ позвони́ть вам?—В любо́е вре́мя по́сле пяти́ ве́чера. 5. — Вчера́ я звони́л вам, но никто́ не подходи́л к телефо́ну (не отвеча́л). 6. — Если кто́-нибудь позвони́т мне, скажи́те, что я бу́ду до́ма по́сле семи́ ве́чера. 7. — Это Ва́ля?—Нет, Ва́ли нет до́ма.— Вы не мо́жете сказа́ть, когда́ она́ бу́дет?—Подожди́те мину́тку, сейча́с узна́ю... Вы слу́шаете? Ва́ля бу́дет до́ма по́сле 12. 8. — Позови́те, пожа́луйста, Ольгу Ива́новну.—Это я.— Здра́вствуйте, Ольга Ива́новна, говори́т ваш студе́нт Петро́в. Извини́те, что я беспоко́ю вас. Я ко́нчил свою́ рабо́ту и хоте́л бы показа́ть её вам.— За́втра я бу́ду в университе́те у́тром. Приходи́те и приноси́те свою́ рабо́ту.— Спаси́бо. До свида́ния. 9. Я сказа́л Ольге Ива́новне, что я ко́нчил свою́ рабо́ту. Ольга Ива́новна сказа́ла, что́бы я принёс свою́ рабо́ту.

13. Визи́т врача́

II. 1. жа́ловалась. 2. принима́ть. 3. боле́ю. 4. боли́т. 5. жа́луетесь. 6. вы́писал. 7. ле́чит. 8. жа́луется. 9. принима́ть. 10. боля́т. 11. бо́лен.

III. 1. У него́ грипп. 2. Давно́ у неё грипп? 3. У моего́ бра́та бы́ло воспале́ние лёгких. 4. ..., так как у меня́ была́ анги́на.

IV. 1. вам на́до. 2. вам на́до. 3. ей на́до (ну́жно). 4. ему́ нельзя́. 5. мне мо́жно. 6. ему́ нельзя́. 7. ему́ нельзя́. 8. ему́ на́до (ну́жно). 9. ей нельзя́.

V. 1. боле́ет (боле́л). 2. боле́ет (боле́л). 3. боли́т (боле́ла). 4. боля́т (боле́ли). 5. боле́л. 6. боли́т. 7. боле́ете (боле́ли). 8. боли́т.

VI. 1. Если у вас боли́т голова́, ... 2. Если (когда́) вы больны́, ... 3. Я пошёл к врачу́, так как (потому́ что) ... 4. Вам нельзя́ выходи́ть на у́лицу, так как ... 5. Никола́й не пришёл на рабо́ту, так как ... 6. Мое́й сестре́ нельзя́ е́хать на юг, потому́ что ... 7. Если вы почу́вствуете себя́ ху́же, ... 8. Когда́ (так как) он почу́вствовал себя́ ху́же,...

VII. 1. в поликли́нику к зубно́му врачу́. 2. в больни́цу к свое́й больно́й подру́ге. 3. в дере́вню к свои́м роди́телям. 4. в кабине́т к медици́нской сестре́. 5. в медици́нский институ́т к изве́стному профе́ссору.

VIII. 1. ..., что у неё боли́т голова́. 2. ..., когда́ придёт врач. 3. ..., что врач придёт за́втра. 4. ..., что она́ должна́ лечь в больни́цу. 5. ..., как я себя́ чу́вствую. 6. ..., что че́рез неде́лю я смогу́ вы́йти на рабо́ту. 7. ..., что он до́лжен принима́ть э́то лека́рство два ра́за в день.

XI. 1. — Как вы себя́ чу́вствуете?—Спаси́бо, хорошо́.— Говоря́т, вы бы́ли больны́?—Да, я боле́л.—Вы лежа́ли в больни́це?—Нет, я лежа́л до́ма. 2. —У вас больно́й вид. Вы должны́ идти́ к врачу́.— Вчера́ я был у врача́.— Что он сказа́л?—Он сказа́л, что мне на́до лежа́ть в посте́ли и принима́ть лека́рство.—Почему́ же вы не лежи́те в посте́ли? — Я иду́ из апте́ки. Я был в апте́ке.— 3. У моего́ отца́ ча́сто боли́т голова́. Врач вы́писал ему́ лека́рство от головно́й бо́ли. Оте́ц говори́т, что лека́рство помога́ет ему́. 4. — Я давно́ не ви́дел Никола́я. Что с ним?—Он не рабо́тает сейча́с. Говоря́т, он простуди́лся и лежи́т до́ма. 5. — Ва́ша сестра́ была́ больна́?—Да, ей сде́ла-

ли опера́цию, и она́ ме́сяц лежа́ла в больни́це.— Как она́ чу́вствует
себя́ сейча́с? — Спаси́бо, лу́чше. Она́ уже́ до́ма. Врач сказа́л, что че́рез
неде́лю она́ смо́жет вы́йти на рабо́ту. 6. — Что у вас боли́т? — У меня́
си́льный на́сморк и боли́т голова́.— Кака́я у вас температу́ра? —
Утром была́ 37,7. 7. Врач изме́рил температу́ру и осмотре́л больно́-
го. 8. Врач вы́писал мне лека́рство. Он сказа́л, что на́до принима́ть
его́ по одно́й табле́тке пе́ред обе́дом. 9. У Влади́мира боли́т зуб, но
он бои́тся идти́ к врачу́. 10. — Мари́я Ива́новна жа́луется на плохо́й
аппети́т.— Да? Я не заме́тил э́того.

14. Спорт и́ли идеа́льная семья́

II. 1. хоро́шей спортсме́нкой. 2. чемпио́нкой го́рода по гимна́-
стике. 3. спо́ртом. 4. лы́жами и пла́ванием. 5. футбо́лом и велосипе́-
дом. 6. велосипе́дом и ша́хматами.

III. 1. по бо́ксу. 2. по те́ннису. 3. по волейбо́лу. 4. по гимна́сти-
ке. 5. по насто́льному те́ннису. 6. по ша́хматам. 7. по гимна́стике,
пла́ванию и фигу́рному ката́нию.

IV. игра́ли, игра́ли, проигра́ли, вы́играл, игра́ет, вы́играли, про-
игра́ли, сыгра́ли.

V. 1. а) пла́вать, пла́ваете, пла́ваю; б) плыву́т, плывёт, плывёт;
в) плыть, пла́вать.

2. а) хо́дите, ходи́л, ходи́ть; б) хо́дите, хожу́; идёте, пойдёте, иду́
(пойду́), идёмте (пойдёмте); в) идёте, идём, идёте, хожу́.

3. а) бежи́шь, бегу́; б) бежи́т, бежи́т, бежи́т, бежи́т, бе́гает.

VI. 1. на пиани́но, в волейбо́л, в футбо́л, в хокке́й, на роя́ле,
в пинг-по́нг, на скри́пке, в ша́хматы, на гита́ре, в те́ннис, на трубе́.
2. на лы́жах, на конька́х, на ло́дке, на велосипе́де.

VII. 1. кото́рая. 2. в кото́рой. 3. в кото́рой. 4. кото́рую. 5. с ко-
то́рой. 6. о кото́рой.

VIII. 1. ..., каки́м спо́ртом я занима́лся ра́ньше. ..., когда́ я на́чал
игра́ть в футбо́л. ..., в како́й кома́нде я игра́л ра́ньше. 2. ..., что я заним-
ма́лся бо́ксом. ..., что я на́чал игра́ть в футбо́л семь лет наза́д. ..., что
я игра́л в футбо́л и в хокке́й в кома́нде «Зени́т». 3. ..., лю́бит ли он
спорт. ..., занима́ется ли он спо́ртом. ..., ката́ется ли он на лы́жах.
4. ..., что́бы он занима́лся спо́ртом. ..., что́бы он бро́сил кури́ть. ...,
что́бы он де́лал у́треннюю гимна́стику.

XI. 1. Мой брат занима́ется спо́ртом с де́тства. Он ката́ется на лы́-
жах и на конька́х. Бо́льше всего́ он лю́бит пла́вание. Кру́глый год он
хо́дит в бассе́йн. Я то́же люблю́ пла́вать. Иногда́ я хожу́ в бассе́йн
вме́сте с ним. 2. Ни́на хорошо́ игра́ет в те́ннис. В про́шлом году́ она́
заняла́ пе́рвое ме́сто в соревнова́ниях и ста́ла чемпио́нкой страны́ по
те́ннису. 3. — Вы занима́етесь спо́ртом? — Нет, сейча́с я не заним-
ма́юсь спо́ртом. Ра́ньше, когда́ я был молоды́м, я игра́л в футбо́л
и волейбо́л. 4. — Вы занима́етесь гимна́стикой? — Да. Я о́чень люб-
лю́ гимна́стику. По-мо́ему, э́то са́мый краси́вый вид спо́рта.
5. — Ва́ши де́ти де́лают у́треннюю заря́дку? — Да, де́лают. Ка́ждое
у́тро.— А вы? — Нет, я давно́ бро́сил. 6. — Вы ча́сто хо́дите на ка-
то́к? — Нет, не ча́сто, раз в неде́лю, иногда́ два ра́за в неде́лю. 7. Вче-
ра́ я был на стадио́не. Игра́ли «Дина́мо» и «Арсена́л». Матч был
о́чень интере́сный. Он зако́нчился со счётом 1 : 0. Вы́играла англи́й-
ская кома́нда. 8. — Я ви́жу, вы боле́ете за кома́нду «Дина́мо». Я то́-
же боле́ю за э́ту кома́нду. 9. — Вы лю́бите игра́ть в футбо́л? — Нет,
не люблю́. Но по телеви́зору смотрю́ футбо́льные ма́тчи с удово́ль-
ствием.

15. В театре

II. 1. поёт. 2. критикуют. 3. идёт. 4. аплодируют. 5. продают. 6. беру.

III. 1. в театр на балет «Золушка». 2. на концерте в консерватории. 3. в партере, в пятом ряду. 4. в Большой театр на оперу «Борис Годунов». 5. на воскресенье на вечер.

IV. 1. исполняется, исполняет, исполняет. 2. кончил, кончился. 3. встретились, встретил. 4. вернули, вернулись.

V. 1. У меня нет нового учебника. 2. нет старшего брата. 3. нет сегодняшней газеты. 4. нет немецко-русского словаря. 5. нет книг этого писателя. 6. нет детей. 7. нет оперного театра. 8. нет хороших певцов. 9. нет свободных номеров.

VI. А. 1. слушали. 2. слышали. 3. слушаю. 4. слушать. 5. слышит. 6. слышал.

В. 1. видели, видел. 2. посмотрел. 3. видит. 4. увидел, смотрел, видел. 5. смотреть. 6. видели (смотрели).

VII. 1. ..., хотя я люблю этого автора. 2. ..., хотя он недавно пришёл на сцену. 3. Хотя концерт кончился поздно, ... 4. ..., хотя я видел её раньше. 5. ..., хотя я читал его недавно. 6. ..., хотя он изучает русский язык уже несколько лет. 7. ..., хотя он изучает русский язык всего несколько месяцев.

IX. 1. Когда я был в Москве, я посмотрел балет «Лебединое озеро» в Большом театре. 2. Больше всего я люблю балет. Я видел все балеты Большого театра. 3. Мы хотели посмотреть эту пьесу, но не смогли достать билетов. 4. — Что идёт сегодня в Художественном театре? — «Чайка» Чехова.— Я видел эту пьесу в прошлом году. 5. — Когда будет премьера пьесы Толстого «Живой труп»? — 20 марта.— Говорят, трудно достать билеты на этот спектакль.— Да, это правда. 6. — Аня, ты свободна в субботу? Я хочу пригласить тебя в Большой театр на балет «Спящая красавица». 7. — У вас есть билеты на «Чайку»? — Есть на седьмое января на вечерний спектакль.— Дайте, пожалуйста, два билета. 8. — У вас нет лишних билетов? — Есть. Один.— Мне нужно два. 9. — Где наши места? — В партере, в шестом ряду.— А где сидят Лида и Виктор? — В ложе № 3. 10. — Когда начинаются спектакли в московских театрах? — Утренние в 12 часов, вечерние в 19.

16. Летний отдых

II. 1. к нашим родителям в Прибалтику. 2. в пионерском лагере на берегу Чёрного моря. 3. со своими коллегами, со своими друзьями. 4. всем своим друзьям и знакомым. 5. в маленьком курортном городке Новый Афон. 6. На Волгу или на Украину.

III. 1. на месяц, месяц. 2. на всё лето, всё лето. 3. два месяца, на два месяца. 4. на три дня, три дня. 5. на неделю, неделю. 6. три года, на три года.

IV. 1. купаться. 2. провели. 3. собираемся. 4. кататься. 5. загорел. 6. проводите.

V. 1. Павел спросил меня, где мы будем отдыхать летом. 2. ... что мы собираемся поехать в Крым. 3. ..., что они тоже поедут на юг. 4. Я спросил, в каком месте они будут отдыхать. 5. Он ответил, что они хотят поехать в Ялту. 6. Я сказал, что мы будем жить недалеко от них.

VI. 1. решали, решили. 2. отдыхали, отдохнули. 3. получил, получали. 4. искупались, купались. 5. собирать, складывать, собирал и складывал. 6. провожали, проводили. 7. поднимались, поднялись.

233

VII. 1. прие́хали с Украи́ны. 2. пришёл домо́й. 3. подъе́хала к на́шему до́му. 4. вы́шел из до́ма. 5. прие́хали из санато́рия. 6. отошёл от окна́. 7. уе́хали от нас. 8. вошёл в ваго́н.

VIII. 1. Когда́ я посмотре́л на часы́, я ... 2. Когда́ (по́сле того́ как) тури́сты подняли́сь на́ гору, они́ ... 3. Когда́ я уезжа́л в о́тпуск, ... 4. Когда́ я отдыха́л на ю́ге, ... 5. Так как она́ не зна́ла ру́сского языка́, ... 6. Когда́ я слу́шаю переда́чи на ру́сском языке́, ... 7. По́сле того́ как он изучи́л ру́сский язы́к, ... 8. По́сле того́ как мы попроща́лись с друзья́ми, ... 9. Когда́ я выхожу́ из университе́та, ... 10. По́сле того́ как я позвони́л на вокза́л, я узна́л...

IX. 1. купа́ясь, искупа́вшись. 2. обе́дая, пообе́дав. 3. отдохну́в, отдыха́я. 4. возврати́вшись, возвраща́ясь. 5. си́дя, посиде́в. 6. прочита́в, чита́я.

XI. 1. — Где вы отдыха́ли ле́том? — Мы е́здили в Крым. — Хорошо́ отдохну́ли? — О́чень. 2. В про́шлом году́ мы провели́ о́тпуск на ю́ге в Я́лте. 3. — В э́том году́ ле́том мы хоти́м пое́хать в сове́тскую Приба́лтику. Мы никогда́ не́ были там. Говоря́т, там прекра́сные пля́жи и не так жа́рко, как на ю́ге. — Е́сли бу́дет тёплая пого́да, там мо́жно хорошо́ отдохну́ть. 4. — А мы обы́чно проводим ле́то в гора́х. Мы лю́бим ходи́ть пешко́м. 5. — Вы пое́дете в санато́рий? — Да, неда́вно мне де́лали опера́цию, и тепе́рь врачи́ посыла́ют меня́ в санато́рий. 6. — Куда́ пое́дут ле́том ва́ши де́ти? — Ста́рший сын — он студе́нт — пое́дет в альпла́герь. Он ка́ждый год е́здит на Кавка́з. Мла́дший сын пое́дет в пионе́рский ла́герь. — А он не бу́дет скуча́ть в ла́гере? — Нет, он о́чень живо́й ма́льчик, и у него́ всегда́ мно́го друзе́й. 7. — Мы ещё не реши́ли, где бу́дем отдыха́ть в э́том году́. — А когда́ у вас о́тпуск? — В а́вгусте. В а́вгусте хорошо́ пое́хать на юг. 8. — В э́том году́ мы никуда́ не пое́дем и бу́дем жить на да́че, недалеко́ от Москвы́. — В а́вгусте мы пое́дем на две неде́ли в Болга́рию, а остально́е вре́мя то́же бу́дем в Москве́.

17. Сре́дства сообще́ния

II. е́ду, е́дешь, е́дет, е́дем, е́дете, е́дут; е́зжу, е́здишь, е́здит, е́здим, е́здите, е́здят; иду́, идёшь, идёт, идём, идёте, иду́т; лечу́, лети́шь, лети́т, лети́м, лети́те, летя́т.

III. 1. е́здил, е́хал. 2. лета́ли, лете́ли. 3. ходи́л, шёл. 4. е́здил, е́хал.

IV. 1. Вчера́ мы ходи́ли в теа́тр. 2. ... е́здили на Кавка́з. 3. ... лета́л в Ленингра́д. 4. ... е́здил в Ве́нгрию. 5. ... хо́дим на стадио́н. 6. — Куда́ вы ходи́ли? — Мы ходи́ли в библиоте́ку. 7. ... не е́здил в Сиби́рь.

V. е́здит, е́здили, е́хали, лете́ли, е́хали, выходи́ли, вы́шли, пошли́, побежа́ли, пое́хали, е́здили.

VI. вы́шли, пое́хали, подошли́, отошёл, отходи́л, вы́шли, вошли́, идёт, вы́шли, пройти́, идти́, пошли́, шли, прошли́, вошли́.

VII. 1. Мы никуда́ не пойдём сего́дня ве́чером. 2. не пойду́ ни к кому́. 3. никогда́ не ви́дел. 4. никогда́ не́ был. 5. никому́ не пишу́ пи́сем. 6. никому́ не расска́зывал. 7. никого́ не ждёт. 8. Ни у кого́ нет тако́го уче́бника. 9. Ни у кого́ из нас нет маши́ны. 10. ни с кем не говори́л.

VIII. 1. нигде́. 2. никуда́. 3. ни с кем. 4. ничего́ (никогда́). 5. ниче́м. 6. никого́ и ничего́. 7. никто́. 8. никогда́. 9. никому́ (никогда́).

X. 1. Я спроси́л дежу́рного, когда́ прихо́дит по́езд из Ки́ева. 2. Он отве́тил, что по́езд из Ки́ева прихо́дит в де́вять часо́в утра́.

3. Ни́на спроси́ла милиционе́ра, как пройти́ на Ленингра́дский вок-
за́л. 4. Милиционе́р отве́тил, что пешко́м идти́ далеко́, на́до сесть на
трамва́й но́мер семь. 5. Я спроси́л сосе́да по купе́, когда́ отхо́дит наш
по́езд. 6. Сосе́д по купе́ спроси́л меня́, не хочу́ ли я пойти́ в ваго́н-
рестора́н поу́жинать. 7. В письме́ мой друг спра́шивал меня́, когда́
я прие́ду к ним. 8. Я отве́тил, что прие́ду к ним в конце́ ме́сяца. 9. На
платфо́рме проводни́ца попроси́ла нас показа́ть биле́ты (что́бы мы
показа́ли на́ши биле́ты). 10. На вокза́ле незнако́мый челове́к попро-
си́л нас помо́чь ему́ найти́ спра́вочное бюро́.

XII. 1. За́втра я е́ду в Ленингра́д. По́езд отхо́дит в 19.15. 2.—
Ско́лько часо́в идёт по́езд от Москвы́ до Ленингра́да?—Шесть часо́в.
3. Да́йте, пожа́луйста, два биле́та до Ми́нска на 27 число́. 4.—Когда́
вы е́дете в Ки́ев?—Послеза́втра.— Вы пое́дете по́ездом и́ли полети́те
самолётом?— Полечу́ самолётом.— Ско́лько часо́в лети́т самолёт до
Ки́ева?— То́чно не зна́ю, ду́маю, час-полтора́. 5. За́втра мои́ роди́те-
ли уезжа́ют в Крым. Мы пойдём на вокза́л провожа́ть их. 6. Когда́
по́езд подошёл к ста́нции, на платфо́рме я уви́дел своего́ бра́та. Он
пришёл встреча́ть меня́. 7.—Скажи́те, пожа́луйста, где на́ши ме-
ста́?— Ва́ши места́ в пя́том купе́. 8.— Ско́лько мину́т стои́т по́езд на
э́той ста́нции?—Пять мину́т. 9. Теплохо́д бу́дет стоя́ть в Со́чи три
часа́. Вы мо́жете сойти́ на бе́рег и посмотре́ть го́род. 10.— Как вы
себя́ чу́вствуете в самолёте?—Норма́льно. 11. Самолёт призем-
ли́лся. Открыва́ется дверь, пассажи́ры спуска́ются по тра́пу. Вот
и мой това́рищ.

18. Моско́вский госуда́рственный университе́т

II. 1. одного́ из свои́х знако́мых 2. одного́ из на́ших студе́нтов.
3. об одно́м из свои́х това́рищей. 4. оди́н из неме́цких студе́нтов, обу-
ча́ющихся... 5. одна́ из са́мых больши́х и бога́тых университе́тских
библиоте́к. 6. оди́н из преподава́телей. 7. одну́ из но́вых книг.

III. 1. постро́ено. 2. бу́дет откры́та но́вая библиоте́ка. 3. Экза́-
мены успе́шно сданы́ все́ми студе́нтами. 4. всё подгото́влено. 5. бы́-
ло объя́влено. 6. по́слано.

IV. 1. на́шем. 2. свой, своего́. 3. свою́, его́. 4. свои́м, его́, своего́,
на́ши. 5. своего́, свою́. 6. свою́, его́.

V. прие́хала, прие́хали, е́хали, подъе́хал, вы́шли, вошли́, подо-
шла́.

VI. 1. до поступле́ния. 2. до встре́чи с ва́ми. 3. по́сле оконча́ния
шко́лы. 4. по́сле оконча́ния университе́та. 5. до знако́мства. 6. до на-
ча́ла экза́менов. 7. по́сле у́жина.

VII. 1. что. 2. что. 3. что́бы. 4. что. 5. что. 6. что. 7. что́бы.
8. что. 9. что́бы.

VIII. 1. Преподава́тель сказа́л нам, что за́втра мы начнём изу-
ча́ть но́вую те́му. Оди́н студе́нт спроси́л, каку́ю те́му мы начнём изу-
ча́ть. 2. Студе́нты попроси́ли преподава́теля объясни́ть э́то пра́вило
ещё раз. 3. Преподава́тель спроси́л, когда́ у нас бы́ло после́днее заня́-
тие по ру́сскому языку́. Мы отве́тили, что в про́шлую пя́тницу.
4. Профе́ссор сказа́л нам, что́бы мы обяза́тельно прочита́ли э́ту кни́-
гу. 5. Мой сосе́д спроси́л меня́, по́нял ли я после́днюю ле́кцию.
6. Оди́н студе́нт спроси́л меня́, всё ли я по́нял в после́дней ле́кции.
7. В общежи́тии я спроси́л, нет ли мне письма́. Дежу́рный отве́тил,
что мне есть письмо́. 8. В письме́ мой друг пи́шет, что ему́ о́чень хо́-
чется прие́хать в Москву́.

IX. а) два́дцать седьмо́е апре́ля ты́сяча семьсо́т пятьдеся́т пя́то-
го го́да; четы́рнадцатое ию́ля ты́сяча семьсо́т во́семьдесят девя́того
го́да; двена́дцатое апре́ля ты́сяча девятьсо́т шестьдеся́т пе́рвого го́да;

седьмо́е ноября́ ты́сяча девятьсо́т семна́дцатого го́да; пе́рвое января́ ты́сяча девятьсо́т тридца́того го́да; восемна́дцатое ма́рта ты́сяча девятьсо́т со́рок второ́го го́да.

б) деся́тое февраля́ ты́сяча восемьсо́т три́дцать шесто́го го́да; пятна́дцатое апре́ля ты́сяча девятьсо́т два́дцать четвёртого го́да; три́дцать пе́рвое ию́ля ты́сяча девятьсо́т пятьдеся́т пе́рвого го́да; второ́е сентября́ ты́сяча восемьсо́т девяно́сто тре́тьего го́да; два́дцать тре́тье декабря́ ты́сяча семьсо́т пятьдеся́т пя́того го́да; шесто́е ию́ня ты́сяча девятьсо́т шестьдеся́т тре́тьего го́да.

XII. 1. В на́шем университе́те шесть факульте́тов. Я учу́сь на истори́ческом факульте́те. Я изуча́ю исто́рию Росси́и. По́сле оконча́ния университе́та я бу́ду преподава́ть исто́рию. 2. Мой брат у́чится в университе́те на второ́м ку́рсе. Он изуча́ет ру́сский язы́к и ру́сскую литерату́ру. Он хо́чет быть преподава́телем. 3. Вы у́читесь и́ли рабо́таете? — Учу́сь. — Где? — В университе́те. 4. В Моско́вском университе́те у́чатся студе́нты из 80 стран. 5. В университе́те у́чатся пять лет. 6.— Каки́е предме́ты изуча́ют студе́нты на пе́рвом ку́рсе филологи́ческого факульте́та? — Исто́рию, древнеру́сскую литерату́ру, совреме́нный ру́сский язы́к. 7. Э́тот студе́нт мно́го занима́ется. 8.— Где вы лю́бите занима́ться — до́ма и́ли в библиоте́ке? — Я люблю́ занима́ться в библиоте́ке. 9. На́ши студе́нты лю́бят спорт. Одни́ игра́ют в футбо́л и́ли волейбо́л, други́е занима́ются гимна́стикой, тре́тьи пла́вают. 10. В клу́бе университе́та рабо́тают кружки́ худо́жественной самоде́ятельности. Я занима́юсь в драмати́ческом кружке́.

INHALTSVERZEICHNIS

Vorwort 5
1. Немно́го о себе́ 7
2. На́ша семья́ 15
3. Дом и кварти́ра 24
4. Мой день 32
5. Мари́на е́дет на рабо́ту 44
6. Прогу́лка за́ город 53
7. В продово́льственном магази́не 62
8. В универма́ге 70
9. В рестора́не 81
10. На по́чте 89
11. В гости́нице 100
12. Разгово́р по телефо́ну 110
13. Визи́т врача́ 121
14. Спорт, и́ли идеа́льная семья́ 131
15. В теа́тре 140
16. Ле́тний о́тдых 151
17. Сре́дства сообще́ния 159
18. Моско́вский госуда́рственный университе́т 167
19. Экску́рсия по Москве́ 177
Anhang. Umgangsformeln 180
Wörterverzeichnis 185
Schlüssel 222

Серафима Алексеевна ХАВРОНИНА

ГОВОРИТЕ ПО-РУССКИ

для говорящих на немецком языке

Зав. редакцией *Н. П. Спирина*
Редакторы русского текста: *И. Н. Малахова, Т. А. Плешкова*
Редактор перевода *Д. Т. Войнова*
Мл. редактор *Т. А. Тришкина*
Художественный редактор *Н. И. Терехов*
Технические редакторы *Е. Н. Козикова, Л. П. Коновалова*
Корректор *О. Д. Баулина*

и другие вопросы можно найти ответ в книге. В диалогах отражены специфические особенности телефонных разговоров в различных ситуациях. Грамматический и стилистический комментарий помогут почувствовать специфику русского речевого этикета. Издание красочно иллюстрировано, адресовано тем, кто знает до 1 500 русских слов, может быть использовано и на занятиях с преподавателем, и в ходе самостоятельной работы.

Русские сказки. Книга для чтения с комментарием на немецком языке. Составители Ковачёва Н. Н., Фролкина А. В. 2-е издание, стереотипное.

В сборник включены русские народные сказки (о животных, социально-бытовые, волшебные), а также сказки, созданные русскими и советскими писателями. Тексты адаптированы, снабжены комментарием и словарём. Издание красочно иллюстрировано. Предназначено для изучающих русских язык на начальном этапе.